障害のある人が出会う人権問題

岡田順太・淡路智典・杉山有沙 編

成文堂

は し が き

本書企画の思い

　「人権論の専門家である憲法研究者が、本気で、障害のある人の人権問題を考えた本を作りたい。」この思いから、本書の企画はスタートしました。

＊　　＊　　＊

　少し古いお話をさせてください。編者の一人が、地方公立大学の社会福祉学部の学生だった当時、「法学（日本国憲法を含む）」と言う科目がありました。ここで、簡単にではありますが、「抽象的権利説」という憲法 25 条の「生存権」の法的性格を学びました。それは、社会保障法制度に関する法律は、障害者総合支援法のような具体的な法律があって初めて法的権利を主張することができるという考え方です。法学部などで専門的に憲法論を学んでいる方は、この説について、何も疑問を覚えないかもしれません。しかし、人権を絶対的なものだと信じていた彼女は、政府の状況や考え方に左右される「生存権」論の現実を知った時、非常に大きなショックを覚えたのです。特に、当時は、障害者自立支援法について、全国で違憲訴訟が提起されていた時期でした。そうしたこともあり、障害のある人を始めとした社会的弱者が生きるにあたり重要な生存権が政府の状況や考え方で左右されるとするならば、彼らの人権の保障それ自体が、非常に弱く、脆いものに思えたのです。

　その後、彼女は、社会福祉学部の学生として、できる限りのことを調べました。そうして、よくよく考えてみますと、社会的弱者の人権は、そうではない者と比較した場合、十分に保障されていないと言うことに気づきました。こうしたことを踏まえて、彼女は、人権を専門的に研究する憲法論に強い興味を抱き、大学院に進学をしました。

　そんな彼女には、小さな野望がありました。それは、社会福祉に関わる方に、人権論を伝えたいと言うことです。より正確に言えば、決して、社会的弱者に優しいとは言えない現実の人権論を伝え、その人権論の限界を理解してもらった上で、彼らの人権保障のためには、何ができ、どう変えていかな

いといけないか、を一緒に考えることです。憲法の条文を読むと、人権は、夢や希望に溢れているように思えます。しかし、現実の法制度や裁判所の考え方が、そうではないと言うなら、それをわかりやすく伝えることが必要だと思いました。

＊　＊　＊

さて、話を現在に戻しましょう。本書では、特に、「障害のある人の人権」に注目しました。理由は、大きく分けて４つあります。

　１つ目は、旧優生保護法強制不妊訴訟や相模原障害者施設殺傷事件など、近年、日本では、重大な訴訟や事件が起きており、障害のある人の人権問題について、真剣に考える必要があります。もちろん、このような著名な訴訟や事件以外にも、昔から、投票の際に配慮を求めるというような障害のある人の選挙権に関する問題や重度障害のある人が一人暮らしを求めるというような居住移転の自由に関する問題があります。他にも、障害を持つ子どもの教育の機会を保障するという教育を受ける権利に関する問題も、しばしば、話題に上ります。

　２つ目は、障害者権利条約や障害者差別解消法等の障害者関係法制度のおかげで、年々、障害のある人の人権に対する注目が高まっていることも理由としてあげられます。特に、2022年９月に、障害者権利条約に基づいて、日本の障害のある人をめぐる法制度を通じた人権の保障の実施状況に関する総括所見が採択されたこともあり、最近、新聞やニュースで、障害のある人をめぐる問題がしばしば取り上げられています。

　３つ目は、ノーマライゼーションや自立生活理論など、国内外を問わず、法制度をはじめとした社会設計に大きく関わるような理念・思想を生み出したのも、障害のある人に関係する事柄からです。このように、実は、障害のある人の人権論は、他の社会的弱者の人権理論に様々な影響を与えています。

　そして、最後に、編者それぞれが、障害を持つ人、その家族、障害を持つ人の支援団体と関わりがあったり、知的障害者通所施設で支援員として働いていた経験を有しており、障害のある人と実際に深い関わりがあるからです。プライベートな思いと言われれば、それまでかもしれません。しかし、

確かに、本書のベースには、障害のある人たちが、自信を持って自分らしく生きられるような社会を作りたいという思いがあります。この本の執筆者は、そうした編者の思いに賛同して各章を執筆されています。

　以上の思いを踏まえて、冒頭の言葉の言い直しをさせてください。「憲法研究者が論じないで、誰が、障害のある人の人権を法理論的に議論するのか。」本書は、こうした思いで企画され、進められました。

本書の使い方

　本書は、憲法、障害法、社会福祉法、障害者福祉論等を学ぶ大学生や、障害を持つ人、その家族、福祉関係者、法律家が、体系的に人権理論を展開している憲法学の観点から、「障害のある人の人権」を学ぶことを想定したものです。そして、前述の本書企画の思いにあるように、本書の特徴は、人権論の良いところだけでなく、むしろ、現実の問題を踏まえ、人権論としての限界を説明した上で、その限界を克服するための手がかりを示すことに尽力しました。

　そのために、まず、**スタンダード**として、それぞれの人権について、憲法に依拠して、具体的にどのようなものであるかということを解説しました。と言いますのは、そもそも、憲法は、すべての人たちを対象にしているものですので、決して、「障害のある人」を想定して書いているわけではないからです。障害のある人の人権問題を考えるためには、まず、人権の一般的な理解を知ることが不可欠になります。また、さらに、ここで、それぞれの人権に関わる法制度についても、簡単に説明しました。

　次に、**アドバンス**です。ここでは、スタンダードで説明した人権の一般的な理解や関係する法制度を踏まえて、論争的なテーマや諸外国の状況などについて具体的に説明をしています。障害のある人をめぐって、どのような問題が生じているのか、そういったことを発展的に知ってもらえたらと思います。

　最後に、**ディスカッション**です。読者の皆さんは、きっと、スタンダードとアドバンスを通じて、障害のある人をめぐる人権問題の現状をご理解いた

だいたと思います。思っていたよりも、優しくない現実を知ることになるでしょう。だからこそ、それらを踏まえて、現状を打破するためには、どうすればいいのかについて、このディスカッション・パートで考えていただけたらと思います。

　法学に関係する本は、正直、堅苦しく、つまらないと思います。そこで、本書では、各章の冒頭で**ストーリー**を設けることで、とっつきやすくなるように工夫しました。さらに、知識を得るだけでなく、自分の問題とて考えていただけるように、ところどころに、**チャレンジ**を作りました。

　人権に関する問題の解消のためには、専門家が議論するだけでは不十分です。だからこそ、本書を通じて知識を得た後は、皆さんが、自分の問題として、障害のある人の人権問題を考え、できることなら、それを周りの人と意見交換をしていただきたいです。その上で、どんな小さなことでも構いません。少しでも、障害のある人の苦しみが取り除けるように、何か行動を起こしていただけたらと思います。

　本書の刊行にあたり、飯村晃弘氏と松田智香子氏には、企画段階から校正に至るまで、多くのアドバイスをいただきました。両氏のきめ細かく、また、大変丁寧で優しいフォローがあったからこそ、本書の刊行が実現できたことは言うまでもありません。両氏のご尽力に対して、心よりお礼を申し上げます。最後に、阿部成一社長には、人権に関する企画としては少々異質とも言える本企画をあたたかく見守っていただきました。心より感謝申し上げます。

2023 年 8 月

編者一同

目　次

第1章

問題提起

——憲法の基本、人権の体系、私人間効力

　「人権」という言葉は、新聞やニュース等において、よく目にします。そして、人権を守ることが大切であるということは、広く認識されていると思います。しかし、そもそも「人権」とは何でしょうか。人権は、憲法が規定しています。では、憲法が定める人権とはどのような種類があり、どのように保障するのでしょうか。また、人権の保障には限界があるのでしょうか。そこで、本章では、障害のある人の「人権」について、特に、憲法に注目しながら、説明します。

　猫の私の飼い主であるS山は、社会福祉学部の大学生。彼女は、大学の授業で社会的弱者の問題を学ぶなかで、彼らの人権の問題に関心を持って行ったの。特に、S山は、小学校・中学校時代に、特別支援学級のお友だちとよく遊んでいたから、障害のある人の問題について興味を持ったみたい。ある日、「聞いて！障害は社会によって作られるらしいよ。」と、私に興奮して説明し始めた時は、少し引いた。社会モデル、ICFモデルとか、嬉しそうに言い始めたのはいいのだけど、全く意味がわからなかった。

　そんなS山が、ある日、悲しそうな顔をしてたの。仕方ないから、近くでゴロンして寝てあげたんだけど、S山は混乱しながら「社会福祉は『人権』ではなかった」と言ったの。人間の権利の話より、お菓子が欲しかったのだけど、S山は、そんな私の思いを無視して、こう話したの。

　「社会福祉は、憲法25条の生存権によって根拠づけられるのだけど、この条文、政府の裁量に依存する。そうなれば、政府の都合で、社会福祉の水準が上がったり下がったりする。こんなの人権とは言えないよ。」

　S山は小学校2年生の頃からボランティアとかをし続けた福祉マニアで、思

い入れが深すぎて、社会福祉を絶対的なものと確信していたみたいなの。それから、S山は、社会福祉の対象者の人権の問題を考えるためには、憲法25条は大切だけど、1つの条文や権利ではなく、様々な権利の観点から彼らの問題を考える方が良いと思い、勉強を始めたの。このとき、小中学校時代の友だちのことを思い出して、障害のある人の人権に関する勉強に特に力を入れることにしたみたい。

Ⅰ　スタンダード

1　障害のある人の「人権」と憲法
(1) ようこそ、憲法の世界へ

　ストーリーの内容のほとんどは実話です。本章の筆者は、社会福祉学部出身であり、社会福祉の対象者の「人権」を考えたくて、大学院に進学し、「憲法」を専攻しました。憲法を選択したのは、①憲法が「人権」を定めていること、そして、②最高法規である憲法は法制度の設計等に強い影響を与えるからです。言い換えれば、社会的弱者（特に障害のある人）の人権の保障を考えるにあたり、現在の社会福祉制度の枠組みの中からではなく、この枠組みの是非を含めた、根本的な観点から、彼らの人権の保障をより積極的に保障する方法を考えたかったのです。

　ストーリーにあるように福祉マニアだった筆者は、憲法や人権の考え方に、良くも悪くも衝撃を受けました。そこで、以下は、法学部のスタンダー

ドの観点ではなく、社会福祉学部出身の筆者が、憲法が保障する人権を勉強するにあたり、驚いたことを中心に、憲法の基本を説明します。

（2）憲法と人権

　障害のある人の「人権」を守るために、日本には、多くの法制度があります。例えば、ケアが必要な人のために障害者総合支援法が定める自立支援給付に基づいて日々のケアが提供されたり、差別や偏見を解消し、障害のない人との間の平等な機会を保障するために、障害者差別解消法が定められたりしています。読者の皆さんは、こうした法制度は、障害のある人の「人権」を守るために設計されたということは、なんとなくだとしても、理解していることでしょう。では、そもそも「人権」とは何でしょうか。これを考えるために、日本における法律の体系を確認しておきましょう。

　まず、憲法と法律は異なる法規範（社会のルール）です。詳しく説明しましょう。憲法を**最高法規**として考えて、その下に、国会が作る法律や内閣が作る政令、府令、省令が続きます。これを国法秩序と言います。この序列が意味することは、下位にある法規範は、上位の法規範の内容に反するものを

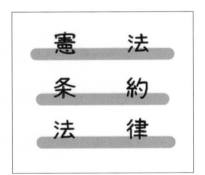

定めることができないという意味です。言い換えると、下位にある法規範は、上位の法規範の内容を反映して定めます。前述の障害者総合支援法や、障害者差別解消法は、「法律」です。したがって、これら2つの法律は、憲法の内容に反してはならないし、また、憲法の内容に沿うように法律が作られることが求められます。

　　　　こうした国法秩序のトップにいる憲法には、生存権や平等など、多くの「人権」が書かれています。もう少し詳しく書くと、例えば、障害者総合支援法は、憲法25条で定める生存権を実効的に保障するために定められた法律ということになります。このように、日本の文脈で、「人権」を考えるためには、憲法はなくてはならない存在なのです。

◆チャレンジ：アナタが興味がある法律は、憲法のどの条文に関係するのだろう？

（3）人権規定の落とし穴

　読者の皆さんは、様々な場面で、日本国憲法の条文を見たことがあるかと思います。例えば、第3章の「国民の権利及び義務」の条文を見てみれば、端的でわかりやすい言葉で、人権の保障が書かれています。でも、あまりにも簡単に書かれているため、逆に、何を意味しているのかわからない方が多いのではないでしょうか。例えば、社会福祉の文脈で有名な憲法25条には「すべて国民は、健康で文化的な最低限度の生活を営む権利を有する」と書かれています。これは、いわゆる「生存権」の規定と言われるものであり、障害者福祉の法制度の根拠となる条文です。では、「健康で文化的な最低限度の生活」とは、何を意味するのでしょうか。アナタとワタシが考えるものは同じなのでしょうか。ある人は、「衣食住に困らない生活」と考えるかもしれません。また、ある人は、「豊かでなかったとしても、社会活動に参加できる生活」と考えるかもしれません。また、例えば、自立支援給付の支給量を考えたとき、障害のある人の要求は、どのくらいを受け入れられると、アナタは思うのでしょうか。ある人は、本人が必要だと思う全てのケアが受給されるべきだと

思うかもしれません。ほかの人は、財源の都合で限界があるので、提供する自治体側の事情が、本人の要求より重視されると思うかもしれません。

　このように、憲法の条文は、一見するとわかりやすいし、最高法規なので、多くの場面で人権の根拠として明示されますが、その内容をきちんと確定した上で示さなければ、人権を守る力も弱められるかもしれません。場合によっては、守る人権の内容や強さを制限することで、人権を保障しないことの正当化の根拠として、憲法の条文を悪用する人も現れるかもしれません。

2　「憲法」って何？

(1)　憲法の基本

このような憲法が規定する人権ですが、きちんと内容を確定すれば、障害のある人の人権を守るにあたり、非常に有力な役割を果たすということは言うまでもありません。そして、この人権の規定の効果を最大限発揮するためには、日本国憲法それ自体を知ることが求められます。

そもそも、「憲法」とは、何でしょうか。アナタは、まず、「憲法」と聞くと、「日本国憲法」と言うような成文の法典（**憲法典**）を思い出すのではないでしょうか。アナタのその感覚は、正しいです。しかし、例えば、イギリスには、成文での憲法典がありません。では、イギリスには「憲法」がないのでしょうか。もちろん、イギリスにも憲法があります。つまり、成文か不文かを問わないで、ある特定の内容を持った法を「憲法」と呼ぶこともあります。このように、前者の成文の法典と言う形式に注目する場合を形式的意味の憲法と呼び、後者の内容の言うように実体に注目する場合を実質的意味の憲法と呼びます。

次に、実質的意味の憲法が重視する「特定の意味」とは何でしょうか。これは、「国会、内閣、裁判所といった公権力のあり方」を指します。この時、資本主義や社会主義と言った社会・経済構造は問いません。ここで大切なのは、憲法は「公権力のあり方」を定める法規範である点であり、これが意味することは後で詳しく説明します。

さらに、実質的意味の憲法としての「日本国憲法」は、「**立憲的意味の憲法**」であることも確認する必要があります。「立憲的意味」とは、18世紀末の近代市民革命を背景に、専断的な権力を制限して広く国民の権利を保障すると言う意味です。少し難しく書いてしまいましたが、簡単に言えば、誰が権力を持っても権力濫用などが起きてしまう可能性があり、個人の人権を守るにあたりに危険なので、権力を一箇所に集めないようにしようという発想です。これは、公権力を立法権、行政権、司法権のように分ける権力分立につながります。

以上を踏まえて、再度、「日本国憲法」を整理してみましょう。まず、日本

国憲法は、人権保障が目的であり、この目的を達成するための手段として統治機構があります。そして、憲法である以上、問題になるのは、あくまで「公権力」のあり方なのです。このことは、憲法の枠組みにおいて人権問題で考えるのであれば、公権力 vs 障害のある人（個人）という図式で考える必要があることを意味します。つまり、公権力が関係しない個人と個人の間の問題（私人間の問題）は、本来は、憲法の対象にはならない問題なのです。このように聞くと、アナタは、障害のある人たちに強制不妊手術を強いた旧優生保護法をめぐった訴訟のように公権力が障害のある人の人権を侵害する悲惨な事件はもちろんあるけれども、多くの人権をめぐる問題は、個人同士の関係で発生するので、憲法は「使えない」と思ったのでしょうか。このようなアナタの指摘は、半分正解であり、しかし、半分間違いであると言えます。これは、どういうことなのでしょうか。

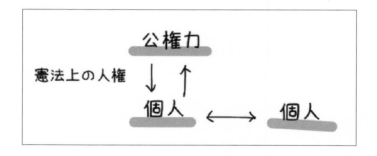

　まず、「半分間違い」と書いた点について説明します。憲法に限らず、法律をめぐる問題を考えるとき、原則と例外を押さえることが大切です。まず、原則として、憲法は、前述の通り、国家 vs 個人の関係で考えます。次に、例外として、憲法は、民法90条（公序良俗に反する法律行為は無効）というような法律の条項に、憲法の趣旨を取り込んで解釈することで、間接的に、私人間の人権の問題にも適用します。したがって、例外として、アナタは、間接的だけれども、私人間の人権問題を解決するために憲法を用いることができます。

　次に、「半分正解」と書いた理由を説明します。先ほどの説明にあるように、憲法は、私人間の人権の問題にも適用できるものの、それはあくまで間接的であり、また、憲法の条文自体がわかりやすいように見えても多義的に解釈できてしまうので、やはり、私人間の人権の問題を実効的に解決することには適していません。そこで、重要になってくるのが、法律や条例の存在です。法律や条例は、憲法に基づいて、障害のある人の人権の問題を解決する方法を具体的に定めていると言えます。

◆チャレンジ：障害のある人の人権を侵害する問題として、どのようなものがあるだろう。そして、その問題の加害者は、誰だろうか。

(2) 憲法が保障する「人権」

　日本国憲法には、国民主権や憲法9条、国会・内閣・裁判所といった統治機構など、とっても面白いトピックスがありますが、本書は、「障害のある人の人権」をテーマとしているので、「人権」総論を説明します。もし、憲法それ自体に興味を持ってくれたなら、ぜひ、憲法の教科書を一読してみてくださいね。

　さて、「人権」と言う言葉は、色々なところで目にします。「人権」と聞けば、困っている人を無条件に救ってくれる魔法の言葉のようなイメージがありませんか。つまり、障害のある人を始めとした社会的弱者が困っていたら、彼らの「人権」を守ると言う大義のもと、法制度は作られるし、裁判では寄り添ってくれると思う読者も多いことでしょう。しかし、もし、人権が、そのように社会的弱者に寄り添い、実効的に機能していれば、今頃、人権問題は、少なくとも大部分は解決されているはずです。つまり、現実は、そうではないです。なぜでしょうか。

　それは、最高法規であり、人権を守る最後の砦になるはずの日本国憲法の人権の規定は、「困っている人を無条件に救ってくれる魔法の言葉」ではないからです。ここでは、①人権の性格、②保障される人権の種類、③人権の保障の限界と言う3つのポイントから説明していきます。

①人権の性格——人権って、社会的弱者を救う「生存権」が中心ではないの？

　人権の観念として、固有性、不可侵性、そして、普遍性があることは聞いたことがあると思います。

　まず、「固有性」とは、人権が憲法や天皇から恩恵として与えられたものではなく、人間であることにより当然に持つとされる権利を言います。次に、「不可侵性」とは、人権が、原則として、公権力によって侵されないことを意味します。そして、最後に、「普遍性」とは、人権は、障害、年齢、性別、所得などの違いに関係なく、人間であることに基づいて、当然に享有できる権利であることを示します。

　このように聞くと、人権は、障害のある人を始めとした社会的弱者を無条件に救ってくれる魔法の言葉のように読めます。しかし、憲法があくまで公権力のあり方を定める法である以上、基本的には、公権力による人権の侵害の場合に問題になりますし、後述するように、基本的に憲法で実際に規定された「人権」のみ保障の対象になり、さらに、無条件の保障でもありません。そもそも、後のアドバンスで説明するように、憲法は、障害のある人のみを対象とするのではなく、そうではない障害のない人たちをも対象にする以上、障害のある人を中心的な救済対象と考えているわけではないのです。

　これを考えるために、人権の歴史的な経緯を簡単に確認していきましょう。日本国憲法は、18世紀の近代市民革命を背景にしていることを先ほど説明しましたが、これにより実体化された立憲主義の思想は、19世紀に「自由国家」のもとでさらに展開します。そこでは、個人は自由かつ平等であると考えられて、経済活動などの競争が認められるようになります。こうした自由国家・消極国家と呼ばれる時代では、公権力は、経済的・政治的な干渉を行わないことが求められました。この時に求められたのは、平等、精神的自由や経済的自由などの自由権などです。しかし、資本主義の高度化に伴って、貧富の格差が拡大します。つまり、その時代で稼ぐ能力があるものは裕福になり、障害の種類や程度によって一概には言えませんが、障害のある人や高齢者などはなかなか稼ぐことができず生活に困窮するようになります。そこで、こうした貧富の格差を始めとした社会経済的な不平等を解消することが

公権力に求められるようになります。こうした文脈で顕在化したのが、社会
福祉に関連する法制度の根拠としてよく目にする生存権を始めとした社会権
です。

　このような人権の歴史的な経緯を見るとわかりやすいのですが、確かに、
人権は、固有性、不可侵性、そして、普遍性から観念づけられますが、実際
の保障場面では、人権の種類によって、法的に守られるレベル（法的拘束力）
が変わります。具体的に日本では、人権の大切なものと認識された順番から、
自由権と社会権では、自由権の方が、法的拘束力が高くなる可能性が高いで
す。社会福祉に関連する場面では、生存権が中心的に目にしますが、実際に
は日本国憲法論としては、自由権の方が優先的に考えられます。

②保障される人権の種類──人権なら何でも保障されるのではないの？

　決して悪いことではないと思いますが、「人権」と言う言葉が、あまりにも
耳馴染みが良すぎて、至るところで、「人権」と言う言葉を目にします。こう
した動きは、人権の注目度をあげると言う意味では効果的ですが、法が保障
する「人権」ではありません。日本国内において、「人権」として法レベルで
保障しているは、日本国憲法が人権として規定しているものに限られます。
つまり、法レベルで見れば、保障される人権の種類は限定的だし、さらに、
前述の通り、その保障される人権の中でも法的拘束力が人権の種類に応じて
変わります。

　そこで、日本国憲法が保障する「人権」には何があるのかについて確認し
ていきましょう。人権は、大きく、自由権、参政権、そして、社会権に分け
ることができます。まず、「**自由権**」とは、公権力が個人の領域に対して権力
的に介入することを排除して、個人の自由な決定に基づく活動を保障する人
権のことです。つまり、公権力による個人の自由に対する介入や干渉を拒絶
して、放っておいてもらう権利と言い換えることができ、「国家からの自由」
と呼ばれます。なお、その内容は、精神的自由、経済的自由、人身の自由に
分けることができます。「精神的自由」は、さらに、内面的な精神活動の自由
（思想良心の自由、信仰の自由、学問の自由など）と外面的な精神活動の自由

（表現の自由、結社の自由など）に分けることができます。「経済的自由」は、職業選択の自由や財産権の保障などがあります。

　次に、「**参政権**」とは、国民が国政や地方政治に参加する権利であり、「国家への自由」とも言われます。具体的には、選挙権・被選挙権に代表されますが、憲法改正の時の国民投票や公務員になる資格も含めることもあります。

　最後に、「**社会権**」は、資本主義の高度にともなって生じた失業・生活困窮・労働条件の悪化などの問題から、障害のある人や高齢者などのような社会的・経済的な弱者を守るために生まれた人権です。これは、「国家による自由」と呼ばれ、社会的・経済的な弱者が「人間らしい生活」を送ることができるように、公権力に法制度の制定といった積極的な働きがけを求めます。具体的には、生存権や教育を受ける権利、労働基本権などがあります。

　こうした基本的な分類を踏まえて、日本国憲法における人権を分類しますと、①包括的基本権（憲法13条）、②法の下の平等（憲法14条）、③自由権、④国務請求権、⑤参政権、⑥社会権の6つに分けることができます。

　こうして日本国憲法が保障する人権の種類を概観しましたが、アナタは、障害のある人の人権をめぐる問題として、いくつあげることができますか。障害のある人が抱える具体的な人権の問題は、他の章で説明しますが、まずは、どのような問題があるか、自分で調べて見ると良いでしょう。

◆チャレンジ：人権の問題として、どのようなものがあるだろう。一度、障害のある人以外の問題も、幅広く考えてみよう。

③人権の保障の限界──人権の侵害があるのに、救済されないことがあるのは、なぜ？

　ここまで、人権の性格と保障される人権の種類について確認してきました。そこで、アナタは、例えば、障害者総合支援法が定める自立支援給付は生存権の保障であるのにもかかわらず、十分に支給されずに、地域での自立生活を送ることができないと言うように、現実では、実効的に人権が保障されていない場面を思い出し、疑問に思っているかもしれません。これは、どういうことなのでしょうか。

　まず、人権は、無制限に保障されるものではないことを理解しなくてはなりません。人権は個人に保障されるものですが、そもそも、個人は社会との関係を無視して生活することはできないので、人権も特に他の人の人権との関係で制約されることがあります。例えば、社会保障費は限られた予算の中で配分されています。その中で、障害のある人の生存権の保障が大切だからといって、高齢者や子どもたちに本来配分されるはずの予算を削減して、障害のある人に対する社会保障のみに予算を配ることはできません。

　では、人権が制限されることが許される場合は、どのような時なのでしょうか。ここでは、「人権の侵害は、最終的には裁判所によって救済される」と言う観点から、裁判所が日本国憲法に問題の人権の侵害の状態を当てはめた場合に、憲法に違反しているかどうかが（憲法の適合性）、重要な基準になります。このような基準は、障害者施設や高齢者施設といった福祉現場で実際に働く人たちや、障害のある当事者、その家族の方々から見れば、非常に、奇妙に見えると思います。なぜなら、実際に、福祉現場で働く人たちや当事者、そして家族が、裁判所に訴えることはあまりないからです。実践的な人権の保障を考えるならば、裁判所による救済ではなく、現実社会における具体的な救済を考えるべきであると言う意見はもっともな指摘だと思います。しかし、残念ながら、法レベルで「人権」を考える場合、人権侵害の救済の舞台は裁判所で捉える必要があり、ここで示された論理に基づいて法制度が形成されることを受け入れる必要があります。そして、人権の制限をめぐる憲法の適合性に関する具体的な基準は、それぞれの人権の種類ごとに異なります。この具体的な基準は、他の章で、障害のある人の具体的な人権問題とともに紹介します。

◆チャレンジ：人権の制約として、正当化される場面として、どのようなものがあるだろう。

Ⅱ　アドバンス

1　人権の主体としての障害のある人

　ここまでスタンダードとして、日本における「人権」の意味を、最高法規である憲法に注目して見てきました。特に、法レベルで見た場合、「人権」は、困っている人を無条件に救ってくれる魔法の言葉ではないことが分かったと思います。アナタは、人権の種類やその性格により、制限的にしか機能しないことに驚いたかもしれません。でも、同時に、現在の日本で、障害のある人に対するものだけでなく、多くの人権の問題が起き続けていることに納得したかもかもしれません。確かに「人権」は、困っている人を助けてくれる可能性を持つ強力な武器になります。だからこそ、その限界をきちんと知ることが、その武器を使いこなすためには必要になります。そして、その先で、アナタが、人権の保障の限界を超える方法を具体的に考える材料に本書がなると良いと思います。

　さて、アナタは、スタンダードで、人権を保障することの難しさを勉強したと思います。そこで、さらに加えて、障害者権利条約のような国際的な動きに後押しをされる形で、今では障害者基本法や障害者差別解消法など多くの国内の法律で障害のある人の権利の保障が目指されているものの、憲法レベルでは、いまだに、「障害のある人の人権」の保障に対して積極的に考えられていないという現実を説明します。もしかすると、アナタは、国際的な動きや国内の法律で、障害のある人の権利が守られるなら、憲法を無視しても問題がないと思うかもしれません。しかし、何度も言うように、憲法こそが最高法規である以上、例えば、障害のある人に対して不利に働く法制度を国が作ったとしても、憲法の観点から障害のある人の人権を考えないと、その問題の法制度の改善を強制力を持って求めることができないのです。

　前述の通り、個人の人権の保障が目的のはずの憲法が「障害のある人」の人権の保障に積極的ではないと言うことは、どういうことでしょうか。憲法が、障害のある人に対して差別していると言うことでしょうか。もちろん、そういう意味ではありません。つまりこれは、憲法は、近代市民革命を背景にした立憲主義を前提に据えているので、想定されている「個人」とは、障害とか、性別とか、年齢とか、そういった属性を想定しない「抽象化された個人」であると言うことです。近代市民革命が変えようとしていたのは、王や貴族、農民、奴隷といった確固たる身分制です。当時、属性を想定すれば、その属性を理由に、「身分制は仕方ない」と思われる危険性がありました。そのため、ここでは、身分制から解放された抽象的な存在（典型的なのは、判断能力などの能力がある自立した男性）が個人として想定されたのです。こうした個人像を前提にして、国家に対抗して人権を主張することを重要視して、日本国憲法は確固とした位置付けを守ってきたので、「障害のある人」を排除しているわけではないのですが、同時に、「障害のある人」を具体的に想定して人権の保障を考えているとも言えないのです。

　では、「障害のある人」を想定して人権の保障をしない憲法は間違っているのでしょうか。前述の通り、日本国憲法は、障害のある人はもちろんですが、そうではない人に対する人権の保障も当然に行っています。このことを考えると、「障害のある人」を具体的に想定して憲法の人権の規定を見なすよりも、抽象的な個人に位置付けられる障害のない人と、同じように、障害のある人も人権の保障がなされるように、そもそもの「障害のある人」の意味を考え直す方が、より強固に人権の保障がなされるようになると言えるでしょう。では、「障害のある人」とは、法的に考えると、どのような存在なのでしょうか。

2　障害モデルとしての医学モデルと社会モデル

　アナタは、障害のある人が抱える「障害」とは何だと思いますか。目が見えないといった本人が抱える問題、日常生活で抱える困難、偏見や差別、などなど。様々なことを考えたのではないでしょうか。現在、法的な議論にお

いて、障害のある人が抱える障害には、大きく分けて、2つあると考えられています。1つが、「**インペアメント**」と呼ばれるもので、本人が抱える身体的・知的・精神的な機能障害です。つまり、肢体障害、聴覚障害、知能指数が低い（低IQ）、うつ病や統合失調症などです。このインペアメントは、障害のある人本人が「個人的」に抱えると言う点に特徴があります。もう1つは、「**社会的障壁**」です。これは、社会が、障害のある人の存在を考えないで作り上げられたことによって生じると言う点に特徴があります。例えば、階段を想像してみましょう。階段は、足に障害がない人からすれば問題がありませんが、足に障害があるために歩けない人にとっては「障壁」に他なりません。つまり、階段があるために生じる困難は、社会側が、「歩けない人が困る」と言うことを考えないで（または、考えたとしても、その困難の存在を無視して）作ったために生じたものであり、社会によって作り出された「障壁」と言い換えることができます。このように、現在の法的な議論において、「障害」はインペアメントと社会的障壁の2つの観点から把握されます。そして、インペアメントと社会的障壁のどちらの要素を強調して障害を捉えるかによって、求められる法制度は変わります。

　まずは、「**インペアメント**」のみで障害を捉えるモデルを「**医学モデル**」と言います。インペアメントは本人の特徴として障害を捉えるものと先ほど説明しました。そして、このインペアメントを強調すると言うことが意味することは、本人の障害ゆえに困っているから、法制度は、困っている障害のある人を助けるものを作ろうと言う発想になります。このモデルにおいて、障害のある人は、助けが必要な困難を抱えている特別なニーズを持っている人です。つまり、障害のない人とは、対等な存在ではありません。言い方を変えれば、「保護が必要な特別な人」です。そこでは、特別支援教育や障害者雇用率制度のような特別な法制度を求められます。

医学モデル
　　障害＝インペアメント
社会モデル
　　障害＝インペアメント＋社会的障壁

　障害のある人に対して一定の貢献を果たす医学モデルを全面的に否定する
わけではありませんが、障害のない人とは「異なる」存在と見なすことは、
障害のある人にとって必ずしも良いものであるとは言えないでしょう。そこ
で、強調されるようになったのが「**社会モデル**」です。社会モデルは、社会
的障壁を強調するモデルであり、障害のある人が抱える困難は、社会によっ
て作り出されると考えるモデルになります。このモデルにおいても、インペ
アメントも考慮されますが、それでも、社会的障壁を強調することで、社会
の構造が、障害のある人に不利に働くことを問題視します。このモデルで重
要な点は、障害のある人と障害のない人は対等な存在であると捉える点で
す。したがって、この社会モデルでは、障害のない人との平等や差別禁止、
そして、障害のない人と同程度の自由権の行使が求められます。なお、たと
え、社会モデルを想定したとしても、社会の構造が障害のある人にとって不
利に働く場面が想定されます。この時、この不利（＝社会的障壁）を解消し
なければ、障害のない人と同じような自由権を行使することができないかも
しれません。この解消のために求められる積極的措置は、合理的配慮と理解
されます。このように見ると、医学モデルでは障害のある人が社会にあうよ
うに変わることが求められますが、社会モデルでは社会が障害のある人にあ
うように変わることが求められるのです。

◆チャレンジ：インペアメントとして、どのようなものがあるだろう。社会的障壁
　として、どのようなものがあるだろう。

3　障害のある人の人権を保障することの意味

　本章では、最高法規である憲法における「人権」と「障害のある人」の意味について確認してきました。筆者が初めて憲法を法学として学んだとき、考えていた以上に、あまりにも形式的であり、福祉の現場では、正直なところ、あまり実効性がないのではないかとも思いました（筆者は、高齢者施設にて介護士として、障害者施設にて支援員として、４年間働きました。）。ですが、最高法規である憲法が人権を保障することで、障害者を初めとする社会的弱者の人権の保障が根拠づけられることの価値も知りました。本書を通じて、読者のアナタも、筆者と同じように、憲法で障害者の人権を守ることの意味を知っていただけたらと願っています。

　最後に、障害のある人の人権を保障することの意味について考えていきましょう。結局、障害のある人の人権を保障するとは、どう言うことなのでしょうか。障害のある人のために特別な人権を保障すると言う意味なのでしょうか。そうでは、決してありません。ここでしっかりと理解していただきたいのは、障害のある人も、障害のない人と同じ「人権」を保障すると言う事実です。何度も繰り返すように、日本では、憲法が最高法規として、障害の有無を問わず、すべての個人の「人権」の根拠になる以上、憲法の枠組みを無視して、人権を主張しても、根拠がないものとなってしまいます。しかし、だからといって、「障害のある人」と言う存在を意識しないで人権を考えても、そもそも、日本国憲法が「障害のある人」の存在を積極的に考えていない以上、障害のある人にとって、適切な人権の保障がなされると考えることができません。

　以上より、日本において障害のある人の人権を保障すると言うことは、障害のない人と同じ「人権」を保障すると言う意味であることをしっかりと踏まえた上で、日本国憲法が障害のない人を中心に人権の保障を考えているか

らこそ生じる問題の構造を分析し、その先の課題として、障害のある人にも実効的に人権の保障をするために必要なことを考えることが求められます。具体的な問題は、次章から、憲法の条文に基づきながら解説します。

　では、障害のある人の人権の保障を考えるアナタの旅にエールを送りつつ、本章を締めくくります。

COLUMN

アメリカの障害モデル

　障害（disability）に基づく差別や貧困などの不利益をなくすための様ざまな法制度があります。日本とアメリカのそうした法制度が、障害のある人をどのように定義しているかを見ると、①心身の機能の障害（機能障害）を持っていること、②機能障害や社会の制度・偏見などによって生活に様ざまな制限を受けていること（生活制限）の二つを要件とするという点で共通しています（例えば障害者基本法第2条を読んでみてください）。アメリカの障害法研究では、この機能障害と生活制限という二つの要素について対照的な理解を示すマイノリティグループモデル・ユニバーサルモデルという考え方があります。それぞれ、障害のある人はどのような人であると考えるのでしょうか。

　マイノリティグループモデルは、障害のある人とは社会の中のマイノリティとして歴史的に不平等に取り扱われてきた人びとであるとします。例えば視覚障害や四肢の欠損といったある種の機能障害を持つ人は直ちに生活制限を有するものと推定し、障害のある人とない人を集団として明確に区別しようとするものです。何が「ある種の機能障害」であるのかが重要な問題となります。

　これに対して、ユニバーサルモデルは、社会のすべての構成員は誰もが病気や加齢、事故などにより何らかの機能障害を持っているため、機能障害に対する社会的取扱いによって差別され、無力化される（disabled）潜在的リスクを有していることを重視します。そのため、機能障害に基づく不利益な取扱いを広く障害差別の問題と考え、生活制限の要件を重視しないことが望ましいと考えます。「障害のあるアメリカ人法」（ADA）は障害（disability）を、(1)「当該人物のひとつ以上の主要な生活活動を実質的に制約する心身の機能障害」（現在の障害）、(2)「そうした機能障害の記録」（障害の記録）に加えて、(3)「そうした機能障

害を持っているとみなされること」（みなし障害）のいずれかを意味すると定義していますが、(1) および (2) と異なり、(3) は 2008 年の同法改正によって生活制限の要件がなくなりました。ユニバーサルモデルはそのことを肯定的に評価します。

　以上をもとに、次の人に障害があると言えるか、そして何らかの法的保護を求めうるかどうか考えてみましょう。①近視だが、めがねをかけて日常生活では特に不自由を感じず、パイロットのライセンスを持っている人が、主要航空会社から採用を拒否されてしまいました。②事故で片足を失ったため義足を着用し、継続的なリハビリによって歩行や階段の上り下りなどが可能となった人が、「事故の恐れがある」と言われて階段の多い建物への入場を断られてしまいました。③動物取扱業で働いている人が猫アレルギーになってしまい、猫と接することの多い業務に就けなくなってしましました。

（尾下）

参考文献 ··

菊池馨実・中川純・川島聡編著『障害法〔第 2 版〕』（成文堂、2021 年）
杉山有沙『障害差別禁止の法理』（成文堂、2016 年）
杉山有沙「日本国憲法における社会的弱者の『自律』と『自己決定権』の意味」帝京法学 36 巻 1 号（2022 年）

第2章
生存権総論

―――生存権、憲法25条、自立生活、相談支援

> **point**
>
> 　誰しもが失業、病気などで生活に困ることがありえます。そのような誰にでも起こりうる事態になった時に社会全体で助け合う仕組があることは、誰しもが望むことです。特に、障害を持った場合には、様々な生活上の困難に直面することが多いため、生活保障の必要性が強く意識されることになります。しかし、求められる生活保障の水準と内容に関しては、多くの課題があります。

STORY

　猫の私は、ふと思いたつと、午後の散歩に出かけるの。だって、午後のテレビって時代劇ばっかで、あきるじゃない。そしたら、アパートの隣に住んでるＴ橋さんの部屋からテレビの音が聞こえるの。時代劇よ。「梅から生まれた梅太郎！」だって（若い方にはわからないかしら）。そういえば、昨晩、飼い主のＡ平の先輩で大手商社に勤めているＳがやってきてＴ橋さんの悪口言ってたわ。

　「Ａ平くん、隣のＴ橋さん、仕事しないで生活保護を貰ってるんだって？　いい身分だよな。」

　「いやいや、Ｔ橋さんは、若いころから仕事しすぎて身体壊してるんですよ。もう結構な年齢だからどこも雇ってくれないってぼやいてましたわ。」

　「そんな時のために、ちゃんと資格をとったり、貯金したりしてないからいけないんじゃないか？　そういえば、こないだＴ橋さんがパチンコしてるの見たぞ。」

　「いやいや、Ｔ橋さんは、給料安いのにずっと奨学金返したり親に仕送りして、そんな余裕なかったんすよ！それに、たまにうさ晴らしにパチンコするのがいけないんすか！」

　ああ。やっぱりＡ平は私にはもったいないくらいの立派な飼い主だ。親の金で大学に行ってエラそうな顔してるＳとは大違いだ。私は、バブル崩壊とか

リーマンショックの時に、それまでエリート面していた連中が泣きそうな顔をしているのを見てきた。そうした連中は、そんな時になって初めてそれまでの自分の立場が自分自身の手柄によるものではないことに気づくのだ。それに比べて、あたしの飼い主は若いのに人生を知っている。

　と、うっとりしていると、話題はＴ橋さんのさらに隣に住んでいるＮ村さんの話に移った。

　「ところで、Ａ平くん、車いす使っているＮ村さんの家にはいろんな人が出入りしているみたいだけど、何やってるんだ？」

　「Ｎ村さんは、意を決して自立生活を始めたんで介護の人が来てるんですよ」

　「自立生活？　介護の人が来て助けてもらってるんだったら自立できてないんじゃないか？」

　「Ｓ先輩、わかってないなあ…」

　ん。それは私にもよくわからない。「自立」って何だろう。それでも感じることはある。たしかに、私はＡ平に良くしてもらってるけど、好きな時にでかけて、好きな時に帰ってきてる。私って「自立」してるような気がする！

Ⅰ　スタンダード

1　生存権の意義と歴史

　憲法25条1項では「**すべて国民は、健康で文化的な最低限度の生活を営む権利を有する**」と定められています。その意味で、「**生存権**」とは、「国に対して生活の保障を求める権利」だということができます。この点、憲法の条文では「〜生活を営む権利」と書かれているのだから、それは「生活権」と呼ばれるべきであるように思います。それを「生存権」と言い換えてしまうと、まるで「水だけ飲んで何とか生きてる」という状況でも許されるような印象になりますが、あくまでも「健康で文化的」な「生活」が保障されていることが強調される必要があります。身体によい食事を摂り、友人と会い、本や雑誌を読む（スマホの見過ぎは目に悪いですが）というくらいの生活が

保障されなければならないのです。

　ところで、今の我々にとっては当たり前に思われる人権の保障は 200 年以上前にヨーロッパで誕生しましたが、そこでは初めから生存権が保障されていたわけではありません。例えば、1789 年からのフランス革命では「自由と民主主義」が旗印になりましたが、革命の中で採択された人権宣言では所有権が「神聖不可侵の権利」とされた一方で、庶民の生活が保障されたわけではありませんでした。逆に、19 世紀までの近代憲法の下では、庶民の生活を守るために資本家（企業）の活動を規制することは「自由に反する」と考えられました。その結果として、その後の西欧社会では凄まじい「貧富の格差」が生じることになります。

　しかし、一部のお金持ちだけが豊かな暮らしをして、その他大勢の人々は低賃金で長時間の労働を強いられるような過酷な生活をしなければならない社会に対して、「それはオカシイ」と考える人たちが出てくることは当然です。そのような人たちの努力——時には命がけの努力——によって、社会が変わり始めたのは今から 100 年くらい前の 20 世紀の初めの頃でした。そこで初めて、国が国民の生活に責任を負う「福祉国家」という考え方が登場します。そのような中で、憲法上の権利として、国に「何とかしてくれ」と要求する権利である「社会権」が認められるようになります。そして、この章で勉強する生存権は社会権の一つであると考えられます。

◆チャレンジ：自分の生活は自分で何とかするべきだという「自己責任」論から福祉を批判する意見に関して、どのように考えるべきだろうか？

2　権利としての生存権

　1946 年に誕生した日本国憲法は、福祉国家の理念を謳い、社会権（国に「何とかしてくれ」と要求する権利）として「生存権」（憲法 25 条）「教育を受ける権利」（憲法 26 条）「勤労の権利」（憲法 27 条）「労働基本権」（憲法

28条）を保障しています。しかし、憲法制定からしばらくは、憲法25条1項の「生存権」は個人の権利ではなく国の努力目標にすぎないという考え方が有力でした（プログラム規定説）。しかし、憲法25条1項にははっきりと「権利」と書いているのに、それを「権利ではない」ということには無理があります。そのため、現在では、生存権も個人に保障される権利であると考えられています。

　ところで、通常の場合には、「権利がある」ということは、裁判所に訴えてその権利を実現してもらえるということを意味します（「借金を返せ！」という訴えが認められれば、裁判所の担当者がお金を回収してくれます）。しかし、憲法25条の場合、「健康で文化的な最低限度の生活」とは具体的にどの程度の生活なのかははっきりしませんし、生存権を保障するためには国会がそれなりの予算を準備することが必要になるため、裁判所が憲法25条だけを根拠に「この人に○○円払いなさい」と命令しにくいところもあります。そのため、憲法25条の生存権は、それだけを根拠にして裁判所に何かを請求できる具体的権利ではなく、国民の代表である国会が生存権を保障するための法律を作ることを期待した上で、そのような法律と一体化して具体的権利になるという意味での——憲法25条自体を根拠として裁判所に訴えを起こすことはできない抽象的な権利であるという意味での——「抽象的権利」であると考えられています。

　それでも、現実に、憲法制定直後に**生活保護法**が制定され、生活に困っている人が保護（扶助）を受ける権利が保障されました。また、高度経済成長期には国民年金や健康保険などが整備され、老齢・障害・病気などによる生活困難を国民全体で支えあう体制がとられました。そのため、現在では、具体的に保障されるべき「健康で文化的な最低限度の生活」の内容や水準に争点が移っていると考えられます。

◆チャレンジ：「生存権は国の努力目標に過ぎない」という考え方と「生存権は個人の権利」という考え方を比べてみよう。

3　「健康で文化的な最低限度の生活」

　生活保護法では、どのような状況の人にどのような保護（扶助）を行うか
は、厚生労働大臣（昔は厚生大臣）が定める「**生活保護基準**」により決まる
とされていて、それは「最低限度の生活」を保障するものでなければならな
いとされています。しかし、憲法 25 条と生活保護法が制定された後も、長ら
く日本の生活保護の水準は相当低い状況にとどまっていました。たしかに、
終戦直後の日本は国全体が貧しかったので、生活保護の水準が低かったこと
にもやむをえない面がありました。しかし、その後の経済復興により「もは
や戦後ではない」と言われる程度にまで日本の経済が良くなってからも、福
祉の充実は後回しにされる傾向がありました。

　そのような中で、生活保護の金額が安すぎるのではないかが争われたの
が、1967 年に最高裁判決が下された**朝日訴訟**という有名な裁判でした。朝日
訴訟の事件発生当時の生活保護基準では生活必需品の金額を積み上げて扶助
の金額を決定する方式がとられていましたが、そこでは「肌着が 2 年に 1 着」
「パンツが 1 年に 1 枚」などという実に厳しい算定基準により計算が行われ、
生活扶助の金額は極めて低く抑えられていたのでした。これに対して、最高
裁は、生活保護基準の内容は原則として厚生大臣（当時）の裁量に任されて
いるとして、この事件当時の経済・社会の状
況を前提にすれば、その時点での生活保護基
準は憲法にも生活保護法にも違反していない
と判断しました。それでも、朝日訴訟は社会
の大きな注目を集めることになり、多くの人
が日本の福祉水準の貧しさを疑問視するよう
になりました。そのことがきっかけになっ
て、その後の高度成長期には徐々に生活保護
基準が引き上げられていくことになりまし

た。その意味では、朝日訴訟には歴史的な意義があったというべきでしょう。
　しかし、1990 年代以降、日本経済が停滞する「失われた 10 年（20 年）（30
年）」の時代が到来すると、生活保護基準を含めた社会保障の「切り下げ」の

動きが見られるようになります。例えば、それ以前の生活保護基準では70歳以上の高齢者には生活扶助の金額を上乗せする「老齢加算」といわれる仕組がありましたが、2000年代には高齢者に特別の必要性があるわけではないとして、それが廃止されてしまいました。そこで、老齢加算の廃止が「最低限度の生活」を保障する憲法25条及び生活保護法に違反するのではないかが裁判で争われましたが、最高裁は政府の説明を支持して老齢加算廃止を憲法違反でも法律違反でもないと判断しています（老齢加算廃止違憲訴訟）。

　その後、2013年には生活保護基準全体の引下げが行われました。引き下げの理由として、政府は、①その直前の時期に物価が下がったこと、②生活保護を受給していない人を含めた低所得者層と比較すれば従来の生活保護基準は低いとはいえないこと、などをあげています。しかし、これに対しては、①物価下落の要因は電化製品の下落などにあり生活保護世帯に必要な食費や光熱費は下がっていないこと、②そもそも生活保護を受ける権利がありながら受けていない人が多くいる中で、そのような人たちを含めた低所得者層に合わせて生活保護基準を下げることは「健康で文化的な最低限度の生活」の保障に反すること、などの反対論があります。そのため、現在では、2013年の生活保護基準引下げが憲法違反あるいは法律違反ではないかが全国の裁判所で争われています。

　ここで注意するべきなのは、現在、生活保護を受けている人は全人口の中では少数派であり、だからこそ政治的には攻撃対象にされがちであるということです。国民の中で老齢年金を貰っている人（あるいは貰うつもりでいる人）は多数派なので、選挙に勝ちたい政治家は「年金下げろ！」とは言いません。しかし、生活保護を受けている人は少数派なので、選挙に勝ちたい政治家でも「生活保護下げろ！」と言えるのです。これは、ある種の「弱い者いじめ」であり、それに対して少数派の人権を保護する立場にある裁判所の見識ある判断が求められているように思います。

◆チャレンジ：生活保護をめぐる裁判として、どのようなものがあるか調べてみよう。

4　生存権を実現するための社会保障制度

　既に見たように、憲法 25 条 1 項は「健康で文化的な最低限度の生活を営む権利」を保障しており、国は現に生活に困っている人に対して生活の保障を行う義務があると考えられています（「救貧政策」を要求しているといわれます）。例えば、生活保護法では「生活に困窮するすべての国民」に対し「必要な保護を行い、その最低限度の生活を保障する」ことが目的であるとされています（1 条）。その一方で、憲法 25 条 2 項は国に対して「社会福祉、社会保障及び公衆衛生の向上及び増進に努めなければならない」と命じており、そこでは最低限度の生活を越える水準の生活を実現することも含めて、国民が将来にわたり困らないようにするための施策を行う義務があると考えられています（「防貧政策」を要求しているといわれます）。例えば、国民年金は、働いている世代の人に保険料を納めてもらい、その人たちが高齢になったり障害を負ったりして働けなくなったときに年金を支給することで、将来にわたって困らないようにするという仕組になっています。

　このような憲法 25 条の趣旨を受けて、国が国民の福祉を実現するための仕組を広く「社会保障制度」といいます。社会保障制度の具体的内容に関しては、第 12 章で詳しく解説しますが、本章の説明に必要な範囲で説明します。

　現在の社会保障制度には、第一に、収入がなくて困っている人に対して、収入不足を埋め合わせるために支給される「**所得保障**」の制度があります（生活保護法による生活扶助や国民年金法による老齢基礎年金など）。特に、障害のために働くことが制限されている人や働けない人には所得保障の必要性が極めて高いものになります。そこで、国民年金法では一定の障害がある人に対して年金（**障害基礎年金**）を支給しています。しかし、障害基礎年金だけでは生活費として十分ではないため、その他に資産や収入がない場合には生活保護を受けることができます。その意味では、先に見たような生活保護基準の引下げは多くの障害のある人にとって深刻な問題になっています。

　第二に、医療・介護などのサービスが必要になり困っている人に対して、サービス自体あるいはサービス費用を支給する「**サービス保障**」のための制度があります（健康保険による療養給付や介護保険による介護給付など）。こ

の点、障害のある人は、医療、介護、リハビリテーションなどのサービスを
必要としている場合が多いため、**障害者総合支援法**に基づく自立支援給付と
して介護やリハビリテーションなどに必要な費用が支出されています。

　上記のような社会保障制度の全体像を踏まえて、次に現代における生存権
保障の意味を考え直してみたいと思います。

◆**チャレンジ：社会保障制度の全体像について、12 章を参考にしながら、詳細を
　確認してみよう。**

Ⅱ　アドバンス

1　人格的権利としての生存権

　Ⅰで説明した通り、20 世紀になり世界的に福祉国家の理念が登場し、日本
国憲法では生存権が明文化されたにもかかわらず、近年では福祉に対する批
判も強まるようになりました。そのような中で、社会保障の存在意義を再確
認しようとする議論が登場するようになっています。そこで有力になってい
るのは、生存権は個人の人格的権利を実現するためにあるという考え方です。

　そもそも、日本国憲法の中心原理であると考えられてきたのは、憲法 13 条
の定める「個人の尊重」という考え方でした。そして、現在では、憲法 13 条
は「全ての人が人間らしく生きていくための権利」あるいは「自分のことを
自分で決定する権利」としての「人格的権利」を保障していると考えられて
います。この点、「健康で文化的な最低限度の生活」ができない状態におかれ
ている人は、「人間らしく生きていくための権利」が奪われ、「自分のことを
自分で決定する権利」が行使できない状態におかれているといえるでしょう。
その意味で、憲法 25 条の保障する生存権は、日本国憲法の核心的価値である
憲法 13 条の「個人の尊重」（人格的権利）と結びついたものだと考えられる
のです。

　このように、生存権を「個人の尊重」を実現する手段であると捉えた場合
には、第一に、社会保障を受ける権利は、社会の側の施す「恩恵」ではなく

て、全ての個人に保障される「権利」であることが再確認されなければならないことになります。そのように考えれば、保護を受けている人を劣等視したり差別したりすることが許されないのはもちろん、保護の条件として「自由」を奪うことは許されないと考えるべきです。

　第二に、従来の社会保障には画一的な給付を「押し付ける」というパターナリズム的な性格——これは、その人を思いやる気持ちからその人自身の気持ちを無視して保護を押し付けるという意味で使われる言葉です——があったのに対して、今後の社会保障は当事者の意思を最優先するものである必要があります。その意味で、従来の障害福祉サービスは国・自治体の側がサービス内容を決定するものであったのに対して（「措置」といわれました）、2000年代以降はサービスを受ける当事者の側が事業者やサービスを選択・決定すること（自分の意思で「契約」すること）が重視されるようになりました（**「措置から契約へ」**）。

　第三に、従来の社会保障では、重度の障害のある人などは保護されるべき特別な存在であると見なされ、特別な施設での生活を送ることが想定されていました。これに対して、近年では重度の障害がある人でも地域の中で通常の生活を送ることが当たり前にできることが望ましいと考えられるようになりました（**「ノーマライゼーション」**といいます）。そのため、現在では、障害のある人で——あるいは、生活に困っている人や高齢の人も含めて——生活上の困難に直面している人を地域社会の中で支えていく**「地域共生社会」**の実現のための取組が求められています。

◆チャレンジ：ノーマライゼーションの具体的な課題を考えてみよう。

2　生存権論の再検討

　生存権を「個人の尊重」と結び付けて理解した場合には、憲法上の生存権

に関する議論も再検討を迫られることになります。Iで見た通り、従来の生存権に関する議論の中心は生活保護制度にあり、特に——朝日訴訟に代表されるように——生活保護の金額に高い関心が寄せられてきました。実際に、生活保護は、仕事をして収入を得ることができず、保険料を払えなかったために年金を貰うこともできない人に対して支給される生活保障の「最後の砦」であり、その重要性は軽視することはできません。それでも、従来の生存権論が、どちらかといえば人間を給付の「対象」として画一的に捉え、それぞれが自由な「主体」であることを軽視してきたことは否定できません。現実には、人間の状況は千差万別であり、それぞれに特有の必要性（ニーズ）があることからすれば、画一的に所得を保障するだけでは「健康で文化的な最低限度の生活」を保障したことにならない場合があります。

　そこで、第一に、一般的な給付水準が高いか安いかだけではなく、それぞれの人の状況に応じた現実の必要性（ニーズ）に配慮した給付が必要な場合があることを意識する必要があります。例えば、子どもを育てている、病気を抱えている、障害がある、など個別の事情に基づく特別な必要性（ニーズ）に対応した支給が行われることが望ましいでしょう。現実に、生活保護基準では、母子加算、障害者加算など特別な必要性（ニーズ）に対応した扶助の増額が行われています。

　第二に、憲法25条は、所得を保障するだけではなく、生活のために必要な医療・介護などのサービスを保障することを求めていると考える必要があります。特に、高齢の人や障害がある人が「健康で文化的な生活」を送るためには医療や介護の保障が必要不可欠なものとなります。実際に、介護保険法や障害者総合支援法などでは介護サービスの支給が定められていますが、そこでは現実に支給されるサービスによって「健康で文化的な最低限度の生活」が実現されているかどうかが問われることになります。

　いずれにせよ、現在の生存権論は、単純に一定額の所得を保障するという段階から、各個人の個別的な事情に応じた必要性（ニーズ）に対応することで本人の「主体」としての性格を取り戻すことを目的とする段階に移行しているといえます。そこで重要になるのは、次に見ていくように、「自分で決め

たい」という意思を尊重することと、それを支援するためにも「自分一人ではない」ということを意識してもらうことです。

◆チャレンジ：人が生きていく上で、どんなリスクがあり、どんな生活上の困難がありうるかを考えた上で、必要な社会保障の在り方を考えてみよう。

3　自立生活──「自分で決めたい」

　生存権が「自分のことを自分で決定する権利」としての人格的権利と結びついたものであり、障害のある人も障害のない人と同じように地域で生活する権利があると考えれば、1970 年代以降に障害のある人の「**自立生活運動**」が始まったことは必然的なものであると考えられます。

　その前提として、「自立」とは何かを考える必要があります。従来、「自立」という言葉は「他人の助けを受けないで何かをする」という意味であり、「障害のある人は自立できないから福祉の助けが必要である」と考えられる傾向がありました。しかし、実は障害のない人も「他人の助け」なしに何かをしているわけではありません（電車やバスに乗せてもらっているから学校や職場に行くことができます）。その意味で、「自立」とは「他人の助けを受けてでも自分で決定して行動する」ことであると考えられるべきです。現実問題としても「他人の助けを受けずに行きたいところに行けない人」よりも「他人の助けを受けて自分の行きたいところに行く人」の方が「自立している」と考えられるのではないでしょうか。

　そのような発想を前提にして、脳性まひなどの重度の障害のある人たちが始めたのが「自立生活運動」でした。従来、重度の障害のある人たちの多くは、実家で親や兄弟と共に生活するか、施設に入所するか、のどちらかを迫られ、結果的に家族や施設の都合に合わせて生活することを余儀なくされる傾向がありました。障害のない人は「今日は魚じゃなくて肉を食べよう」とか「サッカーあるから深夜まで起きていよう」とか──あるいは「明け方までゲームをしてしまった」などのように後で後悔するような行動も含めて──「自由」があるのに対して、重度の障害のある人は家族や施設によって時間を管理され、自分の意思で自分の生活をコントロールすることが困難な場合が

多かったのです。そのような状況を克服して、重度の障害のある人でも、地域の中で1人で（あるいは仲間同士で）生活することを始めたのが自立生活運動でした。

そこでは、特に**介護を受ける権利**が必要不可欠なものとなります。特に障害の種類や程度によっては常に介護を受けることが生きるための必要条件になることもあるため1日24時間の介護が必要な場合もありますし、外出などに際して複数の介護が必要になる場合もあります。そのような状況で、介護を受ける権利が保障されなければ、実家や施設を出て自立生活を行うことは不可能です（また、親や兄弟と同居しているとすれば、介護の負担を負うことになる家族の「自由」を制限することになります）。その意味で、必要な介護を受ける権利は、憲法25条の保障する「健康で文化的な最低限度の生活を営む権利」に含まれていると考えるべきでしょう。

この点、先述のように、障害者総合支援法では自治体が自立支援給付として介護サービスの費用を支給することが定められています。それでも、介護サービスを支給する責任を負っている自治体は、重度の障害のある人に対しても必ずしも必要な時間（量）の介護を提供してきたわけではなかったため、本人の自由が制約される場合や、家族に介護の負担が負わされる場合もありました。そのため、重度の障害のある人が介護を受ける時間（量）の拡大を求める裁判が全国で提起され、その中には自治体に対して1日18時間介護支給を義務づけた判決が出された事例も存在します（石田訴訟）。

◆チャレンジ：障害のある人に対する介護サービスの支給について調べ、問題点を考えてみよう。

4　地域生活支援と相談支援――「自分一人ではない」

障害のある人が支援を受けながらでも自分の意思によって地域の中で生活を行うという意味での「自立」をするためには、介護サービスだけではなく、その人の状況に応じた柔軟な支援を行う必要があります。そのため、自治体により「コミュニケーション支援」や「移動支援」などを含めた「**地域生活支援事業**」が行われています。そして、このような地域生活支援の中で特に

重要性を増しているのが「**相談支援事業**」です。

　障害のある人の問題に限らず、従来の社会保障の問題点として意識されるようになったのは、法律上給付を受ける権利があっても、それにアクセスできない人が多く存在するという問題です。例えば、現実に生活に困っていて生活保護を受ける資格がある人でも、「どうしていいかわからなかった」「役所に行って冷たい反応をされたのであきらめた」などの理由から保護を受けられない人は相当数存在すると考えられています。この点に関して、法律学は伝統的に「自分の権利は自分で主張するべき！」という体育会系的（？）なノリでものごとを考える傾向がありました。しかし、そのような発想は権利主張をする力の弱い人たち——それは本来的に社会保障の対象となる人たちです——を排除して、生存権を「画に描いた餅」にしてしまうものであったことは否定できません。

　そもそも、貧困、高齢、障害などにより生じる生活上の困難は、単純に金銭的な問題だけではなく、お互いに支えあえる人間関係からの疎外の問題としてもあらわれます。常日頃から相談できる相手がいれば、自分の状況を客観的に眺めたり、解決策を考えたり、助けてくれる人や組織を発見できたり、何よりも励ましを得ることができるものです。その意味で、障害のある人だけではなく、高齢の人や、経済的に困窮している人を含めて、地域で生活していて生活上の困難に直面している人に対して、その人の必要とする支援に結びつける相談支援の役割は「地域共生社会」の実現のために極めて重要だと考えられます。そのように考えれば、憲法 25 条の保障する「健康で文化的な最低限度の生活」の保障には、所得保障（生活保護など）やサービス保障（介護給付など）に加えて、相談支援のような社会関係あるいは人間関係の構築に関する保障が含まれると考えてもよいのかもしれません。

◆チャレンジ：地域生活支援の状況について調べ、問題点を考えてみよう。

5　自己決定支援という難しい問題

　最後に困難な課題として、いろいろな局面で問題になる「**自己決定支援**」について考えてみたいと思います。その人に重度の身体障害があっても、そ

れは知的能力や精神的能力に問題があることを意味しないので、一般的には自己決定能力が問題になることはありません（それでも、障害のある人にも障害のない人にも同じように、生活上の困難に関して相談支援があることは重要なことです）。

　これに対して、知的・精神的な問題により自己決定をすることに困難を抱えている人に対しては、自己決定自体を支援することが必要な場合がありえます。しかし、「自己決定支援」という言葉自体が難問を含むものであることを意識する必要があります。一方で、「自己決定」を重視して、その時の本人の意思を尊重することが、明らかに本人の利益に反する場合があります。例えば、買う必要のないモノを大量に買ってしまったり、詐欺的な契約を結んでしまったりして、本人が食い物にされることは防ぐ必要があるでしょう。その一方で、本人の決定を「支援」するということは、一歩間違えれば支援する側の判断で本人の意思を「否定」するということになりかねません。例えば、周囲の人から見れば「普通こんなモノ買わないだろ！」と思われるものでも、本人にとっては価値があるものもあるでしょう。そんな場合に、障害のない人であれば「愚行」（犯罪ではないけれども一般的には合理的でないと思われる行動）をすることが許されるのに、障害のある人の場合には「愚行」をしてはならないということは「差別」でもありえます。そのような意味で、現実に医療・介護・福祉の現場で日常的に当事者の意思決定と向き合っている側の人々には難しい判断が求められているといえます（なお、本人の財産保護のために本人の決定を制限する「成年後見」などの民法上の制度に関しては第11章で詳しく説明します）。

　そこで、社会全体として解決すべき課題になるのは、自己決定の前提になる社会的条件を保障することです。そもそも、障害のない人でも何の前提もなく一人だけで自己決定をしているわけではありません。この点、障害のあ

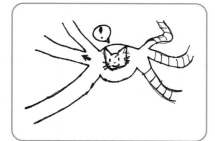

る人は自己決定の前提になる社会参加の機会（教育や雇用）が奪われていることが、自己決定能力を損なう原因になっていることも多いため——この本の各章で論じられているように——社会に平等に参加する権利を保障することこそが「自己決定支援」という難問を解決するための出発点にもなるというべきでしょう。

Ⅲ　ディスカッション

　Ⅰで見た通り、20 世紀前半に社会権が確立し、20 世紀は「福祉の世紀」とも呼ばれました。しかし、20 世紀終わりから今世紀にかけて、福祉のための予算が経済成長を妨げているとか、あるいは、貧しい人々が福祉に依存して努力をしなくなったとか、様々な批判がなされるようになりました。その結果、先進国各国では社会保障の在り方が深刻な政治的な対立点になっています。特に、日本では少子高齢化により社会保障費が増加する状況にあることも福祉支出を抑えるべきという主張を裏付ける要因になっています。それでも、「個人の尊重」（憲法 13 条）のために「健康で文化的な最低限度の生活を営む権利」（憲法 25 条）を保障することは必要不可欠であると考えるべきですが、それを実現する社会保障の在り方に関しては負担する側と受け取る側の両方に目配りをしながら考えていく必要があります。

　このような問題は、Ⅱで紹介した障害のある人の自立生活運動とも無縁ではありません。そこでは、障害のある人が「自立」するために必要な介護サービスに関して、介護支給量をどのように決定するか（1 日 24 時間介護を認めるか）、自己負担を求めるべきか否か、サービス供給体制をどのように構築し維持していくべきか、などの論点や課題が山積しています。また、近年の地域共生社会という考え方に見られるように、地域における生活支援に関する課題は、障害のある人だけではなく、経済的に困っている人、高齢の人、外国にルーツのある人、一人で子どもを育てている人、家庭内暴力に直面している人、などの抱えている問題と併せて考えていく必要があります。

◆考えてみよう！

・生活保護制度に関しては、充実した生活保障を行うべきであるという立場からも、保護自体に否定的な立場からも、様々な問題点が指摘されているが、今後の生活保護制度はどうあるべきか？
・障害のある人の自立生活運動にはどのような意義と課題があるか？
・障害のある人、経済的に困っている人、高齢の人、外国にルーツのある人、などが地域で生活するためには、どのような課題があり、どのように課題が解決されるべきか？

参考文献

定藤丈弘・岡本栄一・北野誠一編著『自立生活の思想と展望』（ミネルヴァ書房、1993 年）
尾形健編『福祉権保障の現代的展開』（日本評論社、2018 年）
遠藤美奈・植木淳・杉山有沙編著『人権と社会的排除』（成文堂、2021 年）
菊池馨実編著『相談支援の法的構造』（信山社、2022 年）

参照判例

・朝日訴訟（最大判昭和 42 年 5 月 24 日）
・老齢加算廃止違憲訴訟（最 3 小判平成 24 年 2 月 28 日）
・石田訴訟（和歌山地判平成 22 年 12 月 17 日、大阪高判平成 23 年 12 月 14 日）

第3章

「平等」の保障

―― 憲法 14 条、差別の禁止、合理的配慮、
ポジティブ・アクション

point

差別をなくし、平等を保障することは大切なことです。これは、当然、障害のある人に対しても当てはまります。しかし、残念ながら、就職、学校、公共交通機関の利用など、様々な場面で、しばしば障害者差別が問題になっています。では、そもそも、障害のある人が権利として保障される平等とは何でしょうか。また、差別とは、どのような構造のものをいうのでしょうか。

STORY

　猫の私は、今日も飼い主の A 平のベッドを陣取り、優雅な午後のひと時を満喫しているの。これは立派な仕事よ。さっき A 平は、友達の B 太郎をつれて、大学という若い人間が集まる集会場所から帰ってきたの。

　「A 平くん、今度のゼミの飲み会、もう予約取った？　先生、結構、好みがうるさいから、困るよね。」

　「うーん。先生は炭水化物が好きだから、はじめからご飯ものを頼めば、何とでもなるけど。それより、車いすユーザーの C 山さんの方が悩ましいな。」

　うむ。C 山とは、数年前から車いすユーザーの人間。たまにベランダにくるスズメたちの話によると、人間のマチは、階段とか、段差がたくさんあって、歩けない人間たちはなかなか大変らしい。

　「じゃあ、1 階にあって、交通のアクセスも良いところにしないとね。大学の近くにあるトコは？」

　「アソコもいいけど、C 山さんがそのお店の近くの駅を利用したら、『歩けないやつは電車なんか使うな』とは言われたらしくて。」

　「ああ。僕のところにも「こんなの差別だ！」と泣いて電話してきて、2 時間も話を聞いたよ…。」

　「気持ちはわかるし、そういうことを言うやつの方が問題なんだけどね。2 時

間の電話は勘弁してほしいよね。」

　猫に比べたら、人間なんて、誰もがドングリの背比べ。ジャンプ力もなければ、俊敏性もない。どんくさい。それにもかかわらず、どんくさい者同士で「差別」をしあうなんて。それにしても「差別」って何だろう。

　「そういえば、この前、ニュースで、障害者雇用率のことが問題になってたよ。」

　「ああ。授業でいってたやつか。障害のある人と障害のない人では就職率に差があるから障害者枠を作るとか。」

　「ポジティブ・アクションだっけ？　でも、仕方ないけど、障害をもっていれば、就職しやすいいって、羨ましいな。俺、就活が心配になってきた。」

　猫も毎日忙しいけど、人間は「忙しい。」と言って、ドタバタ走り回る。品位の欠片もない。おっと。そろそろ、犬のポチが、飼い主を連れてやってくる。情報収集にいかないと。ああ。猫は忙しい。

Ⅰ　スタンダード

1　人権としての「平等」って何？（憲法14条）

（1）「平等」の意味とは

　憲法14条には「すべて国民は、法の下に平等であつて、人種、信条、性別、社会的身分又は門地により、政治的、経済的又は社会的関係において、差別されない」とあり、人々の平等を保障することと、差別を禁止することを定めています。では、ここでいう「平等」とは、どのようなことを意味するのでしょうか。

　憲法は、「形式的平等」と「実質的平等」という2つの意味の平等を保障します。まず、**形式的平等**とは、障害や性別、人種というような現実にある違いをいったん置いておいて、原則的に、同じように等しく扱うことを意味します。例えば、アナタと5歳の子で、お菓子を分ける場面を考えてみましょう。クイズで正解したらお菓子がもらえるとして、5歳の子とアナタが普通に競争するのが形式的平等です。これに対して、**実質的平等**は、障害や性別、

人種というような現実的な違いに注目して、その違いを理由に生じる不平等を解消できるように、調整して、等しい状態にすることを意味します。先ほ

どの例でいえば、クイズの正答率の違いを考慮して、5歳の子は正解するごとにお菓子をもらえるのに対して、アナタは5問正解しないとお菓子をもらえないというのが実質的平等といいます。

```
形式的平等
現実的な違いを意識しないで同じように扱う

実質的平等
違いを注目して不平等を解消する
```

　では、形式的平等と実質的平等、どちらを優先するべきでしょうか。弱い立場にいる人たちを救おうと思ったら、実質的平等を優先するべきと思うかもしれません。しかし、よくよく考えれば、形式的平等を先に保障しなければ、現実的な違いばかりに目が行き、「障害のある人は障害のない人と違って、誰かに助けてもらわなければ生きていけないのだから、多少、悪く扱われても仕方ない」というように、違いを悪用する人が現れるかもしれません。したがって、まず先に、形式的平等を保障し、それでも生じてしまった不平等を実質的平等の観点から解消することが求められます。

◆チャレンジ：形式的平等と実質的平等が問題になるのは、どのような場面だろう？

(2)「法の下の平等」とは

　憲法には、「法の下の平等」という言葉が書かれています。このように書かれていると、法律を適用する際に、平等を保障しなければならないと考えるかもしれません。しかし、例えば、「障害のある人に対して差別をしてもいい」という内容の法律を制定した場合、どうでしょうか。いくらこの法律をすべての人に同じように適用しても、法律に差別が書かれているので、差別はなくなりません。つまり、憲法が求めているのは、法律の適用の場面だけではなく、法律の内容に対しても、差別がないように、平等の原則を反映し

たものでなければなりません（**法内容の平等**）。

　先ほど、人びとの間の等しい取扱いを要求する形式的平等が優先して保障されると説明しましたが、これは、裏を返せば、「不合理な差別」は認めないということを意味します。ここでポイントとなるのが、「等しいものは等しく、等しくないものは異なって取り扱う」という**相対的平等**の発想です。つまり、例えば、ジェットコースターの乗車にあたり身長の制限が差別ではないように、いくら障害や性別、人種などの現実的な違いを無視したとしても、すべての人を全く同じように取り扱うことが難しいことはあります。したがって、憲法は、不合理な差別を禁止しているのであって、合理的な区別は認めています。

◆チャレンジ：法の下の平等って、何だろう？

（3）どのような差別が救済される？

　憲法が禁止する差別かどうかを考えるにあたり、ポイントとなるのが「問題の取り扱いが、合理的であるかどうか」です。しかし、さまざまなケースで、何が合理的な区別であり、何が不合理な差別であるかを区別するかは、難しいといえるでしょう。そこで、注目していただきたいのが、①問題の取り扱いの目的が正当であるかどうか、そして、②実際の手段が、その目的から見て合理的なものといえるかどうか、という観点です。例えば、国立大学の入学試験の際に、視覚障害のある人のために、試験時間を 1.5 倍にするとします。この目的は、問題文が読みにくい視覚障害を持つ受験生が、障害のせいで問題を解く時間がなくならないようにするためです、また、実際に行われた手段とは、試験時間を 1.5 倍にするというものです。

差別かどうか
①その取扱いの目的は正当？
②その手段は目的の達成から見て合理的？

　次に、憲法には、差別を禁止する特徴として「人種、信条、性別、社会的身分又は門地」と書かれていますが、ここに書かれていない障害や年齢、

LGBTQ＋を理由とする差別を憲法は許しているのでしょうか。これに対して、答えは「ノー」です。たしかに、憲法に書かれた特徴に対しては、昔から、自分で変えることができないにもかかわらず、偏見の対象となりやすかったりして問題になってきました。そのため、特に、厳しい目で差別の有無を判断するといわれています。しかし、憲法に書かれている特徴は、あくまで例示されたものであり、憲法に書かれていない障害や年齢、LGBTQ＋などを理由にした差別も、当然、許されません。

　このような憲法14条ですが、これまで、どのような事件が裁判所で争われてきたでしょうか。ここでは、**学生無年金障害者訴訟**を取り上げます。この事件は、それぞれ大学在学中に障害を負った人たちが、障害基礎年金の支給を申請したところ、いずれも、国民年金に任意加入していなかったことにより、被保険者資格が認められなかったので、憲法違反であると考えて、申立てた事件です。これに対して、地方裁判所は、1985年に法律を改正された際に、在学中の障害を理由とする年金の受給が容易できる制度を設けなかったことにより、保険料を納めなくても年金を受給できる20歳未満の障害のある人と無年金学生の間に不合理な差別が生じたとして、憲法14条違反を認めました。しかし、高裁と最高裁は、この地方裁判所の判決を棄却しました。

　このように学生無年金障害者訴訟では、高等裁判所と最高裁判所が差別の存在を否定しましたが、地方裁判所は障害を持つ学生に対する差別を認めました。他に差別を認めた判決として、ハンセン病隔離政策等によって生じた家族への偏見差別を放置していたことが問題になったハンセン病家族訴訟や精神障害を持つことを理由に入店を拒否されたことが問題になったネットカフェ入店拒否事件などがあります。

◆チャレンジ：最近、新聞やニュース等で問題になった差別問題には、どのようなものがあっただろうか。これに対して、国・地方自治体は、どのような対応をしたのか、調べてみよう。

（4）ポジティブ・アクションとは

不合理な差別の禁止は、形式的平等における相対的平等に基づいて保障さ

れるものです。このような差別をなくし、障害のある人の平等を保障することは大切なことですが、過去からの差別の蓄積が負の遺産となって、社会的偏見から平等な機会が与えられないことがあります。例えば、性差別の文脈で言えば、伝統的に女性は就職しても、出産すると退職し、子育てを中心としたライフスタイルを選択することが多かったです。そのため、日本の企業では男性が中心的に活躍することが想定され、仕事の流れや組織が作られていることが、しばしば問題視されています。こうした社会のあり方では、差別をその都度解消しても、なかなか平等は実現しません。そこで、政府が、その差別を積極的に解消する政策が求められます。こうした政策は、人種や性別などに由来する事実上の格差を解消し、実質的な平等を確保するために行われることを**ポジティブ・アクション**（積極的差別是正措置、**アファーマティブ・アクション**）と呼びます。

　障害者差別の文脈では、障害のある人の雇用率が障害のない人と比較して事実として低いことを受け、障害のある人の雇用枠を確保する**障害者雇用率制度**が、障害者雇用促進法に基づいて整備されています。

　このようにポジティブ・アクションは重要なものですが、例えば、障害のある人の雇用枠が過度に広範に設定すると、その分、障害のない人の雇用枠が不当になくなり就職できなくなるように、逆差別が問題になる危険もあります。

　なお、しばしば、合理的配慮義務とポジティブ・アクションは混合されることがあります。しかし、合理的配慮義務は、問題の障害のある人個人が直面している不利益を与えるような規定、基準、慣行、そして物理的な特徴を差別と見なして解消するものです。これに対して、ポジティブ・アクションは、障害のある

人のグ・ル・ー・プ・が過去からの差別の蓄積が負の遺産となって、社会的偏見から平等な機会が制限されていることを問題視して政策的に解消するものであり、両者は、目的も、手段も異なります。

◆チャレンジ：今、政府が行っているポジティブ・アクションとして、どのような政策があるだろうか。そして、その政策は、過去から差別の蓄積を解消するのに十分か、考えてみよう。

2　国や地方公共団体はどんなことをしてる？

ここまで憲法の観点から、障害のある人の平等を保障することの意味を確認してきました。続いて、障害のある人の平等を保障する障害者権利条約の条文と国内の法制度を確認しましょう。

（1）障害者権利条約

条約5条は、「平等と非差別」という項目を設けて、法の下の平等と非差別を保障すること（1項）、差別を禁止し、さらに差別がなくなるような平等で効率的な法的な保護を保障すること（2項）、そして、平等と差別の除去のために、後述の合理的配慮を行うこと（3項）を保障しています。さらに、条約は、事実上の平等の保障を促進し達成するために障害のある人に対してのみ適用される特別な措置は、障害のない人に適用しなくても差別に当たらないとしています（4条）。なお、条約2条は、合理的配慮について詳しく説明していますが、ここでは、条約の紹介だけにとどめます。

他に、障害のある女性（6条）、家庭および家族の尊重（23条）、教育（24条）、健康（25条）、労働および雇用（27条）、十分な生活水準および社会保障（28条）、政治的および公的活動への参加（29条）、文化的な生活、レクリエーション、余暇およびスポーツへの参加

（30条）において、直接的に差別を言及しています。

（2）法律

　このような憲法と条約における障害のある人の平等の保障を受けて、日本には、どのような法制度があるのでしょうか。ここでは、障害者基本法、障害者差別解消法、そして、障害者雇用促進法を説明します。

①障害者基本法

　はじめて、障害者基本法に差別の禁止が定められたのは、2004年に改正がされたときです。このときに、「何人も、障害者に対して、障害を理由として、差別することその他の権利利益を侵害する行為をしてはならない」（3条3項）という規定が加わりました。ただ、この規定は、後に、障害差別禁止立法として先駆的であり、かつ、世界中に影響を及ぼした**障害を持つアメリカ人法**（Americans with Disabilities Act of 1990）のような具体的な法律を作成することを意識していたので、あくまで理念として受け止められていました。このような障害者基本法がより具体的に差別の禁止を定めるようになったのは、2011年の改正のときです。この改正は、障害者権利条約に批准するために、条約の趣旨に沿った障害者施策の推進を図るために行われたものです。具体的には、4条において、「何人も、障害者に対して、障害を理由として、差別することその他の権利利益を侵害する行為をしてはならない」（1項）と「社会的障壁の除去は、それを必要としている障害者が現に存し、かつ、その実施に伴う負担が過重でないときは、それを怠ることによって前項の規定に違反することとならないよう、その実施について必要かつ合理的な配慮がされなければならない」という条文が定められました。

②障害者差別解消法

　障害者差別解消法も、障害者基本法と同じように、障害者権利条約に批准するために、2013年に制定されました。この背景には、障害者基本法の差別禁止の規定が2011年の改正によって具体的になったものの、より実効性の高い差別救済の手続きを定める法律が求められたことがあります。障害者差別

解消法は、障害者基本法の基本的な理念にのっとり、障害のある人が障害のない人と等しく、基本的人権を持つ個人としてその尊厳が重んじられ、その尊厳にふさわしい生活を保障される権利を有することを踏まえ、障害を理由とする差別の解消の推進に関する基本的な事項、行政機関等および事業者における障害を理由とする差別を解消するための措置等を定める法律です（1条）。この法律は、行政機関等および事業者に対して、障害を理由とする差別的な取扱いの禁止と、社会的障壁の除去のための合理的配慮義務を定めています（7条、8条）。

③障害者雇用促進法

　障害者雇用促進法も、障害者権利条約に批准するために、2013年に改正されました。障害者差別解消法が包括的な領域における障害者差別を禁止していますが、労働の場面においては、労使の紛争解決など、労働分野に特有な内容を定める必要があるとされまして、障害者差別解消法ではなく、障害者雇用促進法が対応することが適切であるとされました。もともと、障害者雇用促進法は、障害のある人の職業の安定を図るために、職業リハビリテーションの実施や、後述のポジティブ・アクションとしての障害者雇用率制度を設定するものでした。そこに、2013年の改正で、事業主による労働者の募集、採用、賃金の決定、教育訓練の実施、福利厚生施設の利用などについての障害のある人に対する不当な差別的な取扱いの禁止（34条、35条）と合理的配慮義務（36条の2〜36条の4）の規定が加えられました。なお、障害者差別を禁止する法律という観点からいえば、障害者雇用促進法が、障害者差別解消法の特別法という関係になります。

> 背景：権利条約への批准
> 適用：雇用促進法が労働領域
> 　　　差別解消法はそれ以外

（3）条例

　障害のある人の平等を保障するものとして、他には、条例もあげることができます。地方自治研究機構によりますと、2021年11月1日時点で、ウェ

ブページにて障害者差別解消に特化した条例を制定していることを確認できる地方自治体として、都道府県が36団体（例えば、千葉県、北海道、岩手県）、政令指定都市が8団体（例えば、さいたま市、新潟市、横浜市）、中核市が9団体（例えば、八王子市、明石市、和歌山市）、一般市が409団体（例えば、別府市、新座市、国立市）、町村が23団体（例えば、奈井江町、新得町、川西町）、合計116団体をあげることができます。なお、こうした条例の中で、もっとも早く制定されたのが、千葉県の「**障害のある人もない人も共に暮らしやすい千葉県づくり条例**」です（2006年10月20日）。

◆チャレンジ：アナタが住んでいる地方自治体では、差別をなくすために、どのようなことをしていますか？

II　アドバンス

1　差別と合理的配慮とは

ここまで障害のある人の平等と差別禁止の保障について、憲法や条約、国内の法制度の観点から確認してきました。そこで、これまでのお話を踏まえて、障害のある人の平等と差別の禁止の保障における「差別」の種類や、しばしば話題になる「合理的配慮」について確認していきましょう。

2　直接差別、障害起因差別、間接差別とは

そもそも憲法や条約で禁止する差別、そして、障害者基本法をはじめとする国内の法制度で禁止する差別的な取扱いとは、どのようなものなのでしょうか。憲法の文脈において、相対的平等に基づいて不合理な差別が許されないことを説明しました。これをより深めていきましょう。

差別が行われる際、通常、差別行為者―被差別者―比較対象者、という3人の登場人物が存在します。そして、基本的な差別の構造とは、被差別者と比較対象者が、等しい能力・条件を持っているにもかかわらず、差別行為者が、障害や性別の問題の取扱いに関係のない特徴を理由に、被差別者に不合

理に別異取扱いを行うことをいいます。こうした差別には、色々な種類がありますが、ここでは、直接差別、障害起因差別、間接差別、そして、合理的配慮義務の不履行を取り上げます。

なお、これを説明するにあたり、国内の法制度に影響を与えました、イギリスの**平等法**（Equality Act 2010）を参考にします。

①直接差別

　直接差別とは、障害を理由として、差別行為者が他者を取り扱うよりも被差別者を好ましくなく取り扱った場合、行為者は差別したことになります。アナタは教師で、視覚障害を持つ生徒に対して、学校の授業に参加をさせないという直接差別をする例を考えてみましょう。この直接差別では、教師であるアナタ（差別行為者）にとって、視覚障害を持つ生徒（被差別者）とその他の生徒（比較対象者）は同じ価値を持つ存在であるのにもかかわらず、「視覚障害のある人が嫌い」という授業を受けるにおいて関係のない理由で、その視覚障害を持つ生徒を授業に参加させない場合、アナタは直接差別をしたことになります。こうした直接差別は、昔から、人種差別としてのアパルトヘイトや性差別としての定年退職の時期の男女の違い、婚外子の遺産の相続分の額など、問題になってきました。

②障害起因差別

　障害起因差別とは、障害のある人の障害の結果生じた事柄を理由に、差別行為者が障害のある人に対して不利な取扱いをした場合、そして、この取扱いを正当化することができなかった場合を指します。直接差別は障害を直接的な理由にして差別を行うことが問題になりました。これに対して、障害起因差別は、障害に起因する理由に基づいて差別を行うことが問題になりま

す。先ほどの例を使って、考えていきましょう。障害起因差別の枠組みでは、アナタが、視覚障害を持つ生徒に授業を受けさせないようにするために、視覚障害それ自体を理由にするのではなく、例えば、板書の文字やプリントの文字を読めないことを理由に、特別支援教室に行った方がいいというように授業から追い出すことをいいます。ただし、直接差別のときと違って、視覚障害に起因する理由にした別異取扱いが、アナタが授業を運営するにあたりどうしても必要なもので、正当化することができるものであれば、その障害起因差別は許されます。

③間接差別

　このように直接差別と障害起因差別は、被差別者に対する差別行為者の不合理な別異取扱いが問題になってきました（差別行為者→被差別者）。間接差別も、差別行為者による被差別者に対する取扱いが問題になりますが、直接差別と障害起因差別と異なり、一見中立的なルールを媒介にした取扱いが差別的な効果をもたらすことが問題になります（差別行為者→一見中立的なルール→被差別者）。わかりやすい例でいうと、データ入力のアルバイトを募集する際の要件に「身長 160 cm 以下」を加えてみましょう。統計を考えますと、女性の方が男性より身長 160 cm 以下の方の割合が大きいです。そうしますと、この身長の要件は、男性に対して、差別的な効果があることがわかります。

　イギリスの平等法に沿ってより丁寧に説明しますと、間接差別とは、障害について差別的であるルールを被差別者に適用した場合を指します。ここでいう差別的なルールは、①被差別者の障害を共有しない人たちに、行為者がそのルールを適用し、②被差別者の障害と同様の障害を持たない人たちと比較した際に、そのルールが、被差別者の障害と同様の障害を持つ人たちに特定の不利益を与え、③そのルールが、問題の被差別者本人に不利益を与え、その上で、④行為者が、正当化することができなかった場合を意味します。先ほどの視覚障害を持つ生徒の例に当てはめてみましょう。アナタは、交通ルールを授業中に取り上げるためといって、授業を受ける資格として「将来

的に運転免許を取得する資格がある者」という要件を設けたとします。直接差別や障害起因差別と違って、この要件はすべての生徒に同じように適用されますが、もともと運転免許の取得のためには視力要件がありますので、視覚障害のある人は運転免許を取得することができません。つまり、アナタの授業を受ける要件は、一見すると中立的なルールに見えますが、視覚障害を持つ生徒を授業から追い出す差別的な効果があるのです。なお、この間接差別は、障害起因差別と同じように、差別的な効果を持つルールが、アナタが授業を運営するにあたりどうしても必要なもので、正当化できる場合は、このルールを設けても許されます。

◆チャレンジ：直接差別、障害起因差別、間接差別がアナタの周りに起きていないか考えてみよう。

3　合理的配慮義務の不履行とは

　直接差別、障害起因差別、そして、間接差別は、差別行為者による差別的な取扱いが問題でした。これに対して、合理的配慮義務の不履行は、差別行為者が、合理的な配慮を行わないことを差別と見なす差別類型です。これは、どういうことなのでしょうか。

　まず一言でいうと、差別の禁止の文脈でいう「合理的配慮」とは、障害のある人と障害のない人の間にある差別を解消するために合理的な範囲内で行うことを言います。そして、合理的配慮義務の不履行という差別を考えるにあたり、2つの重要なポイントがあります。1つ目のポイントとは、合理的配慮義務と間接差別は、補完関係にあるということです。つまり、先ほど説明しました間接差別の状態を解消することが、合理的配慮義務ということができます。では、間接差別を解消するのであれば、どのような方法でも良いのでしょうか。ここで、2つ目のポイントを強調する必要があります。すなわち、その間接差別の状態を解消する方法について、被差別者である障害のある人の個人的な意向や状況が反映されるという点です。

　イギリスの平等法に沿って、もう少し丁寧に確認していきましょう。まず、合理的配慮を義務づけられた者がこの義務を履行しなかった場合、被差別者

に差別を行ったことになります。そして、この合理的配慮義務として、①合理的配慮を義務づけられた者が定めるルールが比較対象者と比較して、関係する事柄に関して、障害のある人に相当程度の不利益を課す場合、その不利益を避けるために合理的な範囲内で措置をとることや、②建物等の物理的な特徴が、比較対象者よりも、関係する事柄に関して、障害のある人に相当程度の不利益を与える場合、その不利益を避けるために、合理的な範囲内で措置を取ること、そして、③補助的な援助の提供がなければ、比較対象者と比較して障害のある人に相当程度の不利益を与える場合、合理的な範囲内で補助的支援を提供することをあげることができます。なお、ここでいう比較対象者と比べて被差別者となる障害のある人に対して不利益を与えるようなルール、そして建物等の物理的な特徴は、前述の障害者基本法における「社会的障壁」と言い換えることができます。

　では、ここでも、視覚障害を持つ生徒の例に当てはめて考えてみましょう。間接差別を説明する際に、アナタの授業を受ける資格として「将来的に運転免許を取得する資格がある者」という要件を例にあげました。この合理的配慮義務の不履行という差別においても、この要件は、障害のある人に不利益を与える基準といえます。その上で、間接差別よりも、もう一歩踏み込んで合理的配慮義務は、アナタに、視覚障害を持つ生徒がかかえる不利益を解消するために、この要件を変更することを求めます。では、アナタは、好き勝手に、この要件を変更しても良いのでしょうか。例えば、「墨字で印刷された運転免許を取得するためのテキストを読むことができる者」と変更したとしましょう。この変更では、ある視覚障害を持つ生徒はアナタの授業に参加できるかもしれませんが、問題の生徒は、この変更では参加できないかもしれません。これでは、合理的配慮義務を果たせたとは言えません。したがって、合理的配慮義務として求められるのは、問題の生徒の不利益が解消されるように、この生徒の個別的な事情を踏まえた本人の個人的な意向や状況を反映した措置ということになります。

　最後に、合理的配慮は、困っている人に手を差し伸べる福祉的な支援と捉えられがちです。しかし、間接差別の補完関係にある差別であることから明

らかなように、合理的配慮は、あくまで差別の状態を解消するものです。つまり、ここにある前提とは、視覚障害を持つ生徒も、それ以外の生徒と同じように、アナタの授業に参加することができるというものです。それにもかかわらず、他の生徒と比べて不利益を与えるような基準が存在することによって、問題の視覚障害を持つ生徒がアナタの授業に参加できないので、この基準を変更することで、本来あるべき状態に戻そうとすることが合理的配慮の重要なポイントです。

直接差別・起因差別

行為者→被差別者

間接差別

行為者→一見中立的なルール→被差別者

合理的配慮

行為者→一見中立的なルール→被差別者
　　　　　　　　　　↑
　　　　　　変更を要請

◆チャレンジ：学校や職場など、アナタの身の回りで問題になっている合理的配慮義務の問題を探してみよう。

Ⅲ　ディスカッション

　このように日本では、憲法、障害者権利条約、国内の法制度が、障害のある人の平等や差別の禁止を保障するために、働きかけています。では、日本では、障害者差別は存在しない、もしくは、少なくなってきているといえるのでしょうか。新聞やニュースでしばしば障害者差別の問題が取り上げられていることからわかりますように、この問いに対して、「イエス」ということはできません。では、なぜ、このような法制度があるにもかかわらず、障害者差別の問題が、なかなか、なくならないのでしょうか。これに対して、いくつかの理由を指摘することができます。

　第1に、障害者差別は、障害が能力に関係する場面もありますので、人種

や性別などの他の特徴と比べて、差別と認識されにくいといえます。例えば、肢体不自由のために、車いすに乗っている障害のある人が、大工になり、自分の足で立ち上がり、木造建築物を組み立てることは難しいといえるでしょう。そうすると、この車いすの障害のある人は、あたかも、労働能力が他の人よりも低いと誤解され、就職ができないのも当然だと、周りの人たちに思われるかもしれません。しかし、システムエンジニアの仕事であれば、どうでしょうか。この車いすの障害のある人は、他の労働者と同じように働くことができるでしょう。このように障害のある人が抱える障害は能力に関係する場面があるので、偏見が受けやすいといえます。ですので、障害者差別を考える際には、障害のある人の障害が、本当に能力に影響を与えるのか、その都度その都度、丁寧に確認していく必要があります。

　第2に、障害者権利条約はもちろん、男女雇用機会均等法をはじめとして国内の法制度のいくつかは、間接差別などをしっかりと定めたりして、禁止しているのですが、日本の憲法学では、基本的に、直接差別以外の差別類型に対して、感度が良いということができません。そのため、特に、憲法学の文脈では、直接差別以外の差別は、障害者差別に限らず、なかなか認められない現実があります。

　そして、第3に、そもそも、障害のある人は、「他人にお世話になっている」という劣等感から、差別を受けていても、助けを求める声があげにくいという問題があります。「差別は悪いことだ！」「差別を受けたら、助けを求めるべきだ！」これは当たり前のことです。ですが、生まれたときから、そうでなくとも、長い間、誰かからの助けを受けて何とか生きてきたということが、他人の評価だけでなく、自己評価にマイナスに影響を与える可能性を安易に否定してはいけません。そうした人が、さらに、差別を受けたとしても、我慢してしまうことも考える必要があります。

　他にも、日本において、障害のある人に対する差別がなくならない理由はあるでしょう。アナタは、この理由について、どのように考えますか？

◆考えてみよう！

・現在、日本で起きている障害者差別の問題として、どのようなものがあるか？　これは、何が原因だと思うか？
・国や地方自治体は、こうした差別に対して、どのように対応していくべきか？
・そして、アナタは、こうした差別問題を少しでも減らすために、何ができるか？

参考文献

川島聡・飯野由里子・西倉実希・星加良司『合理的配慮――対話を聞く、対話を拓く』（有斐閣、2016 年）
障害者差別解消法解説編集委員『概説　障害者差別解消法』（法律文化社、2014 年）
杉山有沙『障害差別禁止の法理』（成文堂、2016 年）
杉山有沙『日本国憲法と合理的配慮法理』（成文堂、2020 年）

参照判例

・学生無年金障害者訴訟（東京地判平成 16 年 3 月 24 日、東京高判平成 17 年 3 月 25 日、最 2 小判平成 19 年 9 月 28 日）
・ハンセン病家族訴訟（熊本地判令 1 年 6 月 28 日）
・ネットカフェ入店拒否事件（東京地判平成 24 年 11 月 2 日）

第4章

障害のある人の政治参加

——憲法 15 条、参政権の保障

point

「みんなで話し合って、みんなで決める」。私たちは、そんな民主主義の社会に暮らしています。そして、憲法はすべての国民に対して政治に参加する権利（**参政権**）を保障しています。しかし、障害のある人が政治に参加しようとすると、様々な困難にぶつかることがあります。どのような困難があるのか、参政権をきちんと保障するためには何が必要なのか、考えてみましょう。

STORY

　猫の私は、いつも自由気ままに暮らしている。今日は天気が良いし、ひなたぼっこでもしていようか。おっと、A 平がまた B 太郎を連れて帰ってきたぞ。

　「B 太郎、この前の衆議院選挙って投票行った？」

　「行こうとは思ってたんだけど、雨が結構降ってたし、バイトで疲れてたから面倒になってやめちゃった。」

　「実は僕も……。税金のこととか選挙で決まるわけだし、大事なのは分かってるんだけど、なかなか行けないよね。」

　人間は、「センキョ」とやらで何かを決めるらしい。猫の私には全然なじみがない文化だ。いつ何をするかなんて、その時々で気ままに決めたら良いのに。

　「C 山さんが 1 人で投票所まで行ってきたって聞いて、なんだか申し訳ない気分になっちゃったよ。C 山さんは車いすで、大雨の中、投票所まで行くなんて大変なはずなのに。僕は家でダラダラしてただけだもんなあ。」

　「本当に？　C 山さん、偉いなあ。」

　「よく選挙は平等だっていうけど、車いすだと投票するのに僕らの何倍も苦労してるよね。目が見えない人とかも大変そう。」

　「そういえば、この前の選挙で全盲の人が当選したらしいね。投票するのも大変だろうけど、議員になる方も色々と苦労がありそうだね。」

　「そう考えると、選挙権も被選挙権も、本当に平等に保障されているって言えるのかな？」

　「うーん、投票したり選挙に立候補したりすること自体はできるんだから、一応平等ではあるような気がするけど……。難しいね。」

　「ヒセンキョケン」だとか「ビョードー」だとか、何の話をしているんだ？人間社会というのはややこしいものだな。せっかく良い天気なのだから、のんびりしていれば良いのに。人間たちは放っておいて、私は窓辺でゴロゴロしていよう。

I　スタンダード

1　憲法と参政権

(1)　憲法 15 条と国民主権

　憲法 15 条 1 項は、「公務員を選定し、及びこれを罷免することは、国民固有の権利である」と定めています。「公務員」と言われると、アナタはどんな人をイメージしますか。市役所や町役場の職員が思い浮かぶ人が多いのではないでしょうか。その「公務員」を選んだり（選定）、やめさせたり（罷免）する権利が自分にあると言われても、ちょっとピンと来ないかもしれません。

　ここでの「公務員」は、「国や公共団体の公務をしている人の総称」と解釈されています。市役所や町役場の職員も当然含まれますが、警察官や自衛官、公立学校の教師、国会議員、裁判官なども公務員です。意外に思うかもしれませんが、内閣総理大臣だって立派な公務員です。15 条 1 項は、それらの公務員すべてについて、「任免する権限は、本来的に国民にある」ということを宣言しているのです。

　このような、「この国の政治についての最終的な決定権は国民にある」という原理のことを

「**国民主権**」と言います。国民は、この国の主役＝主権者なので、国の政治に参加する権利があるのです。憲法は、この参政権について、最高裁判所裁判官の国民審査制（79 条 2 項）、憲法改正の国民投票制（96 条）など、様々な条文を定めています。その中でもっとも典型的なのが、「選挙権と被選挙権」です。

◆チャレンジ：参政権が国民主権に基づくなら、日本に住む外国人には参政権が認められないのだろうか？　外国人の参政権について、調べてみよう。

（2）選挙権と被選挙権

　選挙権とは、国や地方公共団体（県や市町村）の議員や長（知事、市長など）の候補者を選ぶ権利をいいます。それに対して、被選挙権とは、選挙で選ばれる候補者になる資格のことです。憲法 15 条 1 項は、被選挙権について直接に規定していませんが、判例は、被選挙権、特に「立候補の自由は、選挙権と表裏の関係にあり、自由かつ公正な選挙を維持するうえで、きわめて重要である」としています（最大判昭和 43 年 12 月 4 日）。

　そして憲法は、自由で公正な選挙を実現するために、①普通選挙、②平等選挙、③秘密選挙などの基本原則を定めています。

①普通選挙

　憲法 15 条 3 項には、「公務員の選挙については、成年者による普通選挙を保障する」とあります。普通選挙とは、一定の年齢に達した人（成年者）すべてに選挙権が認められる制度のことです。1890 年、大日本帝国憲法の下で、日本で初めての衆議院選挙が行われました。このとき、選挙権が認められたのは「税金を 15 円以上納めた満 25 歳以上の男子」だけでした。1925 年に普通選挙法が制定され、納税額による制限が撤廃されましたが、女性に選挙権はありませんでした。日本で普通選挙が実現したのは、1945 年のことです。憲法 15 条 3 項は、この普通選挙の原則を確認し、さらに被選挙権についても、誰に対しても平等に資格があることを具体的に定めています（憲法 44 条）。

②平等選挙

　平等選挙とは、選挙権の価値が平等であること、つまり「一人一票」を原則とする制度のことです。かつての日本には、「複数選挙（特定の選挙人に2票以上の投票を認める制度）」や「等級選挙（納税額の差によって選挙人をグループ別にする制度）」が存在しました。現在の憲法は、このような制度を否定し、誰が投じた票であってもその重みは等しくなければならないと定めています。

③秘密選挙

　憲法15条4項は、「すべて選挙における投票の秘密は、これを侵してはならない」としています。誰がどの候補者や政党に投票したかを秘密にする制度のことを、秘密選挙といいます。投票内容を秘密にすることで、社会的に弱い立場にいる人が社会的強者からの圧力を受けることなく、自由に投票できるようにしているのです。

　上記の3つの原則のほかにも、「自由選挙」「直接選挙」といった基本原則があり、これらの原則に基づいて、公職選挙法が具体的な選挙の仕組み（議員定数、選挙権年齢・被選挙権年齢、選挙区割り、選挙期間、投票方法など）について定めています。

選挙の基本原則

原則	考え方
普通選挙	一定の年齢に達した人すべてに選挙権がある。
平等選挙	誰が投じた票でも重みは等しい。
秘密選挙	誰が投票したのかわからない制度。

※ほかに「自由選挙」「直接選挙」などの原則も。

◆チャレンジ：「一票の較差（議員定数不均衡）」をめぐって、たくさんの訴訟が起こされている。それらの事件で何が問題となり、裁判所がそれについてどのように判断したのか、調べてみよう。

2　障害のある人の参政権

(1) 障害者権利条約と障害者基本法

　参政権は、障害のある人であっても、そうでない人であっても、等しく保障されるべき大切な権利です。しかし、障害のある人は、特有の困難にぶつかる場合があります。障害のある人の参政権について、条約や法律がどのように定めているのか、見てみましょう。

　障害者権利条約 29 条は、締約国が「障害者に対して政治的権利を保障し、及び他の者との平等を基礎としてこの権利を享受する機会を保障する」としています。そして、障害のある人が「政治的及び公的活動に効果的かつ完全に参加」できるように、投票の手続や設備を利用しやすいように確保すること、必要な場合には投票の際に援助を受けられるようにすることなどを定めています。さらに、国の政治に関することだけでなく、NPO・NGO の活動や地域での政策決定などについても、障害のある人が参加できる環境を促進し、参加を奨励するとしています。

　この障害者権利条約の大きな特徴は、"Nothing about us without us（私たち抜きに私たちのことを決めるな）" というスローガンの下で、多くの障害のある人やその関連団体が参加して作られたことです。障害のある人は、しばしば一般社会から保護される無力な存在とされ、自分に関わる政策やルールの決定に参加することができませんでした。障害のある人もそうでない人も、誰もが個人として尊重され、政治や社会に等しく参加する権利がある。そんな障害者権利条約の理念は、障害者権利条約自体を作る過程においても大切にされたのです。

　日本の団体である日本障害フォーラム（JDF）も、障害者権利条約の策定に関わっていました。JDF は、条約の策定段階から、日本の各省庁と意見交換を行い、条約締結に必要な国内法制の改革を申し入れました。2011 年、障

害者基本法が改正され、政治参加の関連では、次のように定める 28 条が新設されました。「国及び地方公共団体は、法律又は条例の定めるところにより行われる選挙、国民審査又は投票において、障害者が円滑に投票できるようにするため、投票所の施設又は設備の整備その他必要な施策を講じなければならない」。

　これらの条約・法律に基づいて、投票所のバリアフリー化、点字版の選挙公報の作成・配布、知的障害のある人の投票支援など、様々な取り組みが行われています。

◆チャレンジ：アナタの住んでいる街では、障害のある人の参政権保障のためにどのような取り組みをしているだろうか？　アナタの街の選挙管理委員会のウェブサイトなどを見てみよう。

(2) 障害のある人の選挙権

　ここで、障害のある人の選挙権をめぐる判例を 2 つ紹介します。

　1 つは、在宅投票制度廃止訴訟です（最一小判昭和 60 年 11 月 21 日）。1940年代、病気や妊娠などの理由で投票所に行くことができない人について、郵便による在宅投票が認められていました。ところが、1951 年に行われた統一地方選挙で制度を悪用した選挙違反が多発したため、翌年、この制度は廃止されることになりました。この訴訟の原告は、事故によってほとんど寝たきりの状態であり、制度が廃止されたことによって投票ができなくなってしまいました。そこで、制度の廃止は憲法に違反するとして、精神的苦痛に対する慰謝料を求める訴訟を提起したのです。

　札幌地裁は、「投票の機会が奪われる」ことは「やむを得ないとする合理的理由の存在しない限り許されない」とし、原告の主張を認めて、国に 10 万円の支払を命じました（札幌地判昭和 49 年 12 月 9 日）。しかし、最高裁は、選挙に関する事項は原則として「国会の裁量的権限」に任されるとし、在宅投票制度は憲法違反となる「例外的場合」には当たらないとして、上告を棄却しました。

　結局、最高裁では原告の主張が認められませんでしたが、係争中の 1974 年

に公職選挙法が改正され、重度の身体障害のある
人については、在宅での郵便投票ができるように
なりました。原告が裁判で争ったことが、法改正
のきっかけを与え、実際に国会を動かしたのです。

　もう 1 つは、ひきこもり症状をもつ人の選挙権
が問題となった判例です（最一小判平成 18 年 7 月
13 日）。1974 年改正で郵便投票が可能になったの
は、「重度の身体障害」がある人だけでした。この
事件の原告は、「精神発達遅滞及び不安神経症」の
ために、いわゆるひきこもりの傾向があり、投票
所に行くことが困難な状況にありました。原告は、憲法は精神的原因による
投票困難者に対して選挙権行使の機会を確保することを命じており、国会が
そのための立法措置を執らなかったことは違憲であるとして、訴訟を起こし
ました。

　最高裁は、「精神的原因による投票困難者の選挙権行使の機会を確保する
ための立法措置については、今後国会において十分な検討がされるべきも
の」と認めながら、「国会が正当な理由なく長期にわたって」立法措置を怠っ
た場合には当たらないとして、違法ではないと判断しました。

　この事件でも、最高裁は原告の主張を認めませんでした。しかし、泉徳治
裁判官が、この判決に次のような補足意見を加えています。「すべての選挙人
にとって特別な負担なく選挙権を行使することができる選挙制度を構築する
ことが、憲法の趣旨にかなうものというべき」であり、「投票所において投票
を行うことが極めて困難な状態にある在宅障害者に対して、郵便等による不
在者投票を行うことを認めず、在宅のまま投票をすることができるその他の
方法も講じていない公職選挙法は、憲法の平等な選挙権の保障の要求に反す
る状態にあるといわざるを得ない」。このような泉裁判官の意見は、障害のあ
る人が「政治的及び公的活動に効果的かつ完全に参加」することを求める障
害者権利条約の趣旨に合致するものといえるでしょう。

◆チャレンジ：言語障害のある人が立候補者の演説会でもらった文書を自宅の近隣に配布したところ、公職選挙法で禁止されている選挙運動用文書頒布に当たるとして起訴された事件（玉野訴訟）がある。大阪高裁は、言語障害のある人には電話や個々面接（出会った人と話すこと）での選挙運動が「事実上不可能」と認めたが、「健常者とともに行う」ことはできるとして、有罪判決を下している（大阪高判平成3年7月12日）。この事件について、アナタはどう思うだろうか？障害のある人の選挙運動について考えてみよう。

(3) 障害のある人の議会での活動

　障害のある人の政治参加については、投票や立候補の場面だけでなく、議員になった後の活動においても困難が生じることがあります。その代表的な例といえるのが、中津川市代読訴訟です（名古屋高判平成24年5月11日）。

　岐阜県中津川市の市議会議員だった原告は、在職中に下咽頭がんを患い、手術で声帯を切除しました。自分の肉声で発言するのが困難になったため、代読で質問できるよう市議会に求めました。しかし、市議会の運営委員会は、代読による発言を認めませんでした。原告は、議会における表現の自由、発言方法を決定する権利、平等権、市議会議員としての参政権等が侵害され、精神的苦痛を受けたとして、市などに対して損害賠償を求める訴訟を提起しました。

　名古屋高裁は、「議会等で発言することは、議員としての最も中核的・基本的な権利」であるにもかかわらず、原告が長期間「市議会での発言の権利、自由を侵害」されていたとして、300万円の損害賠償を認めました。

　この事件が起こった当初、市議会は「発言は肉声が原則」であるとして、「治療に専念」し、「声を出すことに最大限努力してもらう」ことを原告に求めていました。原告を支援する市民らの陳情を受け、市議会は「音声変換機能付きのパソコン」の持ち込みを認めました。しかし、原告はパソコンの使用に慣れておらず、名古屋高裁は、パソコンの持ち込みを認めただけでは発言の機会が確保されない状態が解消されたとはいえない、と判断したのでした。

　このように、障害のある人が議会で活動すると障壁にぶつかることがありますが、そのような場合には議会の側が必要かつ合理的な範囲で柔軟に対応

する（**合理的配慮を提供する**）ことが求められます。

　地方議会だけでなく、国会でも様々な障壁があります。国会では、1977 年の参議院選挙で八代英太さんが当選したことをきっかけに、スロープや多目的トイレなどの整備が始められました。タレントだった八代さんは、ステージから転落して脊椎を損傷し、下半身不随となりました。八代さんが初当選した当時、国会は階段だらけで、議員会館に入るのにも裏口の貨物用エレベーターを使うしかありませんでした。八代さんは、「福祉にはカネがかかる」「お前だけのために税金を使うのは許せない」といったバッシングも浴びながら、参議院の職員と相談しつつ、「国会のバリアフリー化」を推進しました。

　1989 年に視覚障害（強度の弱視）がある人として初めて参議院議員になった堀利和さんは、「自分たちの声が反映されない」という焦りから、「代弁者ではなく、直接自分たちの声を」という思いで議員を志したと語っています。先に紹介した障害者権利条約の "Nothing about us without us（私たち抜きに私たちのことを決めるな）" というスローガンが示しているように、障害に関わる政策決定に当事者が参加することをきちんと確保するという点でも、議会の障壁を取り除くことには非常に大きな意味があるといえるでしょう。

◆チャレンジ：地方議員や国会議員がどんな活動をしているのか、調べてみよう。どういう場面で、どんな障壁にぶつかることが考えられるだろうか？　また、その障壁を取り除くためには、どんな合理的配慮が求められるだろうか？

Ⅱ　アドバンス

1　障害のある人の意思決定と政治参加

（1）意思決定できない人に参政権はない？

　公職選挙法は、選挙権年齢を「満 18 歳以上」、被選挙権年齢を衆議院議員や地方会議員の場合は「満 25 歳以上」、参議院議員や都道府県知事の場合は「満 30 歳以上」と定めています。総務省は、この年齢の差について、「誰

を代表にするかを選ぶより、代表になって実際に仕事を行う方が、より知識や経験を必要とするため年齢が高くなっている」と説明しています。このことを 18 歳未満の「子ども」には選挙権も被選挙権も認められていないこととあわせて考えると、政治的な意思決定能力や判断能力が十分にない人には、参政権が認められていないようにも思えます。そうだとすると、精神障害や知的障害のある人、認知症の人などは、投票したり、選挙に立候補したりすることはできないのでしょうか。

　この点について問題になったのが、成年被後見人選挙権訴訟です（東京地判平成 25 年 3 月 14 日）。認知症や知的障害、精神障害などの理由で判断能力が不十分な人は、不動産や預貯金などの財産を管理したり、介護などのサービスや施設への入所に関する契約を結んだりすることが難しい場合があります。そうした人々を支援・保護するために、2000 年に「**成年後見制度**」が開始されました。家庭裁判所によって選任された成年後見人が、本人の代わりに財産管理や契約、相続の手続などを行うことができるようになりました。ところが、かつての公職選挙法は、成年後見を受けている人（成年被後見人）は選挙権・被選挙権を有しないと定めていました。この事件の原告は、ダウン症で知的障害がありましたが、選挙には欠かさず行っていました。ところが、財産保護などのために父親を成年後見人にしたところ、選挙権が喪失し、投票ハガキが届かなくなってしまいました。そこで、原告は公職選挙法の規定が憲法 15 条 3 項や 14 条 1 項などに違反して無効であるとして、次回の選挙で投票をすることができる地位にあることの確認を求める訴訟を提起しました。

　東京地裁は、「事理を弁識する能力を欠く者に選挙権を付与しないとすることは、立法目的として合理性を欠くものとはいえない」としながらも、「成年被後見人となった者は、主権者であり自己統治をすべき国民として選挙権を行使するに足る能力を欠くと断ずることは到底できない」として、成年被後見人から一律に選挙権を剥奪する公職選挙法の規定は憲法 15 条や 43 条等に違反して無効であるとの判決を下しました。この判決の後、2013 年に公職選挙法は改正され、成年被後見人の選挙権・被選挙権は回復されました。あ

わせて、自分で投票用紙に書くことが難しい人が投票所の係員に代わりに書いてもらうことのできる「代理投票」の制度について定めた公職選挙法 48 条も改正されました。それまでは、代理投票制度を利用できるのは「身体の故障又は文盲」の人だけでしたが、この改正で「心身の故障その他の事由」と改められました。

　同様の裁判は、ドイツでも起こっています。ドイツには成年後見制度に類似した「世話人制度」がありますが、自分の事務すべてを世話人に任せている人（完全被世話人）には選挙権が認められていませんでした。2019 年、ドイツの連邦憲法裁判所は、このことがドイツ憲法の「選挙の一般原則」と「障害による差別の禁止」に違

反するとして、違憲判決を下しました。同年、ドイツの連邦選挙法は改正され、完全被世話人の選挙権が回復されるとともに、「読めず、または障害により意見の表出に支障がある有権者は、他者の介助を受けることができる」とする条文が新設されました。

◆チャレンジ：精神障害や知的障害のある人の選挙権について、日本とドイツ以外の国ではどのように扱われているのだろうか？　海外の法制度について調べてみよう。

(2) 支援を受けた意思決定

　成年被後見人選挙権訴訟の東京地裁判決には、「様々な境遇にある国民が、高邁な政治理念に基づくことはなくとも、自らを統治する主権者として、この国がどんなふうになったらいいか、あるいはどんな施策がされたら自分たちは幸せかなどについての意見を持ち、それを選挙権行使を通じて国政に届けることこそが、議会制民主主義の根幹であり生命線である」とあります。

そのように障害のある人の意見を「国政に届ける」ためには、特性に応じて適切な支援を行うことが必要になります。

> せんきょの　とき　かくとうから　マニフェストがだされるが　ふりながなが
> なく　むずかしいことが　いっぱいかかれていて　わからない。
> せんきょのとき　はがき　いちまいきて　ふりがなもなく　こまかくかかれて
> いて　どこに　とうひょうじょ　があるのかわからなくて　いけないこともあ
> りました。

　これは、内閣が設置した障がい者制度改革推進会議の中の知的障害のある委員の発言です（2010年3月19日第5回会議）。単に「障害のある人にも選挙権が認められている」というだけでは、参政権が十分に保障されているとはいえません。その権利を実際に行使できるようにするために、必要に応じて意思決定の支援を行うことが求められます。

　1891年に設立された東京の知的障害者施設、滝乃川学園では、1970年代から施設利用者に対する投票支援を行っています。憲法や公職選挙法について学んだり、実際の投票を想定して施設で模擬投票を行ったり、選挙の立候補者を招いて「選挙のお話を聞く会」を開いたり、障害のある人が自分で意思決定ができるように、施設が支援しています。また、滝乃川学園の所在地である国立市の選挙管理委員会とも連携し、代理投票を利用する際に、選挙公報の候補者を2回指さしてもらって投票先を確認するという、独自の方法を採用することについて合意を得ています。

　東京の狛江市では、この滝乃川学園にノウハウを学び、市役所と親の会や施設などが連携して、投票支援の取り組みを充実させています。立候補者がわかりやすく公約をまとめた「わかりやすい選挙公報誌」や「わかりやすい政見動画」を作成したり、投票所で支援を行う市職員のために研修会を開いたり、投票に際して配慮が必要なことを事前に記入する「投票支援カード」を作成して事業所などに配布するといったことが行われています。このような狛江市の取り組みは、親の会や市町村同士のつながりを通じて、他の自治体にも広がりを見せています。

　選挙権を十分に保障するためには、「投票所のバリアフリー化」だけでな

投票支援カード(イメージ図)

1　あなたのことを教えてください

①コミュニケーション方法を教えてください。
　会話ができる／メモができる／指さしができる

②自分で投票用紙に書くことができますか？
　はい／いいえ(代理投票を希望する)

2　ほかに気をつけてほしいことや手伝ってほしいことがあれば記載してください

[
　
　
]

く、選挙に関わる「情報のバリアフリー化」も含めて、様々な支援が必要になります。そして、このような支援が行われるときに大切なのは、投票を通じて示されるべきなのは、あくまで「本人の意思決定」であるということです。

　　入所施設に　はいっている仲間たちは　ゆうどう　されて　せんきょに　いかされる　事件も　おきている。

　先ほど紹介した障がい者制度改革推進審議会での発言です。このように自分の意思を上手く表明できない人を政治的に利用するようなことは、当然あってはいけません。たとえ悪意がなかったとしても、支援に際して特定の政治的立場に偏ったり、支援を受ける人を誘導したりすることがないように、十分注意する必要があります。

　ここで大切なのが、「支援を受けた意思決定 Supported Decision Making」という考え方です。障害者権利条約は、重要な基本原則として、「個人の自律（自ら選択する自由を含む）」の尊重を掲げています（3条（a））。条約の締約国は、障害のある人が「法的能力の行使に当たって必要とする支援を利用するための適当な措置を採る」ように定められていますが（12条3項）、それは「支援を受けた意思決定」を可能な限り実現すべきということであって、

「誰かが本人の代わりに意思決定をする Substitute Decision Making」という
ことではないのです。

◆チャレンジ：意思決定や意思の表示が難しい人をアナタが支援することになっ
た場合、どんなことに気をつけるべきだろうか？　「本人にとっての最善の利
益」とは何なのか、何を根拠に、どのように判断したら良いだろうか？

Ⅲ　ディスカッション

　ここまで、障害のある人の参政権保障のための様々な取り組みを紹介して
きましたが、障害のある人が政治参加するときの障壁は他にもたくさんあり
ます。2022 年、日本障害者協議会が「投票における合理的配慮を欠く問題事
例の改善を求める 201 の事例・要望集」を発表しました。「情報のアクセシビ
リティ」「投票所のバリアフリー環境」「投票方法、投票用紙」といった項目
ごとに、非常に多くの要望が寄せられています。

　たとえば、視覚障害のある人のために点字版や音声版の選挙公報が作られ
ていますが、投票日の直前まで届かなかったといった事例が複数挙げられて
います。公職選挙法は選挙公報を投票日の 2 日前までに配るよう市町村の選
管に義務づけているものの、点字版や音声版を想定した規定はなく、対応は
地域（自治体）ごとに差があるようです。投票支援についても、狛江市のよ
うに支援が充実している自治体ばかりではありませんし、障害者施設にかか
る負担も大きいため、全国津々浦々まで行き届いているとはいえません。参
政権は、日本のどこに暮らしている人であっても等しく保障されるべきもの
であり、こうした地域間の格差は解消されなければなりません。

　また、内閣府の調査によれば、日本にいる障害のある人の割合は人口の
7.6％ですが、障害のある議員の割合は全議員の 0.1％に留まっています（2020
年現在）。単に数が少ないというだけではなく、障害のある議員は特別視され
やすく、その点にも問題があります。障害のある議員に対しては、自身の経
験に基づいて福祉政策に貢献することがしばしば期待されますが、議会での

活動は福祉の問題だけに留まりません。

　障害のある人が政治に参加することが当たり前となり、福祉の分野はもちろん、それ以外の場面でも自由かつ活発に活動できるようになって初めて、参政権保障が十分に実現したといえるのではないでしょうか。

◆考えてみよう！

・障害のある人が政治に参加するうえでの障壁には、本文中で取り上げたもの以外にどんなものがあるだろうか？

・本書では選挙権・被選挙権を中心に取り扱ったが、選挙以外の場面での政治参加については、どのような問題があるだろうか？

・障害のある人の参政権保障を実現するために、アナタ自身にできることは何だろうか？

COLUMN

重度障害のある人が国会にもたらした変化

　2019 年、木村英子さんと船後靖彦さんの 2 人が、重度障害のある人として初めて参議院議員になりました。木村さんは、生後 8 か月の時に玄関から落下したことがきっかけで頸椎を損傷し、右手以外のほとんどが動かない状態になりました。船後さんは、42 歳の時に筋萎縮性側索硬化症（ALS）を発症し、麻痺が全身におよび、人工呼吸器や胃ろうを装着するようになりました。大型の車いすを使用する 2 人が議員になったことによって、「国会のバリアフリー化」はさらに進展しました。本会議場で発言するための演壇にはスロープが設置され、車いすでも演壇に立つことができるようになりました。動線確保のために昇降機や通路が新設され、多目的トイレも新設・改修されました。

　また、国会質疑に関する様々な合理的配慮が認められました。たとえば、本会議での採決方法には「起立採決」、「押しボタン式投票」、「記名投票」などがありますが、いずれも木村さんや船後さんには困難です。そこで、介助者を議場に帯同し、挙手による代理や代筆を行うことが認められました。委員会での質疑でも、持ち運び式の専用のマイクが用いられたり、秘書や介助者が手元の資料を代わりにめくったり、発言に必要なサポートを受けることが認められました。

　2019 年 11 月、文教科学委員会で初の質疑に臨んだ船後さんは、言葉を発する
ことが難しいため、パソコンによる音声読み上げや秘書の代読で質問を行いま
した。再質問をするときには代読用の文書を作成しなければなりませんが、手が
動かない船後さんは目で文字盤を追う形で介助者に意思を伝えるため、どうし
ても時間がかかります。そこで、委員長が議事進行を止め、質問時間が減らない
ように配慮しました。
　2 人の存在が、それまで見えにくかった国会の「バリア」を浮き彫りにし、国
会の設備や手順に大きな変化をもたらしたのです。

参考文献

井上英夫・川﨑和代・藤本文朗・山本忠編著『障害をもつ人々の社会参加と参政権』（法律
文化社、2011 年）
川﨑和代『障害をもつ人々の参政権保障をもとめて』（かもがわブックレット、2006 年）
上保晃平『重度障害者が国会の扉をひらく！木村英子・船後靖彦の議会参加をめぐって』
（社会評論社、2021 年）

第5章

情報に関する権利

―― 憲法 13 条・21 条、情報プライバシー権、知る権利、
コミュニケーション（意思疎通）の権利

世の中は「情報」にあふれています。SNS に書き込んだ情報が一瞬で世界中を駆け回ることもあり、個人情報を守っていくことが重要になっています。他方で、様々な情報を制限なく取得し、発信していくこともまた不可欠になっています。そこで、本章では、情報をめぐる権利である、①憲法 13 条が保障する情報プライバシー権（自己情報コントロール権）と、②憲法 21 条が保障する表現の自由・知る権利について考えていきましょう。

STORY

私は猫。昨日、歯科医に行ったの。そうしたら、ウチの飼い主が私の虫歯が3 本という重要情報を SNS で勝手に世界中に公開してしまったの！それって情報プライバシー権の侵害よね。私の意向や同意をきちんと確認してほしいな。猫語で飼い主に抗議しながら、爪で引っ掻いたり、スマホを叩いたりしたけれど、伝わらないから嫌になっちゃう。耳が聞こえない人にとって、人が話しているのは口をパクパク動いているだけにしか見えないだろうけれど、それと同じ感じかな…。飼い主なんだから、私が話している内容について、知る権利というか、知る義務があるよね。

私の近所に住んでいる、耳が聞こえない人は手話で話すの。テレビは音なしで字幕モード。インターネット化で文字情報が増えて、オンラインショッピングもとても便利ですって。普段は手書きやスマホを使った筆談。最近は音声を文字に変換するアプリの精度もなかなか上がっているみたい。でも、機械任せではなく、人による誤認識の修正は必須。猫の手も借りたいくらいですって。病院で検査結果の説明や市民講座で内容に興味がある時は市の福祉サービスの手話通訳者派遣を利用。この間、公園で子どもが迷子になっていた時は電話リレーサービスで通訳オペレータを介して 110 番通報していたな。

もう一人、私の近所には、目が見えない人も住んでいるの。その人はラジオを聞くのが大好き。そして読書も大好き。もちろん、その人にとって「本」は四角のカタマリだけど、昔から対面で朗読してもらったり、今は技術が進んで文字のテキストデータを音声に読み上げてくれたり、点訳してくれるソフトを使っているんですって。テレビは、図やイラストを指して「あれ」、「これ」、「それ」と言われても「どれ…!?」だけれど、音声解説付きの放送も少しずつ増えてるな。

世の中は広くていろんな人がいるから、いろんな伝え方が必要。たとえば、私の名前は「猫」と漢字だけど、ふりがなを付けたり、声で「ねこ」、手話、点字、写真などで、「私」という情報を伝えられるの。

さて、うちの飼い主とはどうやってコミュニケーションしたらいいのかしら。猫語と人間語の通訳や翻訳アプリがほしいな。

I　スタンダード

1　「情報に関する権利」って何？（憲法 13 条、21 条）

情報に関する権利
情報プライバシー権
表現の自由・知る権利

憲法上に「情報に関する権利」という言葉はありませんが、障害のある人にとっては、どのような権利かイメージできますか？　この章では「情報プライバシー権」（憲法 13 条）と「知る権利」（憲法 21 条）を取り上げます。

（1）情報プライバシー権

情報プライバシー権は、プライバシー権の一種であり、包括的基本権である幸福追求権（憲法 13 条）から導き出される人権です（前科照会事件）。これと区別されるものとして、静穏のプライバシー権があり、「私生活をみだりに公開されない法的保障ないし権利」のことを指します（「宴のあと」事件）。

では、情報プライバシー権とはどのようなものでしょうか。ここでは、**東京都警察学校・警察病院 HIV 検査事件**を取り上げて考えていきましょう。こ

の事件は、警察学校任用後に、本人から同意を得ずに無断で行った HIV 抗体検査が問題になりました。

　裁判所は、以下の通り、情報プライバシー侵害を認めました。①HIV 感染症について、病態や感染の経路等について社会一般の理解が十分であるとはいえず、誤った理解に基づく HIV 感染者に対する偏見がなお根強く残っている状況下において、個人が HIV に感染しているという事実は、一般人の感受性を基準として、他者に知られたくない私的事柄に属するものといえ、人権保護の見地から、本人の意思に反してその情報を取得することは、原則として、個人のプライバシーを侵害する違法な行為というべきである。②仮に、採用時における HIV 抗体検査には、その目的ないし必要性という観点から、実施に客観的かつ合理的な必要性が認められ、かつ検査を受ける者本人の承諾がある場合に限り、正当な行為として違法性がなくなるというべきであるが、本件の検査は、HIV 抗体検査であることの事前の説明がなく、かつ、本人の同意を得ていないばかりか、合理的必要性も認められず、違法行為によるプライバシー侵害にあたる、と裁判所は判断しました。

　このように、情報プライバシー権の観点から、個人情報の取得や他者への提供については、本人の同意を要することが原則です。特に、障害や病気等のセンシティブな情報は取り扱いに注意する必要があります。ただし、例外的に、本人の同意がない場合でも、緊急に本人や第三者の生命や身体を守る必要がある場合など、情報プライバシーに優越する利益が存在すると認められた場合には、必要最低限度の範囲で情報提供等が認められます。例えば、災害時などに、障害のある人の避難や安全確保を支援するために必要な情報についての他者に提供できる場合があります（災害対策基本法）。

個人情報の取得や提供

原則：同意が必要

例外：緊急かつ必要な場合に必要最低限の範囲

(2) 表現の自由と知る権利

　憲法 21 条は、表現の自由を保障しています。表現の自由は、個人の人格形

72

成と発展（自己実現）と民主主義の維持・発展（自己統治）のために不可欠の前提をなす重要な権利です。

　また、「知る権利」は、表現の自由（憲法21条）を「受け手」の側からとらえた権利です。表現の自由、つまり、表現の「送り手」が情報を発信して伝達する自由は、表現の受け手が情報を取得する自由（聞く自由、読む自由、見る自由）である「知る権利」と表裏一体のものです。このように憲法21条は、思考や選択、情報の発信、議論やコミュニケーション（意思疎通）をするにあたり、すべての前提となる権利を保障しています。これにより、自由な情報流通が実現されるのです。

　そうした情報は、音声、印刷物、動画などの形式で存在しています。しかし、音声は聴覚障害のある人には聞こえません。文字や手話での情報が必要です。これに対し、文字、図表や画像などは視覚障害のある人には見えません。音声や点字での情報が必要です。また、聴覚と視覚の両方に障害のある人の場合は、指点字や触手話などが必要になる場合もあります。また、知的障害や発達障害のある人にとっては、わかりやすい表現、漢字へのるび（ふりがな）、イラストなどが必要になります。

```
視覚障害
　音声・点字など
聴覚障害
　文字・手話など
知的障害
　わかりやすい表現・ふりがな
　イラストなど
```

　上で述べた、知る権利の重要性を考えると、聞く自由、読む自由、見る自由を障害のあるなしに関わらず保障することの必要性は高いです。そして、表現の「受け手」の権利の保障は、表現の「送り手」の権利の保障につながります。

(3) コミュニケーションの権利と裁判を受ける権利

　障害のある人は、裁判を受ける際にも、適切にコミュニケーションができずに困ってしまうことがあります。こうした問題に対して、梅尾事件（点字裁判）、高松市手話通訳派遣拒否違憲訴訟を取り上げて考えていきましょう。

　まず、梅尾事件（点字裁判）は、全盲の視覚障害のある原告が、市に障害者自立支援法に基づく障害程度区分を軽く認定されたことを不服として、認定取り消しを求めた訴訟です。視覚障害のある原告は点字で訴状を書き、裁判所に提出しました。

　知る権利や裁判を受ける権利（憲法 32 条）が問題になる中で、裁判所法74 条で「裁判所では、日本語を用いる」と規定されていることとの関係が論点になりました。結果として、裁判所は点字での訴状を受け付け、その後も、仮名文字データの提出を求めましたが、基本的には点字による書面提出を認めました。また、被告である市に書類を点字で提出するように要請し、市が提出した書証の一部を裁判所の費用負担で点字に翻訳し、法廷でのやりとりを録音して原告に提供する対応をしました。判決言渡当日には判決文の要旨の点字訳が渡され、判決文全文の点字訳も後日原告に郵送されました（請求は棄却）。

　高松市手話通訳派遣拒否違憲訴訟は、聴覚に障害があり手話を言語とする原告が、障害者総合支援法の意思疎通支援制度に基づく福祉サービスである手話通訳派遣を娘が入学を希望する東京都内の専門学校の保護者説明会について申請しましたが、高松市外であることと、小中高校以外であるために市から派遣拒否された事例です。この背景には、地域格差もあり、最終的には市が派遣要綱を改正する形で和解しました。

　裁判期日での情報コミュニケーションの保障としては、手話通訳（法廷通訳・傍聴人向け通訳）、パソコン要約筆記、ヒアリングループ（磁気ループ）を配置、パワーポイントでイラスト等を使用した意見陳述、盲ろう者（弱視）の傍聴者に触手話通訳と要約筆記の文字を拡大して手元のパソコンに表示しました。これらの費用は訴訟費用として最終的に原告の費用負担になりましたが、裁判所との協議を重ねて法廷で配置されました。

　これらは重要な先例です。しかし、個別の裁判事例や担当裁判官の訴訟指揮の裁量の範囲を越えて、どのような裁判でも、誰が担当裁判官でも、障害のある人の知る権利、裁判を受ける権利を保障するには、法律や制度が必要です。

◆チャレンジ：障害のある人の情報プライバシー権、知る権利が問題になった事例について、裁判例やニュースを調べてみよう。

2　国や地方公共団体はどんなことをしてる？

　ここまでは、憲法の観点から、障害のある人の情報に関する権利についての意味を確認してきました。続いて、障害のある人の情報に関する権利を保障する障害者権利条約の条文と国内の法制度を確認しましょう。

(1)　障害者権利条約

　障害者権利条約は、情報プライバシー権について、22条で、障害のある人の個人、健康及びリハビリテーションに関する情報に係るプライバシーの保護を、また、31条では、統計及び資料の収集において、障害のある人の秘密の保持及びプライバシーの尊重の確保を締約国に求めています。

　そして、ここまで説明してきた障害のある人の表現の自由と知る権利は、21条と9条に書いてあります。では、これらの条文を確認していきましょう。21条は、表現と意見の自由、そして、情報へのアクセスについて書いてあります。この内容とは、障害のある人が使いやすいコミュニケーションの方法によって、情報やアイディアを求め、そして伝達することができるように、締約国に求めるものです。さらに、9条では、生活のあり方を自分で決めて、社会に参加するために、情報等にアクセスできるように必要な措置を整備することを求めています。ここでは、双方向の情報のやりとりである「コミュニケーション（意思疎通）」がキーワードになります。具体的には、例えば、音声言語、手話、点字、触覚を使った方法、拡大文字、利用しやすいマルチメディア、筆記、わかりやすい言葉等によるコミュニケーションが想定できます（2条）。

　ちなみに、障害者権利条約の日本語訳も様々な形態で入手できます。外務省のインターネットサイトでは、文章版（PDF、テキスト）の他、点字データ版、音声データ版、るびあり版があります。文章のテキスト版は、文字を音声に読み上げるソフトや点字への変換するソフトを使用できます。また、パンフレットにはわかりやすい版の解説（るびあり）もあります。障害のな

い人にとっても、情報取得の選択肢が広がることは意義のあることです。

◆チャレンジ：アナタも実際に障害者権利条約のさまざまなバージョンを体験してみよう。他の例も探してみよう。

（東京都選挙管理委員会のコミュニケーションボードの一部より）

(2) 法律

　このような憲法と条約における障害のある人の情報に関する権利の保障を受けて、日本には、どのような法制度があるのでしょうか。

①障害者基本法

　障害者基本法は、「可能な限り、言語（手話を含む。）その他の意思疎通のための手段についての選択の機会が確保されるとともに、情報の取得又は利用のための手段についての選択の機会の拡大が図られること」を定めています（3条3号）。また、情報の利用におけるバリアフリー化に関しては、「情報を取得し及び利用し、その意思を表示し、並びに他人との意思疎通を図ることができるようにするため」にコミュニケーションを仲介する者の養成や派遣のための施策や、災害などの場合に安全の確保に必要な情報を迅速かつ的確に伝えられる施策を講ずること等を義務付けています（22条）。なお、裁判の場面での配慮も書かれています（29条）。

②障害者総合支援法

　障害者総合支援法は、地域生活支援事業として、意思疎通支援を定めています。これは、自治体が障害者総合支援法に基づいて実施している、手話通訳者や要約筆記者などの意思疎通支援者の派遣を受けられるサービスです。

> 聴覚障害者：手話通訳、要約筆記（パソコン、手書き）、
>
> 視覚障害者：点訳、代読・代筆
>
> 盲ろう者：触手話、指点字、指文字
>
> 失語症者：会話における理解や表現の補助（必要に応じて道具や絵の利用等）

　医療（診察、検査、治療）、役所での手続や説明、教育（授業参観、PTA、学校説明会）、労働（就職面接、上司との話し合い）、生活（住宅、商品やサービスの購入の際の説明や相談）、冠婚葬祭、講座・講演会などについて、意思疎通支援者の派遣が受けられます。支援者には守秘義務が課せられています。原則として利用料はかかりませんが、自治体によって回数制限、交通費などの実費負担が伴う場合もあります。

　合理的配慮義務は行政・事業者側にありますが、意思疎通支援者が必要な内容の場合は、障害のある人に制度利用を申請してもらった上で、意思疎通支援者を介してコミュニケーションを行うことも、建設的対話、合理的配慮の選択肢のひとつとして考えられます。入場料などは、意思疎通支援者の分はかからないとするなどの検討が必要です。

③障害者情報アクセシビリティ・コミュニケーション施策推進法

　2022年に制定された法律です。建築物や交通バリアフリーの法整備は1990〜2000年代から進んでいたのに対して、情報バリアフリーについては法整備が待たれていました。国・地方公共団体は、4つの基本理念である、①障害の種類・程度に応じた手段の選択、②地域格差の是正、③障害のない人と同一内容の情報を同一の時点で取得、④デジタル社会における技術の活用にのっとり、施策を策定、実施する責務を有します。また、事業者には努力する責務が課せられています。6つの基本的施策は、①機器やサービス等の

開発及び提供、入手や利用方法習得のための支援、②命に関わる課題である防災・防犯・緊急通報、③意思疎通支援者の確保・養成・資質の向上、事業者の取組への支援、④相談への対応・情報提供、⑤国民の関心・理解の増進、⑥調査研究です。

（3）条例

　ここでは手話言語条例と情報・コミュニケーション条例を取り上げます。手話言語条例は、2013 年に鳥取県で最初に制定されました。手話を言語として認め、手話の普及推進を目的として、「障害」よりも「言語」に重点を置いています。手話言語法等を制定している国は 15 か国以上あり、日本でも当事者団体が手話言語法の制定に向けて活動するなかで、ボランティアで手話に関わった経験のある鳥取県知事に条例制定を訴えたことが制定の背景にあります。2016 年 3 月には、国に手話言語法の制定を求める意見書が日本国内の全 1788 地方議会で採択され、手話言語条例は現在 498 の自治体で制定されています。

　これに対し、情報・コミュニケーション条例は、障害のある人の情報取得及びコミュニケーションの推進を目的としています。2015 年に、兵庫県明石市で「明石市手話言語を確立するとともに要約筆記・点字・音訳等障害者のコミュニケーション手段の利用を促進する条例」として、手話言語条例と情報コミュニケーション条例の二本立ての形で制定されたのが最初で、現在は 108 の自治体で制定されています。明石市も市長が手話に関わりがありましたが、この条例は障害者差別の解消に向けた施策の一環として位置づけ、2016 年 4 月に障害者差別解消法と同時に施行した「障害者配慮条例」制定へのステップとしました。2022 年には障害者情報アクセシビリティ・コミュニケーション施策推進法が制定されました。各条例数については令和 5 年 7 月 13 日現在、地方自治研究機構によります。

Ⅱ　アドバンス

アドバンスでは、障害のある人の情報に関する権利に関わる法制度をさらに詳しく紹介していきます。

①避難行動要支援者名簿・計画の作成と関係者への情報提供

2011年の東日本大震災では、障害のある人の死亡率は住民全体の2倍でした。自力での避難が難しく逃げ遅れたことが原因の一つです。そこで、災害対策基本法の2013年の改正により、高齢者、障害者、乳幼児などの防災において特に配慮を要する人（要配慮者）のうち、災害発生時の避難に特に支援を要する方の名簿（避難行動要支援者名簿）の作成を義務付けなどが規定されました。そして、この名簿や個別避難計画の情報は、情報プライバシー権の点から、本人らの同意を得て災害に備えて避難支援関係者を提供するのを原則としつつ、災害発生の緊急時には例外的に本人の同意がなくても避難支援に必要な限度で情報を提供できる制度になっています。

②読書や文化芸術のバリアフリーと著作権法

2018年の「盲人、視覚障害者その他の印刷物の判読に障害のある者が発行された著作物を利用する機会を促進するためのマラケシュ条約」批准を機に、2019年に読書バリアフリー法（「視覚障害者等の読書環境の整備の推進に関する法律」）が制定されました。視覚障害がある人、読字に困難がある発達障害がある人、寝たきりや上肢の障害で書籍を持つことやページをめくることが難しい人、眼球使用が困難な人などが自分に合った方法で読書できる社会の実現に向け、紙やデジタルの本をさまざまな形式で提供することを推進する法律です。

文部科学省・厚生労働省が作成した啓発パンフレット「誰もが読書をできる社会を目指して」は、ロービジョン（視力の低下や視野狭窄など）、ディスレクシア（識字障害）、色覚特性のある人も読みやすいように、色や書体が工

夫されています。また、内容理解を助ける「やさしい日本語」で書かれています。PDF版はスクリーンリーダーでの音声読み上げに対応したアクセシブルPDF（インターネット上で閲覧可能）です。

　また、障害者による文化芸術活動の推進に関する法律は、作品に関する音声、文字、手話等による説明の提供の促進や文化芸術施設のバリアフリーなどの環境の整備のための施策を講ずる、と規定しています。事前の台本の貸し出し（データの提供含む）などは、借りる側も台本の管理を責任持って行う、他者に提供しない、目的外使用をしないなどのルールを定めた上で、比較的負担なくできるひとつの方法でしょう。

　このように障害のある人の知る権利（聞く自由、読む自由、見る自由）を保障するためには、著作者の権利との調整が必要かつ課題になります。著作権法は視覚障害者等のための点字版の作成、視覚障害者向け貸出しテープへの録音、聴覚障害者等のための字幕・手話映像の作成などの要件について規定しています。点字版については視覚に障害がある人以外への流用のおそれがないので要件が比較的緩やかですが、その他については作成主体などの厳しい要件が課されています。著作権法上の要件が厳しいため、現状は作品制作時や著作権許諾を取る際に、障害のある「受け手」の存在を想定した上で、その「受け手」権利の保障を考慮、検討した契約をする必要があります。著作者の権利に留意しながら、障害のある人の知る権利の保障を進めていくことが必要です。

> **障害のある人の知る権利**
> 聞く自由、読む自由、見る自由
> **著作者の権利との調整**

③電話リレーサービス

　国が、聴覚障害者等による電話の利用の円滑化に関する法律に基づいて実施しています。耳で聞くこと、声で話すことに障害のある人などが、手話や文字チャットを使い、通訳オペレータによる通訳（手話・文字⇔音声）を介して電話を利用できるサービスです。法律名には「聴覚障害者等」とありま

すが、聴覚障害がない音声・言語障害、発達障害など、スマホやパソコン等を用いて文字チャットで電話を利用するニーズがある人も含まれます。また、障害者手帳を取得していない場合でも利用できます。

　通常の電話と同様 24 時間 365 日利用でき、障害のある人から電話をかけるだけでなく、障害のある人にかけることも可能です。110、119 等の緊急通報にも対応しています。通話内容は法律で守秘義務が課されており、罰則も定められています。公的な電話リレーサービスは、アメリカで 1990 年に障害のあるアメリカ人法（ADA）でスタートして以来、世界 25 か国程で実施されていますが、日本では 2021 年に開始した新しいサービスです。サービスを利用する必要がある人に広く周知され利用されることが望まれます。

（総務大臣指定　電話リレーサービス提供機関　一般財団法人日本財団電話リレーサービスより）

◆チャレンジ：視覚障害、聴覚障害、知的障害、発達障害など、障害のある人とコミュニケーションする際には、互いにどのような調整や工夫（合理的配慮）、話し合い（建設的対話）ができるだろうか。

Ⅲ　ディスカッション

　情報取得やコミュニケーションについての合理的配慮を要請するために

合理的配慮
VS
プライバシー

は、自らの障害の存在を明らかにして説明する必要があります。しかし、それは、障害に関するセンシティブな情報の管理、誰に対して、どこまで具体的や診断名や障害の状況等の情報を共有するかという情報プライバシー権が関わります。特に、障害があることや合理的配慮の必要性が外からは見えない場合や見えにくい場合において課題になります。

　例えば、学校や職場において、合理的配慮を受けることは希望したいけれども、自分の障害のことを伝えると何らかの不利益が生じるのではないかという不安や葛藤があって言い出せないという場合があります。また、教員や上司などには伝えるけれども、友人や同僚には、障害や病気のことや具体的な診断名を知られたくない、偏見を持たれたくない、目立ちたくないという場合もあります。情報は一度知られてしまうと元の状態に戻すことはできず、慎重な検討と対応が必要になります。

　最終的には、障害のある本人自身の選択と意向を尊重することが前提になりますが、必要な合理的配慮が受けられなければ、学校や職場における本来の目的である学ぶ、働くという目的が十分に達成できません。安心して合理的配慮を受けて平等に学び、働く権利が保障されるように、プライバシーに配慮した合理的配慮の方法や周囲への説明の仕方、何か問題が起こった際の対処等について相談できる、対話を通して検討と試行錯誤ができるサポート・エンパワメント体制が必要です。同時に、障害や合理的配慮を受けることに対して偏見のない、理解のある環境作りも必要です。

　これらの課題は、合理的配慮を単に法的義務とするだけでは解決できません。個人のニーズに対応した適切な合理的配慮は、このような側面からも考え、取り組んでいくことが大切です。

◆考えてみよう！
・上記のシチュエーションで、アナタが障害のある人の立場だったら、どう

考え、何を希望するだろうか？　また、アナタが、友人や同僚、教員や上司の立場だったら、何ができるだろうか？

COLUMN

手話動画によるパブリックコメント提出〜「情報に関する権利」と「文化的・言語的の同一性（アイデンティティ）の権利」〜

　国の行政機関は、政策を実施していくうえで、さまざまな政令や省令などを定めます。その際に案を公表し、広く国民から意見、情報を募集して考慮する手続が、パブリック・コメント制度（意見公募手続）です。行政運営の公正さの確保と透明性の向上を図り、国民の権利利益の保護に役立てることを目的としています。政府のパブリックコメントのサイト（https://public-comment.e-gov.go.jp/servlet/Public）には、常時数件の意見募集があり、意見はインターネット、郵送などで提出することが可能です。

　意見募集の言語については、特段の規定はなく、運用上、原則として日本語が使われていますが、厚生労働省が「難聴児の早期発見・早期療育推進のための基本方針案」についてパブリックコメントの募集をした際は、手話動画を記録したDVDを郵送する方法での意見提出も要綱に追記されました。

　本件が、耳が聞こえない/聞こえにくい子どもについての重要な施策についての意見募集であったことから、大人になった元・耳が聞こえない/聞こえにくい子どものなかで、手話を言語とする「ろう者」から「手話動画」での意見提出の希望がありました。有志が、厚労省への働きかけ、署名、基本方針案の手話翻訳のYouTube公開などを行った結果、意見募集の要綱に手話動画が追記されました。最終的に寄せられた326件の意見のうち、20件は手話動画によるものでした。

　障害者権利条約には、「独自の文化的、言語的な同一性（手話及びろう文化を含む。）の承認及び支持を受ける権利」（第30条第4項）が規定されています。同一性とはアイデンティティ（条約原文はidentity）、自分が自分であること、そうした自分が他者や社会から認められているという感覚のことです。世界には、7000の言語があり、そのうち手話は300程だと言われています。日本国内に、聴覚障害者手帳の所持者は約30万人、高齢により聞こえに何らかの支障がある人は1000万人程いるなかで、手話を言語とするろう者は5〜8万人程とさら

にマイノリティです。

　パブリックコメントを手話動画で提出した人たちのなかには、「情報に関する権利」や「合理的配慮」としては文字で十分であり、手話の動画を撮影して DVD に記録し郵送する労力と費用の負担に対し、インターネット上で文字で意見提出をした方が楽だという人もいたでしょう。そのような意味で、ここでは「情報に関する権利」だけでなく「文化的・言語的同一性（アイデンティティ）の権利」が問題になっています。

　2021 年の東京オリンピック・パラリンピックをきっかけに、開会式と閉会式のテレビ放送には字幕だけでなく、手話通訳が付くようになりました。しかも、テレビ画面にはろう者の手話通訳者が登場しました（耳が聞こえる聴者の手話通訳者と協働するリレー通訳の方式。2022 年の北京オリンピック・パラリンピックも同様の方式）。このような取組みは、「聴覚に障害がある人の情報に関する権利」を保障する要素を持ちつつ、「手話を言語とするろう者の文化的・言語的少数者の同一性（アイデンティティ）の権利」を尊重する要素も強いといえるでしょう。

参考文献

障害と人権全国弁護士ネット編『ケーススタディ障がいと人権 2』（生活書院、2014 年）
中橋道紀・田門浩・藤木和子編『手話で GO ！ GO ！合理的配慮—障害者差別解消法でやるべきことを考える』（一般財団法人全日本ろうあ連盟、2019 年）
藤木和子「障害者情報アクセシビリティ・コミュニケーション施策推進法施行で企業が押さえるべきこと」ビジネスガイド 923 号（2022 年）

参考判例

・「宴のあと」事件（東京地判昭和 39 年 9 月 28 日）
・前科照会事件（最 3 小判小昭和 56 年 4 月 14 日）
・東京都警察学校・警察病院 HIV 事件（東京地判平成 15 年 5 月 28 日）
・梅尾事件（点字裁判）（名古屋高判平成 24 年 9 月 7 日）
・高松市手話通訳派遣拒否違憲訴訟（高松地裁平成 26 年 10 月 22 日和解）

第6章

自己決定権の保障

——憲法 13 条・24 条、リプロダクティブ・ライツ、優生思想

　自分のことを自分で決める権利を自己決定権といいます。障害のある人も当然、自己決定権を持っていますが、障害のある人の自己決定権は大きな制約を受けています。その中でも、特に問題となっているのが、かつて存在した優生保護法という法律に基づいて、障害のある人に不妊手術を行い、子どもを産むという自己決定権（これをリプロダクティブ・ライツといいます）を奪ってきたことです。その背景には、障害のある人は「劣った人」であり、なるべく数を減らしていくべきだという優生思想という考え方があります。障害のある人の人権を考えるときには、この優生思想にどのように対抗していくかが大きな課題となります。

STORY

　猫の私の子分（飼い主）は悩んでいた。中学 2 年生の彼女は、進路調査というもので、「アイドルになりたいから高校進学はしない」と書き、三者面談で、学校の担任と親に意気揚々と宣言した。そうしたところ、彼女の両親は寝耳に水で、「今までそんなこと言ったことはなかったでしょ！そもそも、アナタ、踊れないし、音痴じゃない！」と怒鳴られたことは記憶に新しい。事実、子分の鼻歌はひどいものだった。でも、愛嬌のある顔はなかなか目を引くと、親分の私も思う。

　ある日、子分は、私を撫でながら、こういった。

　「私、長い間、病院に入院していたでしょ。そのとき、アイドルの A を見て、私も頑張ろうと思ったの。」

　子分がまだ小さかった頃、難病を抱えて、長い間、入院をしていたらしい。その頃は、まだこの家の親分になっていなかったので、詳しくは知らないけど。こっそりと、難病でうまく動かない体を動かして、歌と踊りの練習をしている

のも、私は知っている。

　でも…。子分の母猫（飼い主の母）が、一人泣きながら、「夢を応援してあげたいけど、あの子の体ではハードなダンスはできない。丈夫に生んであげられなくてごめんなさい。」と、私を撫でながら言っていたのも知っている。

　猫である私は、鎖につながれることもなく自由気ままに生きている。その結果、道に迷うこともしばしばである。でも私は、犬のように鎖につながれて歩くことは性に合わない。たとえ道に迷ってでも、私は私の決めた道を進みたい。それこそが猫の生き方なのだから。

　ところが人間は違うらしい。「○○だから△△はできない」、「○○だから△△してはならない」という鎖を首に巻かれて生きているようだ。でも猫の私には、そんな不自由な生き方は理解できない。だから私は、この家族に「ニャー。」とアドバイスする以外になにもできない。

Ⅰ　スタンダード

1　自己決定権の意味と範囲

（1）個人主義原理

　憲法13条は「すべて国民は、個人として尊重される」と定めています。これを**個人主義原理**といいます。江戸時代以前の日本や、中世までのヨーロッパでは、身分制が敷かれていたため、個人の人格よりも、その人が属する身分や家柄が重要であると考えられていました。つまり、一人ひとりの人間に価値があるのではなく、その人の身分や家柄によってその人の価値が決まると考えられていたのです。そのような考え方を改めて、人間一人ひとりに同等の価値があるとするのが個人主義原理という考え方です。個人主義原理に基づけば、すべての人は人間であるというだけで尊いものであり、みんな同じ価値を持つがゆえに、同等に尊重しなければならないことになります。

（2）自己決定権の意味

　では、個人を尊重するとはどういうことでしょうか。第一に求められるこ

とは、その人の命を尊重することです。次に必要なことは、その人が自分の人生を自分の思い描いたように自由に生き、自分なりの幸せを追い求められるようにすることです。憲法13条は、上で説明した個人主義原理に続いて、以下のように定めています。「生命、自由及び幸福追求に対する国民の権利については、…最大の尊重を必要とする。」これは、個人の尊重に不可欠となる、生命・自由・幸福追求の権利を保障したものということができます。

　憲法で保障される自由の具体的な内容については、憲法18条以下でさらに詳細に規定されています。この本の中でも取り上げられている、人身の自由、移動の自由、職業の自由、財産権などが自由の代表例です。しかし、こうした個別的な自由だけではなく、自分に関わることを自分で自由に決定することを憲法は広く保障していると解されています。このような自由な決定権を**自己決定権**と呼んでいます。

(3) 自己決定権の範囲

　自己決定権がどこまで保障されるかについては、2つの考え方があります。ひとつは**一般的自由説**という考え方で、服装や髪型、スポーツや趣味などを含め、個人の生活に関わるすべてのことについて、憲法が自由な決定権を保障していると解する立場です。もうひとつが**人格的利益説**という考え方で、憲法が保障する自由は、個人の人格的生存に必要不可欠なもの、つまりその人が人間らしく生きるために不可欠な自由のみに限定されるので、自己決定権もそうした範囲に限定されるという立場です。このうち、人格的利益説が有力な考え方になっています。この章でも、人格的利益説に沿って説明をし

一般的自由説	人格的利益説
(基本的な立場) ありのままの個人の自由を保障するべき。	**(基本的な立場)** 自律的で理性的な個人の自由を保障するべき。
(自己決定の保障範囲) 髪型・服装・趣味などを含めて、個人の生活に関わるあらゆる事柄について、自由な決定権を保障するべき。	**(自己決定権の保障範囲)** 生命や身体に関する決定や、家族の形成に関わる決定など、その人が自律的で理性的な人生を送るために必要不可欠な事柄についてのみ自由な決定権を保障するべき。

ていきます。

　では、具体的にどのような決定が、自己決定権の範囲に含まれるのでしょうか。これについては色々な考え方がありますが、自己決定の内容を、①髪型や服装などのライフスタイルに関する決定、②子どもを持つかどうかなど、家族のあり方に関する決定、③医療拒否や尊厳死など自己の生命・身体に関する決定という３つに分ける方法が一般的です。このうち、①のライフスタイルに関する決定は、人格的生存に必要不可欠とはいえない場合が多いため、自己決定権として自由な決定が保障される余地はかなり小さくならざるをえません。しかし、②や③の決定は、人格的生存と深く結びついているため、自己決定権の範囲に含まれるものが多くなります。

（4）自己決定権をめぐる裁判例

　自己決定権に関する有名な裁判例として、**エホバの証人輸血拒否事件**があります。この事件では、ある患者が自分の信じる宗教に従って、手術のときに輸血を拒否したにもかかわらず、医師が患者の同意を得ずに輸血を行ったことが、患者の自己決定権を侵害するか否か、より具体的には、自分の生命・身体に関する決定のひとつとしての、治療方法を決定する自由を侵害するか否かが問われました。上で述べた①〜③の自己決定権の範囲でいえば、③に属する自己決定権が問題となったのです。

　この事件において一審の東京地裁は、患者の救命を優先した医師の判断を尊重し、患者の訴えを認めませんでした。これに対して二審の東京高裁は、輸血に対する同意は自己決定権の一部であるとして、患者の同意を得ずに輸血を行った医師の行為は自己決定権の侵害であると判断しました。二審に続いて最高裁も、「自己決定権」という言葉は用いなかったものの、医療行為の拒否などの「意思決定をする権利」は尊重されなければならないとして、東京高裁の判断を支持しました。

　この判決は、裁判所が自己決定権を認めた例として有名ですが、ただし全体的に見ると、日本の裁判所は自己決定権を認めることには、あまり積極的ではなく、喫煙の自由、バイクに乗る自由、髪型の自由など、上に挙げた①に属する自己決定については、それを主張した原告の訴えをことごとく退け

ています。

(5)　自己決定権の限界

　自己決定権が憲法上の人権として保障されるとしても、もちろんそれは無制限に認められるわけではありません。自己決定権といえども、他の人の生命や健康、権利や自由を侵害するような決定を行うことは許されません。例えば、「殺人の自由」や「泥棒をする自由」が自己決定権の名のもとに正当化されることはありません。

　これについて、かねてよりアメリカで議論となっているのが、女性が妊娠中絶を行う自由が自己決定権によって認められるかどうかという問題です。これは、後で触れる**リプロダクティブ・ライツ**とも関係する問題です。女性の自己決定権を尊重すれば、子どもを産むか産まないかという決定の自由を尊重すべきとの結論に行き着きますが、女性のお腹の中にいる胎児の生命を尊重すれば、妊娠中絶をする自由は自己決定権の限界を超えるものであり、「殺人の自由」が認められないのと同様に、中絶の自由を認めることはできないという結論に結びつきます。

　アメリカでは、1973 年に連邦最高裁判所が、妊娠中絶の自由は憲法によって保障された女性の権利であるとの判断を下しましたが、その後もこの判決を支持する人々（女性の自己決定権に重きを置く人びと）と、これを支持しない人々（胎児の生命に重きを置く人びと）の対立が続き、世論を二分する争いになってきました。そして、2022 年に、連邦最高裁自身が 1973 年の判断は誤っていたという新しい判決を下すと、今度はこの判決を支持するかどうかで、更に激しい対立が起こっています。

　自己決定権の限界をめぐるもうひとつの大きな問題は、「自死の自由」が認められるかどうかです。上に述べたとおり、自己決定権によって「殺人の自由」が認められることはありませんが、しかし自分の意思で死を選ぶことは、他人の生命や権利を侵害するものではありません。そうであれば、自分の生命を自ら絶つという決定を行うことは、自己決定権として保障されるのでしょうか。例えば、不治の病に罹っている人や難病に冒されている人、重い障害に苦しんでいる人などが、安楽死や尊厳死を望む場合、その希望をかな

えてあげることが人権の保障なのでしょうか。

　この問題については、重病に苦しむ患者の安楽死が認められるかどうかが裁判で争われたことがあります。**東海大学事件**と呼ばれるこの裁判で、横浜地方裁判所は、患者が安楽死を選ぶことも自己決定権によって認められる場合があるとし、その条件として、(a) 耐えがたい苦痛に苦しんでいること、(b) 死期が迫っていること、(c) 苦痛を除去するために他の方法がないこと、(d) 患者が明示的に安楽死を承諾していること、という 4 つを示しました。

　しかし、本章の冒頭で述べたように、人権の根幹を成す個人主義原理は、生命の尊重を土台としています。一人ひとりの人に、人間らしく「生きる」ことを保

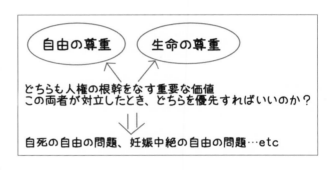

障するのが人権の役割であったはずです。生命の尊重や「生きる」ことを保障という人権の根本思想と、自ら死を選ぶという行為は、たとえそれが不治の病に苦しむ患者の安楽死であっても、相容れないもののように見えます。一方、自ら死を望むほど苦しんでいる人に、生き続けることを強制すれば、その人の人生にとって極めて重大な自己決定権を奪うことになるという見方もできるでしょう。この問題も、上に挙げた妊娠中絶の自由と同じように、生命や人間存在の根源に関わる問いであり、容易には解答を出せるものではありません。

(6) 障害のある人の自己決定権

　本来、自己決定権は、誰もが等しく持つものであり、それが他人の権利や自由を侵害するものでない限り、最大限保障されなくてはなりません。しかし、障害のある人の自己決定権は、障害のない人の自己決定権と比べて大幅に制約されています。それは、世の中の仕組みが障害のない人を前提につく

られているためであり、その中で障害のある人は様々な不自由を強いられ、自分で自分のことを決められない場合が数多くあります。とりわけ、知的障害のある人や精神障害のある人は、障害のない人に比べて、判断能力が劣っていると決めつけられ、自分で自分のことを決める機会を奪われてきました。学校、住居、仕事、結婚、出産、財産など、生活に関わるあらゆる面で自分のことなのに自分で決めることを否定され、国や他の誰かが決めた決定を強制されてきました。もちろん、そうした強制の中には、障害のある人が自分に不利益な決定をしてしまわないように守ってあげるという目的を持ったものもあります。しかし、実際には、障害のある人の自己決定権を必要以上に制限してきたものが少なくありません。

　なぜ障害のある人の自己決定権はないがしろにされてきたのでしょうか。その理由のひとつは、「障害のある人は自分一人の力では生きていけないのだから、自己決定権なんてとんでもない」という考えが社会に根づいているためです。でも、おかしいと思いませんか？　障害のない人だって、自分一人の力で生きていけるわけではありま

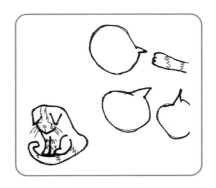

せん。世の中の人は、どんな人だって、誰かの世話にならなければ生きていくことはできません。それにもかかわらず、障害のある人にだけ「自分の力で生きていけない人」というレッテルを貼って、自己決定権を否定するのは、障害のある人に対する差別だといえるでしょう。このことについては、後で具体的な例を挙げて触れることにします。

2 条約や法律に見る障害のある人の自己決定権

障害のある人の自己決定権は、条約や法律の中では、「選択する自由」や「選択権」、あるいは「決定権」という文言で規定されています。障害者権利条約では、こうした形で自己決定権の保障を各国に求めていますが、日本の法律はそれを完全に実現しているとはいえません。

(1) 障害者権利条約

障害者権利条約は、様々な場面において障害のある人の自己決定権を定めています。条約では、まず「自ら選択する自由」を含む「個人の自律」の保障を条約の一般原則のひとつに掲げています（3条）。そして、保障されるべき自律の具体的な内容として、居住地を選択する機会の保障（19条a号）、どこで誰と生活するかを選択する機会の保障（同上）、婚姻・家族形成・出産に関する決定権の保障（23条1項a号・b号）、労働・雇用における選択機会の保障（27条1項）などを定めています。

ただし、障害のある人は、障害のない人に比べて、選択したことや決定したことを実際に実行するときに、様々なハンデを負っています。そのため、単に選択権や決定権を認めるだけでは不十分であり、選択・決定したことを実践するにあたって、国や社会がそれをサポートすることが不可欠です。障害者権利条約では、こうしたサポートを行う責務を国に課しています。例えば、障害のある人に家族形成や出産に関する決定権を認めることに付随して、障害のある親が子どもを養育する際には、子の最善の利益を図るために、国が障害のある親に対して適当な援助を与えるべきことを定めています（23条2項）。

(2) 障害者基本法・障害者総合支援法

では、日本の法律では、条約に定められた障害のある人の選択権をどの程

度実現しているのでしょうか。障害者基本法では、障害のある人と障害のない人との共生を基本理念として掲げ、障害のある人がどこで誰と生活するかについて選択する機会が確保されるべきこと（3条）や、障害のある人の職業選択の自由の尊重を謳っています（18条）。

　これを実現するために、障害者総合支援法では、障害のある人への自立支援や生活支援、あるいは就労支援などを定めています。この法律においても、障害のある人がどこで誰と生活するかについて選択の機会が確保されることを基本理念として謳っているものの（1条の2）、具体的な支援内容の決定は行政に委ねられており、障害のある人の選択権が具体的に保障されているわけではありません。また、障害者権利条約が保障している婚姻・家族形成・出産に関する決定権については、日本の法律でこれを明確に定めたものは存在しません。このように、日本の法律では、障害者の自己決定は理念のレベルにとどまっており、具体的な権利として保障されているわけではありません。

(3) 地方自治体の条例

　地方自治体が定めた条例の中にも、障害のある人の自律の尊重を謳ったものは数多くありますが、いずれも理念のレベルにとどまっており、権利としての自己決定権や自己選択権を保障したものはありません。ただし、障害のある人の自己決定を強調する条例も増えてきています。例えば、神奈川県が2022年に制定した「当事者目線の障害福祉推進条例」をその一例として挙げることができます。この条例は、障害のある人への差別や虐待を禁止するとともに、社会的障壁の除去を目指すものですが、障害福祉の基本理念として「障害者一人一人の自己決定が尊重されること」を挙げています（3条2号）。障害のある人の自己決定の尊重を明記しているという点で、大変注目される条例であり、今後、各地にこのような条例が広がっていき、その延長線上で障害のある人の自己決定権を具体的に保障する施策が拡大することが期待されます。

◆チャレンジ：アナタの住んでいる市町村や都道府県の条例で、障害のある人の決定権や選択権はどの程度認められていますか。自治体のホームページにある「例規集」を使って調べてみましょう。

Ⅱ　アドバンス

1　障害のある人のリプロダクティブ・ライツ

(1) リプロダクティブ・ライツとは

　上に述べたとおり、障害者権利条約では、障害のある人の自己決定権に関して、(a) 居住地の選択、(b) どこで誰と生活するかの選択、(c) 婚姻・家族形成・出産に関する選択、(d) 労働・雇用における選択という4つを重視しています。それは歴史的に見て、特にこれら4つの選択において障害のある人の自己決定が否定されてきたからに他なりません。

　この4分野のうち、(a) については、日本でも憲法22条1項で居住・移転の自由が保障され、障害者基本法や障害者総合支援法などの法律でも言及されています。(b) については、憲法に明確な規定はないものの、障害者基本法や障害者総合支援法では、上述のとおりこれに触れています。(d) については、憲法22条1項が職業の自由を保障し、27条1項が勤労の権利を保障しています。また、障害者基本法は、障害のある人の職業選択の自由と、雇用の確保・促進を定めています（18条・19条）。他方、(c) の婚姻・家族形成・出産に関する選択については、憲法24条2項で「配偶者の選択、…住居の選定、離婚並びに婚姻及び家族に関するその他の事項」については「個人の尊厳と両性の本質的平等に立脚して」法律で定めなければならないと規定されているものの、障害のある人についてこれらの事柄に関する自由や権利を定めた法律は存在しません。

　(c) の中でも、子どもを持つか持たないかに関わる自己決定権は、特に「**リプロダクティブ・ライツ**」（リプロダクティブ権）と呼ばれています。もともとリプロダクティブ・ライツは、子どもを産むか産まないか、いつ産むか、

何人産むかといったことに関する女性の自己決定権を意味していました。しかし、今日では、この権利は障害のある人にとっても、重要なものとなっています。なぜならば、長きにわたって、障害のある人は子どもを持つ自由を法律に基づいて奪われてきたからです。

(2) 優生保護法強制不妊手術訴訟

障害のある人から子どもを持つ自由を奪う根拠となっていたのが、1948年に制定され、1996年に廃止された**優生保護法**という法律です。この法律の目的は、「優生上の見地から不良な子孫の出生を防止する」ことであると定められていました（1条）。ここでいう「優生」とは、優良な遺伝子を子孫に残すという意味です。つまり、優生保護法は、優良とされる遺伝子だけを残し、そうではない遺伝子を根絶することを目的にした法律でした。

この目的を達成するために、優生保護法では「優生手術」を行うことを認めていました。優生手術とは、子どもが持てないように不妊手術を行うことです。そして、優生保護法では、優生手術の対象として、ハンセン病の患者や遺伝性の疾患を持つ人びとを指定していました。こうした人びとは、優良ではない遺伝子を持つ人であると一方的に決めつけられていたのです。障害は遺伝性の疾患とはいえませんが、かつては、障害は遺伝性のものだと信じられており、とりわけ精神障害や知的障害は親から子へと遺伝するものだと考えられていました。その結果、多くの障害のある人びとが、優生保護法に基づいて、本人の意に反する優生手術を受けさせられました。これは子どもを持つか持たないかの自己決定権を奪うものであり、リプロダクティブ・ライツの侵害といえる行為です。

優生保護法は、以前から差別的な法律であると批判されていたため、1996年にやっと廃止されましたが、法律が廃止されたからといって、かつて優生手術を受けさせられた人びとが救済されたわけではありません。そこで、近年になって、過去に優生手術を受けさせられた人びとが、国に対して損害賠償を求める訴訟を相次いで起こしました。こうした訴訟は、**優生保護法強制不妊手術訴訟**と呼ばれています。

この訴訟について各地の裁判所で出された判決は、優生保護法が人権を侵

害する法律であったことを
明確に認定しました。例え
ば、2019 年に出された仙台
地方裁判所の判決では、
「旧優生保護法は、優生上
の見地から不良な子孫の出
生を防止するなどという理
由で不妊手術を強制し、子
を産み育てる意思を有して
いた者にとってその幸福の

可能性を一方的に奪い去り、個人の尊厳を踏みにじるものであって、誠に悲
惨というほかない。何人にとっても、リプロダクティブ権を奪うことが許さ
れないのはいうまでもな」いとして、優生保護法が定めていた優生手術は憲
法 13 条に違反するものであると述べました。

　2019 年以降、他の地方裁判所でも相次いで判決が出され、2022 年からは高
等裁判所の判決も出され始めましたが、どの裁判所の判決においても、優生
保護法が定めていた優生手術は、憲法 13 条に違反するものであったと認めて
います。（ただし、一部の裁判所は、原告が裁判を起こすのが遅すぎたという
理由（これを除斥期間といいます）に基づいて、損害賠償請求は認めません
でした。）現段階（2023 年 8 月現在）では、まだ最高裁判決は出ていません
が、おそらく、優生保護法が定めていた優生手術は、障害のある人の人権を
侵害するものであったという判断が覆されることはないと思われます。

　こうして現在では、優生手術は憲法に反する人権侵害行為であるとの認識
が確立していますが、ところが 2022 年に衝撃的な事件が明るみになりまし
た。知的障害のある人が共同生活を送っていた北海道のグループホームで、
入居者が同棲や結婚を希望した場合、不妊手術を受けない限り居住を認めな
いという慣行が、20 年以上前から続いていたことが発覚したのです。優生手
術は公的には廃止されたものの、私たちの社会には、こうした事実上の優生
手術がまだ残っていることをこの事件は明らかにしました。法律に基づいた

制度的な差別は、法律を改正したり廃止したりすればなくなりますが、社会に根を張った事実上の差別は、簡単に根絶することはできません。廃止から25年以上を経てもなお、優生保護法は亡霊のように今でも私たちの社会に生き続けているのです。

◆チャレンジ：リプロダクティブ・ライツは、自己決定権の中でも人格的利益に密接に関わる重要な権利であると考えられています。それはなぜだと思いますか。家族を形成することが個人にとってどんな意味を持つのかを検討しつつ、リプロダクティブ・ライツの意義について考えてみましょう。

2　障害のある人に対する差別の背景──優生思想

(1)　優生思想とは

優生保護法強制不妊手術訴訟では、優生保護法が定めていた優生手術が憲法13条に反する人権侵害であることが厳しく断罪されました。上で紹介した仙台地方裁判所判決が述べているように、優生手術は「個人の尊厳を踏みにじるもの」といえます。しかし、なぜそのような明白な人権侵害が、法律に基づいて堂々と行われていたのでしょうか。また、北海道のグループホームでの事件が明らかにしたように、いまだに社会の中では障害のある人に不妊手術の強制が行われているのはなぜなのでしょうか。その背景には、かつて世界中で信じられ、現在でも根強く残っている「**優生思想**」という考えがあるのです。

優生思想とは、人間には優れた人間と劣った人間がいて、両者は遺伝子によって識別できるという考え方です。そして、劣悪な遺伝子は、病気や障害、犯罪傾向などを引き起こすので、人類の発展や社会の安全のためには、劣悪な遺伝子を持つ人びとを消滅させなければならないと結論づけます。優生思想は、1800年代の終わり頃から欧米で広がり始め、第二次世界大戦前後まで強い影響力を持っていました。特にドイツでは、この思想がファシズムと結びつき、ヒトラー政権の下でユダヤ人差別や障害のある人びとへの差別を正当化する理論として拡大し、ついにはユダヤ人や障害のある人びとの虐殺が行われるという悲惨な歴史を辿りました。障害のある人びとは劣った人びと

であり、障害のある人の命は、生きる価値のない命であると考えられたのです。

　また、人権の先進国であると思われているアメリカでも、第二次世界大戦以前は、優生思想の下で障害のある人に対する優生手術が合法化されていました。そこでは、優生手術は人権侵害どころか、本人と社会のためになると考えられていたのです。アメリカで1920年代に起きたバック事件という有名な裁判があります。この裁判では、優生手術が人権侵害ではないかが争われましたが、アメリカ連邦最高裁は、障害のある人が子どもを持つと、その子が犯罪を犯したり、飢えに苦しむことになるかもしれないので、優生手術は本人にとっても、社会にとっても必要なものであるという判決を下しました。人びとの自由を尊重するアメリカでさえ、優生思想が信じられていたのですから、当時、世界中に優生思想が広まっていたことは容易に想像できるでしょう。

（2）今も残る優生思想

　こうした優生思想が日本にも影響を与え、1940年には優生手術を定めた国民優生法が制定され、戦後になってこの国民優生法を引き継ぐ形で、優生保護法が制定されました。戦後の優生手術は、原則として本人の同意の下に行われることになっていましたが、これはあくまで建前に過ぎず、実際には半強制的に行われたり、優生手術であることを告げずに行われるなど、リプロダクティブ・ライツを侵害する形で実施されていました。

　しかし、日本社会では、こうした行為が長らく黙認されてきました。その理由は、戦後も長らく優生思想が強い影響力を持っていたためです。障害のある人は劣った人であり、その子どもも劣った人間になるおそれがあるので、子どもを持たせるべきではないという優生思想が、一般の人びとはもちろんのこと、医師などの専門家の間にも根強く残り続けました。優生保護法が1996年まで存在したという事実は、日本社会全体が優生思想の影響を受け、障害のある人を差別し、その人格を踏みにじってきたことの表れといえるでしょう。

　優生思想は決して過去のものではありません。優生保護法が廃止された20

年後の2016年に起こった**津久井やまゆり園事件**は、日本社会に優生思想が今でも残っていることを改めて知らしめました。この事件は、知的障害のある人びとが暮らしていた施設に刃物を持って押し入った男が、19人もの入所者を殺害するという大変痛ましいものでしたが、犯人はその動機について、「障害のある人たちは社会を不幸にする不要な存在だ」などと述べました。これは、かつてナチスが障害のある人びとを虐殺した理由と同じく、優生思想に基づいた恐ろしい差別思想です。しかし、ネット上では、犯人を称賛したり、英雄視ししたりする書き込みが今も後を絶ちません。

　優生思想は、現在でも私たちの社会の目に見えないところで生きており、「障害のある人びとは不要な存在だ。差別をしてもかまわない」という誤った考えを広げようとしています。私たちは、この問題を私たち自身の問題として受け止め、社会の中にある優生思想と、そして私たち自身の中にある優生思想と闘い、それを払拭していかなければなりません。

◆チャレンジ：優生思想が世界中に広がった背景には、ダーウィンが唱えた「進化論」（生物は原始生物から始まり、人間まで進化してきたという学説）の影響があったと言われています。なぜ進化論が優生思想の拡大と結びついたのでしょうか。「進化論」、「適者生存」、「社会的ダーウィニズム」という言葉を辞書やネットで調べつつ、進化論と優生思想の関係について考えてみてください。

3　出生前診断がもたらした新たな問題

(1)　出生前診断と選択的妊娠中絶

　リプロダクティブ・ライツや優生思想に関連して、近年、新たな問題が生まれています。それが**出生前診断**をめぐる問題です。出生前診断とは、母親のお腹の中にいる胎児の健康状態を調べるために行われる検査のことですが、医療技術の発展によって、出生前診断の結果、胎児に障害があるかどうかも分かるようになってきました。胎児に障害があることを知った母親の中には、中絶手術をする人もいます。このような中絶手術は**選択的妊娠中絶**と呼ばれています。

　胎児の障害を理由に中絶をすることは、障害を理由に子どもの生命を絶つことであり、「障害のある人は不要な存在である」という優生思想につながる

おそれもあります。そうであるならば、このような行為も非難されるべきものであり、法律で禁止すべきなのでしょうか。

　ここで問題になるのは、リプロダクティブ・ライツです。リプロダクティブ・ライツは、もともと子どもを産むか産まないかに関する女性の自己決定権として生まれたものです。この権利を土台に考えると、障害のある子どもを持ちたくないという自己決定も、リプロダクティブ・ライツのひとつとして尊重されるべきであり、仮に障害のある胎児を中絶することを禁止すれば、リプロダクティブ・ライツを侵害するおそれがあります。

(2)　優生思想とリプロダクティブ・ライツの相克

　3で述べた障害のある人のリプロダクティブ・ライツは、優生思想と闘うための権利であり、障害のある人は子どもを持たない方が良いという考えに対抗するためのものでした。ところが、リプロダクティブ・ライツの尊重は、優生思想的な考えと結びつく場合もあり得るのです。障害のある子どもを産みたくないという女性のリプロダクティブ・ライツを尊重すれば、それは障害のある人は生まれてこない方が良いという優生思想につながるおそれがあり、ここではリプロダクティブ・ライツが優生思想と結びついてしまいます。このように、憲法13条から導かれるリプロダクティブ・ライツは、優生思想に対抗する権利となる場合もあれば、優生思想的な考えと結びつく場合もあります。

　この相克（矛盾するもの同士の対立）をどのように理解し、解消するかについては、人によって考えが分かれており、学者の間でも議論が続いています。障害のある人が産む権利もリプロダクティブ・ライツであれば、障害のある人を産まない権利もリプロダクティブ・ライツです。個人の自己決定権、とりわけ子どもを産む女性の自己決定権を尊重するならば、産む・産まないは個人の自由であり、産むことや産まないことを強制することはできません。しかし、「障害のある子どもなら産みたくない」という自由を認めてしまえば、「障害のある人は生きる価値のない人びとである」という優生思想を強めるおそれがあります。これは、人の生命の価値や人間の存在意義に関わる、非常に難解な問題です。

◆チャレンジ：アナタは出生前診断と選択的妊娠中絶についてどのように考えますか。個人的に受け入れられるか、社会的に受け入れられるかという2つの視点から、あるいは感情的に受け入れられるか、道徳的・倫理的に受け入れられるかという2つの視点から考えてみてください。それぞれの結論は一致しますか。もし一致しないとしたら、その理由も考えてみましょう。

Ⅲ　ディスカッション

　優生思想の根源には、人間の価値をその人の存在自体ではなく、その人が労働力としてどれだけの生産性があるかで判断するという発想があるといわれています。つまり、たくさん働いて、多くのものを生み出し、たくさんのお金を稼げる人は価値の高い人で、そうでない人は価値が低いと考えるというわけです。その結果、人間社会では、女性よりも男性の方が、子どもよりも大人の方が、障害のある人よりも障害のない人の方が、価値が高いとみなされてきました。そして、障害の程度が重ければ重いほど、価値が低いと考えられ、ついには重い障害のある人は無価値であるから、存在しない方がいいという優生思想に行き着いてしまったのです。

　しかし、人間はものを作り出すための道具ではありません。道具のように、使い勝手が良いか悪いかで価値を決められるものではないですし、決めてはいけないのです。人間はその存在自体に価値があり、生きる権利があります。これが冒頭で述べた個人主義原理の根幹にある思想であり、これを**人間の尊厳**と表現することもあります。この思想は、数千年間にわたって、迫害と差別、戦争と殺戮を繰り返してきた人類が、やっとたどり着いたものです。

　個人を尊重するとは、その人の人生を尊重することであり、その人が自分の人生の主人公として、自分らしく生きていくことを尊重することです。自分らしく生きていくためには、自分のことは自分で決められるという自己決定権が不可欠になります。自己決定権を誰にでも平等に認めるということは、すべての人を個人として、人間として尊重するという個人主義原理や人間の尊厳の実践なのです。

　その一方、現実の社会は、個人主義原理や人間の尊厳が実現できているとはいえず、世界は迫害と差別にあふれ、障害のある人びとは、その中で苦しんでいます。そのひとつの原因は、優生思想がまだ社会の中に根強く残っているためであり、障害のある人は「価値のない人びと」というレッテル（このような否定的なレッテルを「スティグマ」といいます）を強いられているのです。

　こうした現実の中にあって、私たちはどうしたよいのでしょうか。優生思想とどのように闘っていくべきなのでしょうか。この問いに答えるためには、私たち一人ひとりが、自分の中にある「価値のモノサシ」を見直す必要があります。すべての人の自己決定権が平等に尊重される社会は、私たち自身が自分の中の「価値のモノサシ」を見直さない限り、実現できません。生産性というモノサシだけで価値を計ることをやめ、人間性そのものに価値を見出すモノサシを私たち自身が獲得していかなければ、障害を理由とする差別をなくすことはできないのです。

　ジャーナリストの上東麻子さんは、その著書『ルポ「命の選別」─誰が弱者を切り捨てるのか？』の中で、こう書いています。「弱者と共に生きる方法を考え続けることを放棄してしまう『怠惰な思考』こそが、優生思想なのではないだろうか。」

　この『怠惰な思考』と決別し、障害のある人と共に生きる社会を自ら構想し、構築することの他に、私たちが優生思想を克服する方法はありません。より良い社会は誰かがつくってくれるものではなく、私たち自身でつくるしかないのです。

◆考えてみよう！

・障害のある人に対する差別以外にも、優生思想に基づく差別が存在します。そのような差別として考えられるものを挙げてください。そして、その差別と障害者差別の異同（異なる点と同じ点）を考えてみてください。

・優生思想を弱めていくために、国や自治体は何をすべきでしょうか。効果的な政策を考案してください。

・優生思想と闘うために、アナタ自身に何ができますか。日常的にできるような取組や心がけの中から、アナタにできることを探してみてください。

参考文献 ⋯⋯⋯⋯⋯⋯⋯⋯⋯⋯⋯⋯⋯⋯⋯⋯⋯⋯⋯⋯⋯⋯⋯⋯⋯⋯⋯⋯⋯⋯⋯⋯⋯⋯⋯⋯⋯

米本昌平ほか『優生学と人間社会—生命科学の世紀はどこへ向かうのか』（講談社現代新書、2000 年）
山崎喜代子編『生命の倫理 3—優生政策の系譜』（九州大学出版会、2013 年）
千葉紀和・上東麻子『ルポ「命の選別」—誰が弱者を切り捨てるのか？』（文藝春秋、2020 年）
エドウィン・ブラック（貫堂嘉之（監訳）・西川美樹（訳））『弱者に仕掛けた戦争—アメリカ優生学運動の歴史』（人文書院、2022 年）

参照判例 ⋯⋯⋯⋯⋯⋯⋯⋯⋯⋯⋯⋯⋯⋯⋯⋯⋯⋯⋯⋯⋯⋯⋯⋯⋯⋯⋯⋯⋯⋯⋯⋯⋯⋯⋯⋯⋯⋯

・東海大学事件（横浜地判平成 7 年 3 月 28 日）
・エホバの証人輸血拒否事件（東京地判平成 9 年 3 月 12 日、東京高判平成 10 年 2 月 9 日、最 3 小判平成 12 年 2 月 29 日）
・優生保護法強制不妊手術訴訟（宮城訴訟：仙台地判令和 1 年 5 月 28 日）

第7章

人身の自由

——憲法18条、適正手続、えん罪、強制入院

point

　よくニュースで「容疑者は警察の取調べに対して犯行を認める供述をしている」といった情報に接します。これを聞くと「なるほど。この容疑者が犯人なのか」と思いがちです。しかし、本当にそうなんでしょうか。この章では、「人身の自由」の観点から、障害のある人が巻き込まれる人権問題を考えます。

STORY

　やらかした。今日もうっかりトイレットペーパーで爪を研いでしまった。床に散らばる所々穴の空いたトイレットペーパーに囲まれて、一匹のキジトラが後悔していた。

　前に同じことをやって、飼い主に怒られたのに……。あのカラカラという音色と、ふかふかの紙に爪がフィットする感覚は猫心をくすぐるんだよな。

　前回は爪とぎの途中で見つかったんだよね。「現行犯逮捕！」って飼い主は言ってたかな。でも、幸いなことに、いま飼い主は仕事に出かけている。こうなったら、得意技、カーテン裏でのふて寝を決めこもう。

　2時間後、仕事でクタクタになって帰ってきた飼い主K池は、トイレに入って絶望した。トイレでの絶望といえば、たいていは事後にトイレットペーパーが無いことに気付くことと決まっている。だが今回は違う。必要以上のトイレットペーパーが床に溢れかえっているのだ。

　さっそくK池は捜査を開始した。犯人の目星は付いている。飼っている猫2匹のどちらかだ。トイレから出ると足下に三毛猫のミケがすり寄ってきた。「なんだ自首しにきたのか。」飼い主はそう言いながらミケを抱きかかえ「今日のおやつは無しね」と非情な判決を下した。

　ミケは短く「みゃあ」と鳴いた。いや、正確には「ちがう」と言ったのだ。人間には猫の言葉が通じない。そのくせ、人間の方は猫語が分かったような気

になっている。

　真犯人のキジトラは、カーテン裏からそっと様子をうかがいながら、人間同士でもこういうことがあるのかな、と心配になった。

Ⅰ　スタンダード

1　人身の自由

(1)　人身の自由って？

　「人身」と言われても、ピンとこない人も意外と多いのではないでしょうか。「人身」とは「人の身体」を短くした言葉です。つまり、この章で学ぶ「人身の自由」をていねいに言い換えると「人の身体の自由」となります。

　病気やケガをした人に「お大事に」と声をかけますが、まさに人間が社会生活を送るために身体はとても大切です。これは憲法が保障するさまざまな人権にとっても同じです。

　たとえば、憲法21条1項が保障する「表現の自由」と身体の関係を考えてみましょう。友達に自分の考えを伝えたいとき、みなさんはどういう行動をとるでしょうか。LINEやメールを送る、電話をかける、直接会って話す。なかには手紙を書いて送る人もいるかもしれません。

　これら伝えるという行動には、身体の活動が伴うことが大半です。スマホやパソコンのディスプレイを見ながら、指や視線を動かして文字や電話番号を入力する。口や手を動かして言葉を発する。手や口で鉛筆を持って文字を書く。書き終わった手紙を封筒に入れて、ポストまで歩いて投函する。このように、誰かに自分の考えを伝えるという日常的な行動をあらためて振り

返ってみると、身体の活動が常に関係してくることに気づかされます。そして、このことを踏まえてみると、伝えるための身体の活動が封じられると、表現の自由もまた同じく行使できなくなってしまうことになります。つまり、人身の自由は表現の自由の前提となる人権なのです。

◆チャレンジ：人身の自由と他の人権との関係性を考えてみよう。たとえば、選挙権と人身の自由、信教の自由と人身の自由、経済活動の自由と人身の自由はどういう関係性にあるだろうか。

(2) 先生！憲法に「人身の自由」が見つかりません！

では、憲法がどのように人身の自由を保障しているかを見ていきましょう。いきなり驚かせてしまうかもしれませんが、じつは憲法には「人身」や「身体」という言葉が登場しません。実際に巻末に収められている憲法を眺めてみてください。

もっとも、言葉が無いからといって「憲法は人身の自由を保障してない？」と不安になる必要はありません。なぜならば、憲法は「人身」や「身体」という言葉を使うことなく、いくつかの条文で人身の自由を保障しているからです。そのため、人身の自由について学ぶときには「木を見て森を見ず」にならないように注意する必要があります。

そこで、細かい話に入る前に、人身の自由を保障する条文の全体像を示しておきたいと思います。右の表を見てください。思っていたよりもたくさんの条文がありますね。とくに刑事事件における人身の自由を保障する

人身の自由を保障する条文

①人身の自由を一般的に保障する条文

・奴隷的拘束と意に反する苦役の禁止(憲法18条)

②刑事事件における人身の自由を保障する条文

・生命及び自由の保障と科刑の制約(憲法31条)
・裁判を受ける権利(憲法32条)
・逮捕の制約(憲法33条)
・抑留及び拘禁の制約(憲法34条)
・侵入、捜索及び押収の制約(憲法35条)
・拷問及び残虐な刑罰の禁止(憲法36条)
・刑事被告人の権利(憲法37条)
・自白強要の禁止と自白の証拠能力の限界(憲法38条)
・遡及処罰、二重処罰等の禁止(憲法39条)

条文の数には驚かされます。

　それでは、「森（全体像）」を眺めたところで、次に「木（個々の条文）」を見ていくことにしましょう。

2　奴隷的拘束からの自由と意に反する苦役の禁止

（1）奴隷的拘束からの自由

　憲法18条は「何人も、いかなる奴隷的拘束も受けない」と定め、いわゆる奴隷的拘束からの自由を保障しています。奴隷という言葉から鎖に繋がれた人を想像するところですが、まさに、これはそのような自由な人間としてのあり方に反する身体的拘束を受けない自由を意味していると憲法学では考えられてきました。

（2）意に反する苦役の禁止

　また、憲法18条は意に反する苦役も禁止しています。これは、本人の意思に反して強制的に労働させることの禁止を意味していると考えられています。たんに仕事を意味する「役」だけでなく「苦」という修飾が付いていますが、苦しさは人それぞれで一義的に決まるものではないため、実際に苦しさを感じている必要性はないと考えられています。

　もっとも、強制連行や強制監禁など労働が伴わない身体拘束についても、それが正当な理由が無い場合は意に反する苦役に当たるという解釈も主張されています。

3　刑事手続における人身の自由保障

（1）適正な手続を踏ませるという考え方

　日頃の生活で手続をする場面はたくさんあります。たとえば、引っ越しをすると住民票の転出・転入手続、運転免許証やマイナンバーの住所変更などに追われます。大学1年生は入学手続とはじめての履修科目登録手続でグッタリされた方もいるかもしれません。

　私たちにとって手続は面倒なものですが、同じことは憲法が縛ろうとする公権力（特に警察や検察）にも当てはまります。憲法31条は、公権力が「法

律の定める手続」に従わずに刑罰を科すことを禁止しています。すなわち、刑罰を科す場合に面倒な手続を踏むことを求めているのです。

なぜこのような面倒な手続を踏ませるのか。その理由は、あえてそうすることによって、公権力が個人の人身の自由を勝手気ままに奪わないようする点にあります。ここではわざと手間をかけることがとても重要です。

あとで見るように、令状主義をはじめとして、憲法は33条以下で刑事事件において公権力が踏まなければならない手続や基本原則を定めています。また、これら権利や基本原則を反映した、刑事訴訟法（刑訴法）という法律が定められています。憲法31条がいう「法律の定める手続」とは、刑訴法などの手続法を指します。

もっとも、公権力が法律という形で定められた手続さえ踏めば何でも良いというわけではありません。というのも、例えば、国会が人身の自由を無意味にするような手続法を定め、公権力がそれを守りさえすれば良いとなってしまうと、人身の自由を保障することができなくなってしまうからです。そのため、憲法には直接は書かれていませんが、法律が定める手続は「適正」なものである必要があると考える必要があります。

何をもって「適正」と捉えるべきか議論があるところですが、判例では、公権力が個人に不利益を課す場合に、その内容を告知すること、弁解と防禦の機会が与えられることが適正さの一内容として含まれるとされています（第三者所有物没収事件）。

（2）刑事手続における被疑者・被告人の権利

憲法33条から39条にかけて、刑事手続において人身の自由を守るための権利や原則が色々と定められています。さらに、これら憲法が定める権利や原則を踏まえ、刑事訴訟法（刑訴法）という法律が詳細な手続を定めています。

刑事手続は捜査段階（犯罪予防活動含む）から、刑事裁判を経て、刑の執行まで複雑な段階を踏みます。すべてをここで紹介することは難しいので、さしあたり、警察による逮捕から最初の判決までの流れを想定して確認したいと思います。

①令状主義

憲法33条は、現行犯の場合を除いて、誰かを逮捕するときに「司法官憲」から出され、逮捕の理由となっている犯罪を明示した令状が必要であると定めていま

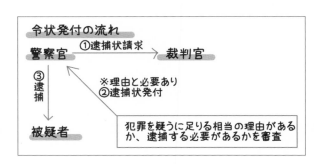

す。この司法官憲とは裁判官のことです。つまり、ここでは逮捕という身体の自由の拘束について、警察官の勝手気ままを許さず、「被疑者が罪を犯したことを疑うに足りる相当な理由」と「逮捕の必要性」があるかどうかを警察官の判断だけではなく、第三者である裁判官がチェックする仕組みが採用されています（**令状主義**）。また、憲法35条では、捜索や押収の際にも令状が必要であると定めています。

②言いたくないことは言わなくていい

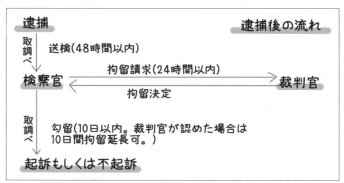

　警察に逮捕されると、取調べが行われます。あとで述べるように現在では一部の刑事事件では取調べの様子が録画されますが、やはり警察官と被疑者が密室で対面する取調室は人権侵害の発生しやすい場所です。というのも、

昔から「自白は証拠の王（女王）」と言われてきたように、捜査機関は被疑者から自白を引き出そうとする誘惑がつきまとうからです。実際に、大日本帝国憲法時代には、小林多喜二をはじめとして激しい拷問が行われ、結果として死に至ったというケースもあります。

　こういった歴史を踏まえ、日本国憲法では自白を重視する立場から方向転換がはかられています。憲法 38 条 1 項は「自己に不利益な供述を強要されない」と定めて**自己負罪拒否特権**（いわゆる**黙秘権**）を保障し、この方向転換を示しています。さらに、同条 2 項は強制や拷問などにより無理やり自白させられた場合にはそれを証拠として認めないこと、同条 3 項は自白しか有罪と判断する根拠が無い場合にはそれを証拠とすることができないことも定めています。

　一般的に「悪いことをしたら正直に言いなさい」という素朴な道徳が存在していますが、刑事手続においてはこの道徳が自白の強要に繋がってしまう危険性もあるので注意が必要です。

◆チャレンジ：大日本帝国憲法時代にどんな拷問のケースがあったのか、調べてみよう。

③迅速な公開裁判を受ける権利

　憲法 32 条と憲法 37 条 1 項はそれぞれ裁判を受ける権利を保障し、特に 37 条は刑事事件における「公平な裁判所の迅速な公開裁判を受ける権利」を保障しています。37 条が刑事事件を強調しつつ、その裁判の迅速さを求めている理由の一つは、長期にわたる非公開の裁判が行われてしまうと人身の自由が危うくなってしまうからです。もし検察官や裁判官が刑事裁判を不当に引き延ばしてしまうと、その分被告人の身体拘束も長期間に及ぶ恐れがあり、人身の自由に対する強い制約となってしまいます。そのため、裁判はできるだけ迅速に行われる必要があります（ただし、迅速さを求めすぎて審理が十分に尽くされない危険性にも注意が必要です）。

　ちなみに、公開裁判とは対審と判決が公開される裁判のことです。かつて刑事事件が非公開裁判で行われた結果、不公平で恣意的な審理が行われてし

まったという過去に由来します。

④弁護人依頼権

　憲法 34 条と憲法 37 条 3 項はそれぞれ起訴前と起訴後の段階で、弁護人（通常は弁護士）に自分の弁護を依頼する権利を保障しています。

　上で見てきたような権利や基本原則をすべての人が熟知しているのが理想ですが、残念ながら現実はそうではありません。そのため、憲法や法律の専門家であり、「基本的人権を擁護し、社会正義を実現することを使命とする」（弁護士法第 1 条）弁護士に相談や援助を求め、適正な手続がなされているかなどをチェックしてもらうことで、自らの人身の自由を守ることができます。また、日本弁護士連合会が作成している「被疑者ノート」のような、取調べの過程でいつ、どんなことがあったのかを自分で記録するためのツールの提供も受けることができます。

　被告人について定める憲法 37 条 3 項は、被告人が経済的な理由などにより自分で弁護人を依頼することができない場合に「国でこれを附する」と定め、いわゆる国選弁護人による実質的な弁護を受ける機会も保障しています。まだ起訴されていない被疑者の権利を保障する憲法 34 条には、国選弁護人に関する規定がありません。しかし、被疑者段階でも弁護人依頼権を保障することはやはり重要です。そのため、刑訴法では「被疑者

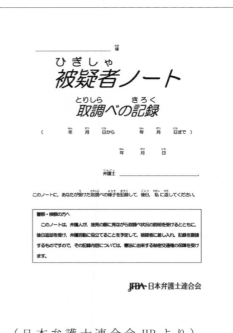

（日本弁護士連合会 HP より）

に対して勾留状が発せられている場合」、その被疑者が経済的理由などから
弁護人に依頼できないときに国選弁護人を付けるように請求できるように
なっています（刑訴法 37 条の 2）。

II　アドバンス

1　障害のある人と刑事手続

　ここまで刑事事件における人身の自由に関係する範囲でいくつかの権利や
基本原則を見てきましたが、抽象的なことが盛りだくさんで理解するのも大
変だったと思います（他にも罪刑法定主義や推定無罪の原則など、紹介でき
ていないとても重要なことがたくさんあります）。

　決して理解することが簡単とは言えないこれら権利や基本原則は、自分の
人身の自由を守るために重要です。このことは障害のある人にとっても同じ
です。自分にどんな権利が保障されているのかを理解した上で、刑事事件に
のぞむことは欠かせません。

　そこで次に、障害のある人に焦点を当てて、刑事手続の流れのなかでどの
ような対応が必要なのか、また、課題とされているのは何かを考えてみたい
と思います。

（1）障害特性に応じた取調べ

　2020 年 3 月末、すでに懲役 12 年の有罪判決が確定し、刑期を終えて出所
していた一人の看護助手が再審の結果、無罪となりました（看護助手再審無
罪事件大津地裁判決）。

　2003 年、滋賀県にある病院で入院患者の人工呼吸器のチューブが外れて死
亡するという事件が起こります。そして、この病院に勤めていたその看護助
手が殺人罪の被疑者として 2004 年 7 月に逮捕されました。

　当初、警察は業務上過失致死罪のケースだと考え、当日に勤務していたこ
の看護助手を任意で取調べていました。この時、事故が起きたことの責任を
問い詰めるといった厳しい取調べがなされ、そのなかで看護助手は警察の言

うことに従うと警察が優しくなることに気づきます。そして結果として、看護助手は病院への不満があり、自分がチューブを外した旨を供述します。これを受けて警察は、殺人罪に切り換えて看護助手を逮捕します。ただ、逮捕後の取調べにおいて、殺害当時の状況や方法などについて、供述内容がおおきく変わります。また、患者が死に至った状況からすると医学的には説明がつかない供述もありました。

しかしその後、この看護助手は送検・起訴され、2005年11月に大津地方裁判所は有罪と判断し、懲役12年の判決を下しました。その後上訴しますが、2006年には大阪高等裁判所が大津地裁判決を支持し、2007年に最高裁判所は上告を棄却し、2005年の大津地裁判決が確定します。

この看護助手が有罪になった一つの根拠は、自ら殺人したことを認めた、という取調べにおける自白でした。本当はやってもいない犯行を自白してしまった背景には、この看護助手がもっている特性があります。この看護助手は、軽度知的障害、発達障害、愛着障害をもっており、「権威者に依存する傾向」、「回答方法や範囲が限定された質問に対して誘導されやすい」、「迎合的な供述をする傾向がある」といった特性がありました（看護助手再審無罪事件大津地裁判決）。

ここで問題になるのは、こういった特性を踏まえないで得られた自白を証拠として用いることができるか否かです。先に述べたように、憲法は黙秘権を保障するのと同時に、強制や拷問などで得た自白の証拠能力を認めていません。では、この看護助手のように、特性ゆえに自分で進んで事実とは異なる自白をした場合には、どう考えるべきでしょうか。

考え方としては、強制されていない以上、事実と異なる自白をしたとしてもその責任は本人が負えばいいという考え方もあるでしょう。しかし、この考え方でいくと、警察がそういった特性を悪用し、警察にとって都合の良い供述をするように誘導することでえん罪が発生する危険性があります。そのため、被疑者の自己責任と割り切るべきではありません。

実際に、看護助手再審無罪事件大津地裁判決では、任意になされた供述か否かを判断する時には「供述者側の事情、例えば、年齢、精神障害の有無・

内容も考慮しつつ、具体的かつ実質的に判断すべきであり、外形的には自発的に供述されているかのように見える場合でも、実質的には、違法・不当な捜査手続等によって誘発されたものであるとして、任意性を否定すべき場合もあり得る」として、特性を考慮する必要があるとしています。

(2) 障害のある人への取調べを可視化する必要性

　実は、上で見た看護助手再審無罪事件のような、警察が障害特性を悪用して供述を誘導するという問題は以前から指摘されてきました。また、2008 年宇都宮知的障害者えん罪事件をはじめとして、実際に障害のある人がえん罪であったことが確定している事件もあります。まだ明らかになっていない同様の事件がたくさん存在する可能性も当然あります。そう考えると、障害の特性を踏まえた取調べが行われているかどうかをチェックする仕組みを構築することが課題となります。

　解決策の一つとして、取調べを録音・録画して後から検証することができるようにすることが考えられます。現在、刑訴法と捜査の手続などを定めた規則である「犯罪捜査規範」では裁判員裁判の対象となる事件と検察官が独自に捜査する事件については、取調べの録音・録画が義務づけられています。裁判員裁判の対象になる事件とは、具体的には、「死刑又は無期の懲役若しくは禁錮に当たる罪に係る事件」と「短期一年以上の有期の懲役又は禁錮に当たる罪であつて故意の犯罪行為により被害者を死亡させたものに係る事件」です（刑訴法 301 条の 2、犯罪捜査規範 182 条の 3）。殺人罪や強盗致傷罪、強盗・不同意性交罪など重大な犯罪が対象となっており、傷害罪、暴行罪、窃盗罪などは対象となっていません。そのため、すべての事件で取調べの録画・録音が行われているわけではありません。

　刑訴法では定められていませんが、犯罪捜査規範では裁判員裁判対象事件以外の事件でも「逮捕又は勾留されている被疑者が精神に障害を有する場合であつて、その被疑者の取調べを行うとき又は被疑者に対し弁解の機会を与えるときは、必要に応じ、取調べ等の録音・録画をするよう努めなければならない」と定めています（犯罪捜査規範 182 条の 2 第 2 項）。もっとも、裁判員裁判対象事件については取調べの録音・録画が義務づけられている一方、

この場合は警察官に努力義務を課しているに過ぎません。

　このような現状を踏まえると、障害のある人が取調べの対象となっている場合には取調べを必ず録音・録画をするように犯罪捜査規範を改正する、もしくは、すべての刑事事件において取調べを録音・録画するように刑訴法を改正することが必要と言えます。

　ただし、取調べを録音・録画して可視化さえすれば、障害のある人の取調べが適正化されるというわけではない点に注意も必要です。というのも、被疑者にフォーカスを当てる撮影方法や、被疑者と取調べを行う捜査官の両方にフォーカスを当てる撮影方法など、いくつかの録画方法がありますが、どの方法を採るかで、それを観る側の心証が変わってくることが指摘されているからです。そのため、録画・録音の方法も含めて、検討していく必要があります。

（3）刑事手続における合理的配慮の要請とその課題

　障害者権利条約第13条1項は「障害者が全ての法的手続（捜査段階その他予備的な段階を含む。）において直接及び間接の参加者（証人を含む。）として効果的な役割を果たすことを容易にするため、手続上の配慮及び年齢に適した配慮が提供されること等により、障害者が他の者との平等を基礎として司法手続を利用する効果的な機会を有することを確保する」と定め、条約締結国に対して刑事手続における配慮を行うよう要請しています。

　この条約を受けて、国内法である障害者基本法第29条は「国又は地方公共団体は、障害者が、刑事事件若しくは少年の保護事件に関する手続その他これに準ずる手続の対象となつた場合又は裁判所における民事事件、家事事件若しくは行政事件に関する手続の当事者その他の関係人となつた場合において、障害者がその権利を円滑に行使できるようにするため、個々の障害者の特性に応じた意思疎通の手段を確保するよう配慮するとともに、関係職員に対する研修その他必要な施策を講じなければならない」と定めてもいます。

　くわえて、第3章で学んだように、障害者差別解消法では合理的配慮を行うことが行政機関・民間事業者ともに法的義務とされています。

　これらを踏まえると、行政機関の一つである警察による捜査・逮捕からは

じまる一連の刑事手続においても、障害者からの要請に対して合理的な配慮が行われることが求められます。

　ただし、障害者差別解消法が合理的配慮の履行を法的に義務づけているのは行政機関と民間事業者のため、裁判所は直接的にはこの法律上の義務を負わないことなります。一応、刑訴法では障害者差別解消法が制定される前から、聴覚障害と発話障害を持っている人が陳述する際に「通訳人に通訳させることができる」（刑訴法 176 条）ことが定められています。しかし、現状、刑訴法でこのような具体的な対応が明確に規定されているのはこのくらいです。もっとも、裁判所も障害者差別解消法の制定を受けて「裁判所における障害を理由とする差別の解消の推進に関する対応要領」（2016 年 4 月実施）を定め、合理的配慮の提供を規定しています。ただ、この要領が定める合理的配慮がなされるか否かは、事件を担当する裁判官次第になってしまうのではないかという批判もあります。

◆チャレンジ：取調べにおいてどんな合理的配慮が必要になりそうか考えてみよう。

2　精神科病院における人身の自由

　次に、刑事事件以外の場面でこれまで問題とされてきた精神科病院における人身の自由をめぐる問題も取り上げておきたいと思います。

(1) 精神障害者を無理やり入院させる？

　精神保健福祉法は「精神障害者の福祉の増進」を目的に掲げた法律ですが、その目的に照らして疑問がつく仕組みを備えています。それが一定の要件を満たした者を強制的に入院させる制度です。

　具体的には、本人の同意を得ずに入院させる仕組みとして、措置入院、医療保護入院、応急入院があります。

　まず、措置入院とは、一般人による申請や警察官・検察官などの通報にを受け、都道府県知事が一定の要件を満たした者を精神科病院や指定病院に強制的に入院させる仕組みです。具体的な要件としては 2 名の指定医の診察により「精神障害者であり、かつ、医療及び保護のために入院させなければそ

の精神障害のために自身を傷つけ又は他人に害を及ぼすおそれがある」と認められた者とされています（精神保健福祉法29条）。

　次に、医療保護入院とは、指定医の診察により精神障害者であり、かつ医療と保護のために入院の必要があると判断された者のうち、本人の同意がなくとも、家族等の同意があれば精神科病院管理者が本人を強制的に入院させることができる制度です（同法33条）。

　最後の応急入院は、指定医の診察により精神障害者であり、急速を要し家族等の同意を得ることができず、医療及び保護のために入院が必要と判断された場合に、精神科病院管理者が72時間の限度内で本人の同意を得ることなく強制的に入院させる仕組みです（同法33条の7第1項）。

　精神科病院の入院患者数などをまとめている「630調査（令和4年度）」によると、措置入院が1546人、医療保護入院が13万490人となっています（2022年6月30日調査時点）。本人の同意に基づく入院患者数が12万5459人とされているので、強制入院患者の方が多いことになります。また、同じ調査によると、入院期間が20年以上となっているのは、措置入院が23人、医療保護入院が7479人となっています。これら調査からは、本人の同意なく長期間にわたって精神病院に強制的に入院させられている人々の存在が浮かび上がってきます。

（2）精神病院における隔離と身体拘束

　精神保健福祉法は、精神科病院の管理者が入院患者について「その医療又は保護に欠くことのできない限度において、その行動について必要な制限を行うことができる」として、いわゆる行動制限を行うことを認めています（精神保健福祉法36条1項）。また、同法は厚労大臣が精神科病院に入院中の患者の処遇に関する必要な基準を定め、病院の管理者はそれを遵守しなければならないとしています（精神保健福祉法37条1項、2項）。

　厚生省（当時）が出した告示によれば、36条に関わる行動制限として「患者の隔離（内側から患者本人の意志によっては出ることができない部屋の中へ一人だけ入室させ……12時間を超えるものに限る）」と、「身体的拘束（衣類又は綿入り帯等を使用して、一時的に当該患者の身体を拘束し、その運動

を抑制する行動の制限）」が定められています（1988 年厚生省告示 129 号）。
そして、37 条に基づく基準では、隔離の基本的な考え方として、隔離が「本
人又は周囲の者に危険が及ぶ可能性が著しく高く、隔離以外の方法ではその
危険を回避することが著しく困難であると判断される場合に、その危険を最
小限に減らし、患者本人の医療または保護を図ることを目的として」行われ
ることが定められています。また、身体拘束については「制限の程度が強く、
また、二次的な身体的障害を生ぜしめる可能性もあるため、代替方法が見出
されるまでの間のやむを得ない処置として行われる行動の制限であり、でき
る限り早期に他の方法に切り替えるよう努めなければならない」ことが基本
的な考え方とされています（1988 年厚生省告示 130 号）。このように、これ
ら告示では、隔離・身体拘束が原則として行われるべきでないことが基本的
な前提とされています。

　また、同基準においては、隔離や身体拘束の対象となる患者の要件や、そ
れらの理由を患者本人に知らせること（努力義務）などが定められてもいま
す。

(3) 強制入院制度・隔離・身体拘束と憲法 18 条

　これら精神保健福祉法や基準には、この章で紹介した憲法 18 条が保障する
奴隷的拘束からの自由／意に反する苦役の禁止や、憲法 31 条の適正手続など
の観点から、人身の自由保障との緊張関係が意識されてきました。

　たとえば、憲法 18 条が保障する奴隷的拘束からの自由からすれば、本人の
同意なく強制的に入院させることは、自由な人間としての在り方に反する拘
束と捉えることができます。また、同条が定める意に反する苦役の禁止につ
いても、労働を伴わないものであっても正当な理由がない身体拘束がなされ
ている場合はそれに当たるという解釈に立つとすれば、憲法違反と論じる余
地も残されます。

　ただし、（1）で紹介したように、措置入院は自傷・他者危害を防ぐため、
医療保護入院は本人の医療のために強制的に入院させる仕組みです。また、
基準において身体拘束を行う際の要件として患者が「自殺企図又は自傷行為
が著しく切迫している場合」という本人の利益確保が定められています。こ

れら本人利益の確保や他者危害の防止が正当な理由に当たり、必要性や手段の適切さなどが認められれば、意に反する苦役とはならない可能性もあります。そのため、個別のケースにつき、法律や基準にきちんと従って強制入院・隔離・身体拘束がなされているか否かはもちろん、本当にそうする必要があったのかどうかを慎重に検討してくことが重要です。

(4) 強制入院制度と適正手続

　次に、4で紹介した刑事手続に関する内容を踏まえて、強制入院制度などの問題を考えてみたいと思います。上で扱った適正手続、令状主義、弁護人依頼権、黙秘権などはいずれも刑事事件を前提としています。つまり、罪と罰を定めた刑法に違反して起訴されるケースです。一方、強制入院・隔離・身体拘束は、何か刑法に違反したことで科される刑罰ではありません。そのため、憲法31条以下で保障された権利や適正手続、基本原則がこれら精神科病院での出来事にも適用されるか否かが問題となります。判例上は、措置入院のような行政処分においても、憲法31条の適正手続の保障が一定程度及び、その「行政処分により制限を受ける権利利益の内容、性質、制限の程度、行政処分により達成しようとする公益の内容、程度、緊急性等を総合衡量して決定される」とされています（成田新法事件最高裁判決）。

　刑事事件とは異なり、措置入院の目的が自傷・他者危害を防ぐことや本人の治療にあるとはいえ、人身の自由を直接的に制約する以上、やはり慎重な手続が必要だと考えるべきです。

　たとえば、精神保健福祉法では措置入院や医療保護入院を行うその旨や退院の請求に関する事項を書面で伝えることを義務づけています。また、厚労省が定めている様式「強制措置入院決定のおしらせ」や「医療保護入院に際してのお知らせ」には、入院の理由や、「弁護士との電話・面会……は制限されません」、措置入院については処分に不服がある場合の審査請求や、処分取消の訴えについての案内が書かれています。こういった書面による理由の告知については、恣意的な身体拘束を防ぐ手続の一つとして評価することができます。しかし、弁護士との面会が可能であるとの案内がなされたところで、憲法34条の弁護人依頼権がここで保障されるわけではありません。また、ル

ポタージュなどでも明らかなように、隔離・身体拘束がなされた患者が弁護士を含め病院外部の人と繋がることが非常に困難だという現状もあります。

　2022 年 8 月に出された国連障害者権利委員会による総括所見は「インペアメントを理由とする障害者のいかなる形態の非自発的入院及び治療を防止」するように勧告しています。ちょうど上で述べた強制入院制度について、厳しい判断が示されたといえます。このことを踏まえると、現在では、措置入院や医療保護入院といった制度それ自体の存在意義も含め、人権保障との観点から全般的に考え直す必要があります。

Ⅲ　ディスカッション

　この章では人身の自由をキーワードに、それに関する人権や適正手続を紹介してきました。また、特に障害のある人との関係では、刑事手続と強制入院制度における課題を検討してみました。

　他の章で扱われるテーマとは異なり、そもそも、ここで扱った諸問題は日常生活ではなかなか経験しない場面ばかりです（そもそも刑事手続なんて経験しない方が良いに決まっています。被疑者・被告人としても、被害者としても。）。そのため、想像しながら理解することが難しかったかもしれません。

　もっとも、こういった多くの人があまり経験しない領域における人権問題は、見過ごされたり、忘れられたりします。たとえば、障害のある人がえん罪の被害者となった有名なケースとしては、古くは、島田事件があります（1960 年死刑確定、1989 年に無罪確定）。その後もえん罪事件が明らかとなるたびに報道されますが、2000 年代以降も、この章で紹介した看護助手再審無罪事件が起きてしまいました。

　障害のある人の人権擁護に尽力した副島洋明弁護士は「障害者の人権擁護とは、事件の"あとしまつ"にとどまらず、個別的な事件解決を超えた社会的問題化を中心にすえた活動をなすこと」と述べています。えん罪と聞くと、どうしても事件ごとの個々の問題（捜査官の取調べのやり方がまずかったな

122

ど）と考えがちです。そうではなく、法律の仕組み上の問題として捉えることで、こうした社会的問題化が可能になるかもしれません。

　また、精神科病院についても同じようなことが当てはまります。精神科病院の看護師が入院患者を暴行死させた1983年の宇都宮病院事件は、精神科病院において日常的に人権侵害がくり返されていたことを明らかにしました。この事件がきっかけとなり現在の精神保健福祉法が形づくられたと言われていますが、まだまだこの法律にも問題点が多数含まれています。

　刑事事件における取調室と精神科病院に共通する特徴として、密室性を指摘できるかもしれません。この特徴を踏まえて考えてみると、密室で人権を封殺されないようにするための糸口が見つかるかもしれません。

◆考えてみよう！

・障害のある人の取調べにあたり、警察官や検察官があらかじめ身につけておくべき知識とはなんだろうか？

・措置入院や医療保護入院よりも人身の自由に適合的な仕組みとしてどんなものが考えられるだろうか？

・取調室や精神科病院以外にも、密室性ゆえに人権侵害が生じやすい施設はあるだろうか？

参考文献

指宿信『被疑者取調べ録画制度の最前線』（法律文化社、2016年）

風間直樹・井艸恵美・辻麻梨子『ルポ・収容所列島』（東洋経済新報社、2022年）

副島洋明『知的障害者　奪われた人権』（明石書店、2000年）

日本弁護士連合会「障害者差別禁止法制の見直しを求める意見書」（2019年）

参照判例　··

・看護助手再審無罪事件（大津地判令和 3 年 3 月 31 日）
・成田新法事件最高裁判決（最大判平成 4 年 7 月 1 日）
・第三者所有物没収事件（最大判昭和 37 年 11 月 28 日）

移動の自由

——憲法 22 条

point

　今日ではどんな障害があっても、自分の好きなところで暮らし、好きな所に移動することが当たり前になりつつあります。けれども、実際に外を歩いてみると、障害のある人はまだまだ自由に移動ができない状況にあることが分かります。この時、自由に移動したい、だからエレベーター等設備を整えて欲しい、と国に言うことは果たしてワガママなのでしょうか？　第8章では、この疑問について、憲法 22 条で規定されている**「移動の自由」**を通じて考えてみたいと思います。

STORY

　Guten Tag! 私、猫のＡ！私の飼い主は筋ジストロフィーという病気を患っていて、自宅で車椅子生活をおくっているの。平日は車椅子（電気は食うけど、パワフルな相棒さ）で出勤だって。

　家の中は完全にバリアフリー化がされていて、ヘルパーさんも来てくれるの。

　ただ、旅行とかに行くと、駅に駅員さんがいない無人駅もあるらしい。駅員さんがいないから、飼い主が困ったときに誰も助けてくれないし、もしけがをしてしまったらどうするんだろうね？

　今日は、飼い主が楽しみにしていた恩師の古稀お祝いパーティー。恩師であるＢ先生と飼い主は、クラシックという共通の趣味がきっかけでよく話すように。それがきっかけでＢ先生が教える憲法を一生懸命勉強して、飼い主は公務員になったんですって。Ｂ先生の影響で飼い主がドイツ語のラジオをきくから、私もドイツ語を覚えちゃったな。

　Ｂ先生が大好きな日本酒とドイツ赤ワインをたくさん飲める居酒屋に、出発した飼い主。だけどちょっと落ち込んで帰ってきた。居酒屋に行くために、Ｃ駅を利用したんだけど、階段昇降機もエレベーターもなかったってさ。仕方が

ないから駅員さんを呼んでもなかなか来てくれなくて、たいへんだったみたい。いつもしている下調べを怠ったって反省していたけど、「エレベーターつけてよ」ってお願いしちゃダメなのかな？

（移動を阻む段差・筆者撮影）

Ⅰ　スタンダード

1　憲法22条における移動の自由とは？

（1）障害のある人の歩き方

　この本を読んでいるアナタは、好きな時に好きな所へ行けるでしょうか。もしアナタに障害がない場合、たとえ同じ街並みを歩いても障害のある人と見える景色はがらりと変わります。

　障害のない人は、行きたい所がある時、目的地への生き方をGoogleで調べ、その通りに行けば良いでしょう。しかし、障害のある人の場合、行き方が分かったとしても、例えばストーリーにあるように、電車を使うならば階段昇降機あるいはエレベーターはあるか、改札は広いか、電車に乗り込むならば事前に駅員さんに介助をお願いしなければならないか…考えることはたくさんあります。実際に都内で車いすを使って生活しているAさんによる

と、今はスマホで駅のフロアマップを見
ることができるので昔よりは楽になった
ものの、結局鉄道会社に電話で問い合わ
せることも多いそうです。

　そして、たとえ下調べを万全にしたと
しても、わずか数センチの段差を前に立
ち往生するということは日常茶飯事です。

普段使用している電動車いすは
40〜80万円。費用は一部自己
負担です。

Aさん（都内在住、車いす
ユーザー）

障害のない人の歩き方	障害のある人の歩き方 ※車椅子ユーザーのAさんの場合
①目的地への行き方をGoogleで調べる。 ②現地に到着する。	①目的地への行き方をGoogleで調べる。 ②例えば電車を使う場合、エレベーター等移動に必要な施設があるかどうかを確認する。 ③不明な点があれば、駅に問い合わせる。必要な場合は、介助もお願いする。 ④（当日）段差に苦戦する。 ⑤現地に到着する。

（2）居住・移転の自由とは何か

　憲法 22 条は、**居住・移転の自由**を保障しています。この自由は、自分の住
所または一時的にそこにいる場所（居所）を自由に決定し、移動することを
内容としています。狭い意味の住所・居所の移動だけではなく、国内旅行も
含みます。

　この居住・移転が自由であるとは、自分が好きな所に居住し移転すること
について、国や地方公共団体は邪魔をすることができないことを意味します。

　居住・移転の自由は、身体の拘束を解く意義をもっているので、自由権の
基礎ともいうべき人身の自由とも密接に関連しています。また現代では、障
害のある人もない人も知識を増やす機会を得るためには、この自由が欠かせ
ません。そのため、移動の自由は、精神的自由の要素をもあわせもっている

と考えられています。ゆえに、その限界も、それぞれの場合に応じて具体的に検討しなければなりません。

(3) 移動の自由の限界

　他の自由と同じように、居住・移転の自由も制限されることがあります。以下ではその具体例を見てみましょう。

①居住・移転の自由そのものを直接規制する法律

　居住・移転の自由そのものを直接に規制する法律があります。例えば、第二次世界大戦終結後の一時期、東京・大阪などの特定都市への転入を制限するために定められた都会地転入抑制法（昭和22年231号。昭和23年12月までの一定の有効期間を付した法）が挙げられます。ただ、このような法律は非常に珍しいといえます。

②居住・移転の自由の内在的制約

　よくある移動の自由の制限の一つに、居住・移転の自由に対する直接的な規制ではあるものの、事柄の性質上当然で、詳しく合憲性を考えることを必要としないものがあります。これは、他人の人権との矛盾・衝突を調整するための制約（内在的制約）と理解されています。

　例えば、精神障害・伝染病・結核など特定の疾患をもつ患者を保護する、社会に害を及ぼすおそれを防止するために、国ないし地方公共団体が強制入院・強制隔離を行うことは、先述した内在的制約として認められています。ただ、ハンセン病患者の隔離政策や医療保護入院措置での強制入院を考えると、個別の問題ごとに本当にその制限は合憲なのか慎重に検討するべきでしょう。

③間接的・付随的な居住・移転の自由の制限

　居住・移転の自由そのものを直接に制限するのではありませんが、間接的・付随的に制約が加えられる場合もあります。この場合は、その制約を償うに足りる十分に重要な公共の利益が存在すれば、原則として合憲とされま

す。

例えば、アナタが引っ越しをする時、住民基本台帳法は市町村（特別区を含む）への転入・転出及び転居（同一市町村内での住所の変更）の際に氏名、年月日、従前の住所、世帯主などを届け出る義務を課し、違反者にペナルティをかすことを定めています（22-24・52条）。

(4) 移動の自由は、国家に「○○をして！」とは言えないの？（「移動への自由」）

移動の自由は、これまでは先述したように国家に「移動することを邪魔するな！」という権利、いわば自由権として考えられてきました。しかし、障害者の移動の自由を考える場合、自由権としての移動の自由を保障すれば十分であるというわけにはいきません。

例えば車いすでしか移動できない人が、階段しかない駅を利用しないと目的地に行くことができないとします。この場合、国家に「移動することを邪魔するな！」という権利を保障するだけではなく、「移動するために駅にエレベーターを設置しろ！」という請求権をも保障しなければなりません。

このように、今日では移動の自由は、国家への請求権も含むのではないかと考えられています。

◆チャレンジ：憲法22条で保障されている、居住・移転の自由とは何でしょうか。

2 条約や国内での取り組み

(1) 条約

国際人権規約の自由権規約12条はもとより、**障害者権利条約**は、移動の自由について締約国が約束することを述べています。まず、4条では、締約国は障害者に適した情報通信機器、移動補助具、補装具及び支援機器等の新たな機器についての研究及び開発を実施・促進し、そして、その新たな機器の利用可能性や使用を促進することを規定しています。なお、この場合において、締約国は、負担しやすい費用の機器を優先させるとあります（g号）。さらに、締約国は、移動補助具、補装具及び支援機器等の援助、支援サービスや施設に関する情報について、障害者にとって利用しやすいものを提供する

という義務がかされています（h号）。移動補助具を用意することで、障害者ははじめて自由に移動することができるようになるため、国家にこのような約束をさせる必要があったからです。

【障害のある人の移動を支援するために必要と考えられている機器の具体例】

・装具　　　　　　　　・車いす

・義肢　　　　　　　　・福祉車両

　次に、移動の自由について、同条約は18条で「1　締約国は、障害者に対して次のことを確保すること等により、障害者が他の者との平等を基礎とし

て移動の自由、居住の自由及び国籍についての権利を有することを認める」
と明確に定めています。

　最後に、同条約 20 条は、個人の移動に関する規定をもうけています。同条
は、障害者自身ができる限り自立して移動することを容易にするための措置
を講ずることを締約国に義務付けています。

　これらの規定をもって、障害者の移動の自由を同条約は保障しようとして
いるのです。

(2) 国内の立法

　国内では、障害者の移動の自由を保障するために、例えば福祉タクシー券
の交付・介護タクシー利用料の助成が行われています。また、住宅内でも自
由に移動できるようにするため、住宅内のバリアフリー化が推進されていま
す。そして、1993 年の**障害者基本法**の制定以降、障害のある人の「移動の権
利」を保障するための取組が進展しています。

　大まかに言えば、①**ハートビル法**と②**交通バリアフリー法**が制定され、そ
の一方で③**身体障害者補助犬法**が成立しました。その後、①と②を統合・発
展させた④**バリアフリー新法**が改正を重ね、ハード面のみならずソフト面の
バリアフリー化が目指されています。

①「高齢者、身体障障害者等が円滑に利用できる特定建築物の建築の促進に関する法律」（ハートビル法）

　1994 年には、「高齢者、身体障障害者等が円滑に利用できる特定建築物の
建築の促進に関する法律」（ハートビル法）が制定され、高齢者・身体障害者
等の「身体の機能上の制限を受ける者」が「円滑に利用できる建築物の建築
の促進のための措置を講ずる」（1 条）ことが規定されました。具体的には、
病院・劇場・観覧場・集会場・展示場・百貨店など不特定多数の者が利用す
る建築物（特定建築物）を建築しようとする者は、出入口・廊下・階段・昇
降機・便所等を、高齢者・障害者等が「円滑に利用できるようにするための
措置を講ずるよう努めなければならない」と規定されました（2 条）。なお、
ここでの「努めなければならない」というのは、いわゆる義務（「〜しなけれ

132

ばならない」）ではなく、あくまでも積極的に努力すれば良いだけであり、たとえ守ることができなくてもペナルティはかされません。

　その後、ハートビル法は、2002年に改正され、❶「特別特定建築物」の建築に関しては、誰もが利用しやすい建物にするために建築主が最低限守らなければならない基準（利用円滑化基準）に適合させるべき法的義務が課せられました。そして、❷学校等「不特定多数」ではなく「特定多数」の人が利用する建築物についても、適用対象とされ得ることとされました。

②「高齢者、身体障害者等の公共交通機関を利用した移動の円滑化の促進に関する法律」（交通バリアフリー法）

　2000年には、「高齢者、身体障害者等の公共交通機関を利用した移動の円滑化の促進に関する法律」（交通バリアフリー法）が制定され、「公共交通機関の旅客施設及び車両などの構造及び設備を改善するための措置」を講じることによって、「高齢者、身体障害者等の公共交通機関を利用した移動の利便性及び安全性の向上の促進」を図ることが規定されました（1条）。

③身体障害者補助犬法

　その一方で、2002年には、身体障害者補助犬法が制定され、①国・地方公共団体等は、原則として「管理する施設を身体障害者が利用する場合において身体障害者補助犬を同伴することを拒んではならない」こと（7条1項）、②交通事業者は、原則として、旅客施設・車両などについて、「身体障害者が利用する場合において身体障害者補助犬を同伴することを拒んではならない」（8条1項）、③その他、不特定多数の者が利用する施設を管理する者は、原則として「当該施設を身体障害者が利用する場合において身体障害者補助犬を同伴することを

拒んではならない」
こと（9 条）等が規
定されました。

　なお、補助犬の訓
練は訓練事業者が行
いますが、訓練基準
に伴う国が定めた
ルールをしっかりと
熟知し、基準に則っ

（身体障害者補助犬法の
啓発のためのマーク・
厚生労働省 HP より）

て、医師、獣医師、理学療法士、作業療法士、社会福祉士等の専門職と連携
をしなければなりません。

④「高齢者、障害者等の移動等の円滑化の促進に関する法律」（バリアフリー
新法）

　更に、2006 年には、上記の「ハートビル法」と「交通バリアフリー法」を
統合・発展させた「高齢者、障害者等の移動等の円滑化の促進に関する法律」
（バリアフリー新法）が制定され、公共交通・道路・建物に関するバリアフ
リー政策の連続化が図られるとともに、❶法律の名称・条文における「身体
障害者」という表現が「障害者」とされることによって、「精神障害」「知的
障害」のある人が適用対象に含まれたこと、❷道路・路外駐車場・都市公園
などに適用対象範囲が拡充されたこと（10 条〜13 条）、そして❸障害のある
人の手続参加が規定されたこと（27 条 1 項 2 号）等の進展が見られました。
　2018 年以降には、バリアフリー新法の一部改正が行われました。これによ
り、公共交通機関や歩行空間等のハード面のバリアフリー化はより一層推進
され、公共交通事業者等に対しては、駅員等障害のある人の支援をしていく
人材を育成するというようなソフト基準の遵守が求められるようになりまし
た。つまり、各種施設設置管理者は、乗車や施設利用の拒否の発生を防止し、
障害のある人との円滑なコミュニケーションを確保するために、計画的な研
修、マニュアルの整備などによる職員教育を一層充実させるよう努めなけれ

ばなりません。

　また、2021 年 4 月 1 日に施行された改正同法では、各施設設置管理者に対し、情報提供、優先席・車いす用駐車施設等の適正利用推進のための広報・啓発活動の努力を促す努力義務がかされることになりました。

　さて、たとえ建物のバリアフリー化が進んだとしても、先述したソフト面のバリアフリー化が進まなければ意味がありません。例えばショッピングセンターに入った車いすユーザーが、商品をたくさん並べるために狭い通路しかないお店に入れない、人がいっぱいでエレベーターが使えないという事態が発生します。福祉職をはじめとする障害のある人を支援する人材の育成はもとより、アナタも含め私達一人一人の意識を＜どこでも、誰でも、自由に、行きたい所へ行ける社会をつくろう＞と変えていくことが必要です。

◆チャレンジ：バリアフリー新法における「障害者」の対象となる障害のある人は、どんな障害のある人でしょうか。

Ⅱ　アドバンス

1　4つの障壁

　障害者が社会の一員として様々な活動に参加することを阻む「障壁」には次の4つの種類があるといわれています。

（1）物理的な障壁（建築物や乗り物等が使えないなど）

（2）制度的な障壁（欠格条項を設け、資格、試験、法律等の社会の制度から排除されるなど）

（3）文化、情報面での障壁（テレビや新聞の内容がわからない、避難放送が聞こえないなど）

（4）意識上の障壁（人々の障害に対する無知、無関心による偏見と差別、憐れみ、同情の障害者観）

　これらのうち、移動の権利に関して問題となるのは、主に、（1）物理的な障壁と（4）意識上の障壁です。

　ここでは、この 2 つの障壁について、移動の権利・移動の自由の観点から現在の社会状況を概観してみたいと思います。

2　障害者の自由な移動を妨げる物理的障壁について

（1）駅のバリアフリー

①大規模駅で進展してきたバリアフリー

　障害者の自由な移動を保障するためには、たとえ障害があっても健常者と同じように公共交通機関を利用できるようにする必要があります。まずは鉄道の状況について見ていきましょう。

　国は、高齢者、障害者等の移動等の円滑化の促進に関する法律（バリアフリー法）に基づいて鉄道駅のバリアフリー化の目標を定め、基本的に、1 日の利用客が 3000 人以上の大規模駅のバリア

フリー化を進めてきました。2020 年 3 月時点で、全国にある 9411 駅のうち、1 日の利用客 3000 人以上の大規模駅は 3251 駅あります。このうち、エレベーターの設置などによる段差解消が行われているのは 3090 駅（95％）、視覚障害者誘導用ブロック（点字ブロック）が設置されているのは 3158 駅（97.1％）、障害者対応型トイレがあるのは 2832 駅で、トイレが整備されている駅の 92.1％でした。このように、ここ 20 年ほどの間に、大規模駅ではバリアフリー化が着実に進んできています。

②都市と地方の格差と駅の無人化

　しかし、一方で、都市と地方の格差が問題になっています。前述のとおり、大規模駅のバリアフリー化は着実に進んできましたが、全国に 5885 駅ある 1

日平均の利用客が3000人未満の駅では、エレベーターの設置などにより段差が解消されたのはわずか23％にとどまっています。また、都市と地方の格差にも関係しますが、今、障害のある人にとって深刻な問題となりつつあるのが、急速に進む駅の無人化です。

　2002年度末では無人駅は全駅の43.3％にあたる4120駅でしたが、20年後の2020年度末には、全駅のうち、無人駅は4564駅と全体の48.2％を占めるまでになり駅のほぼ半数が無人駅になりました。そして、無人化の流れはコロナ禍の影響による利用客減少などを受けてさらに加速しています。

　無人駅については、安全面と利便性の面が問題になります。まず安全面についてですが、これは特に視覚障害者に大きな影響があります。視覚障害者にとって駅のホームは「欄干のない橋」や「柵のない絶壁」だと例えられます。国土交通省の調査によれば、2010年から2019年までの10年間、視覚障害者のホーム転落事故の年間平均発生件数は74.7件であり、このうち、列車と接触した事故件数は年間平均2.1件、つまり、1週間に1件以上、視覚障害者の転落事故が起こっている計算になります。

　2022年12月、大分県津久見市のJR日豊本線津久見駅で発生した事故では、無人駅の危険性が現実のものとなってしまいました。同駅では、午後3時以降駅員がいなくなりますが、その駅員不在の時間帯に、視覚障害のある女性がホームから転落し、電車にはねられて死亡するという事故が発生したのです。この女性は、通常は使用されていないホーム先端部分の立ち入り禁止のエリアに侵入し、線路に転落しました。もしも駅員がいれば、立ち入り禁止のエリアに進もうとしている女性の動きに気付いて、安全な場所に誘導できたかもしれませんし、また、線路に転落したとしても、直ちに引き上げて難を逃れることができたかもしれません。

　国は、1日の利用客10万人以上の駅について、ホームからの転落を防止するためのホームドアの整備を進めていますが、無人化される駅は、多くの場合利用客の少ない地方の駅であり、ホームドアなどの安全設備の整備がないままに駅の無人化が進む現実があります。

　次に、駅の無人化は、車いすを使って生活をしている人にとって、鉄道の

利便性を大きく疎外するものでもあります。バリアフリー化されていない駅を車いす利用者が利用する場合、電車の乗降や階段の昇降などに駅員の介助が必要です。駅に人がいれば車いす利用者がその駅を利用する場合に即座に対応できますが、無人駅では、近隣の駅から駅員を移動させなければならないので、調整に時間がかかり、場合によっては希望の時間に間に合わないということもありますし、「利用するなら1日前に連絡して欲しい」と言われてしまうことすらあります。このような状況では、車いす利用者は、急用があっても、健常者のようにすぐに電車を使って移動することができません。

　現在、大分県内に住む車いす利用者や視覚障害者が、駅の無人化により、移動の自由が侵害されたとして、JR九州を相手取って裁判を起こしています。これに関しては、「JR駅無人化反対訴訟を支援する会」が、ホームページで、原告らが訴訟に至った思いや訴訟の経緯などを公表しています（https://ekinihito.wordpress.com/）。

　鉄道会社には、公共交通機関として、安全と利便性を確保する責務があります。無人化をするなら最低限バリアフリーは必須だと考えますが、直ちにすべての無人駅をバリアフリーにすることは費用の面から難しいというのも現実です。そこで、当面の間は、駅員以外の様々な人の力を活用することも考えるべきではないでしょうか。

　たとえば宮崎県にあるJR豊本線川南（かわみなみ）駅では、自治体の職員が車いす利用者などの乗降を手伝う仕組みを導入しました。対応は平日午前9時〜午後6時に発着する列車で、列車に乗る30分前までに町役場か町観光協会へ連絡すれば職員が駆けつけてサポートしてくれます。

　また、千葉県のJR内房線江見駅の施策もヒントになります。同駅では駅の構内に郵便局が入り、局員が改札業務などの駅の仕事も請け負っています。街の機能を駅に集約し、列車に乗らずとも駅を使ってもらう「コンパクトシティー」という考え方に基づいているそうです。

　無人化の流れを止めることは難しいでしょう。そうであるならば、鉄道会社だけでなく、地域ぐるみで、誰に対しても安全で利便性の高い駅を実現するために何が必要かを、ともに考えていくことが必要なのではないでしょう

138

か。

（2）バスのバリアフリー

　バスについては、国は、バリアフリー法に基づいて、約70％の車両をノンステップバスにするという目標を設定しており、一般の路線バスのバリアフリー化は着実に進んでいます。しかし、残された問題もあります。高速バスや空港アクセスバスなどに使われるいわゆるハイデッカー車（床下に荷物を収納できる高床のバス）のバリアフリー化が立ち遅れていることです。

　バスのバリアフリー化は、通常はノンステップにするなど床を低くすることで実現してきました。しかし高速バス等で多用されているハイデッカー車は、床が高いので車いすを乗せるとしたらリフトを備えるしかありません。それはコストが多額となるので例外扱いとされているのです。その結果、約1万台ある高速バスや空港アクセスバスの定期路線のうち、リフト付きバスは6台しかありません（2018年6月現在）。特に地方空港は鉄道がなくバス路線がほとんどですが、車いすを利用している人は、リフト付きバスがないために空港から市内へのアクセスができない状況です。かかる状況を改善するためには、国は、新たな目標を設定するとともに、ハイデッカー者にリフト等を装備するための補助金などを拡充する必要があるのではないでしょうか。

（3）歩道上に残る危険

　主に筆者のような視覚障害者にとって、歩道上にも様々な危険があり、それも、障害者の自由な移動を阻む障壁になっています。近年マスコミなどで報道されたものの中から、横断歩道、踏切、点字ブロック上の事故について紹介します。

①横断歩道の危険性

　2018 年 12 月 7 日未明、JR 駒込駅前の横断歩道で、視覚障害者の男性が車にひかれて亡くなる事故がありました。この男性は、歩行者用の信号機が赤だったことに気づかず、横断歩道を渡っていてワゴン車にはねられたとみられています。現場の信号機は、午後 7 時から午前 8 時まで誘導音が鳴らないように設定されており、事故当時も音響は停止されていたということです。

　視覚障害者の安全な歩行のために重要な音響式信号機は、2017 年 3 月の時点では、全国に約 2 万 3000 基設置されていますが、これは、全信号機の約 11％にすぎません。また、大半は夜間・早朝に音響が停止します。24 時間誘導音が鳴る箇所は、新宿や池袋など、繁華街のごく少数の信号機のみです。視覚障害者にとっては大変有効な音響式信号機であり、より多くの横断歩道に必要な台数が設置されることが求められますが、音響式信号機を設置する場合、費用の面に加え、特に夜間に音が鳴ることについて、近隣の住民から理解を得ることが難しく、その整備は一朝一夕には進みません。そこで重要になるのが周囲の歩行者からの声掛けです。音響式信号機が設置されていない、あるいは夜間で音が鳴らない交差点で、視覚障害者が信号の色を判断することは非常に困難です。そのため、横断歩道で視覚障害者を見かけた場合には、積極的に声をかけてサポートしていただければと願っています。

②踏切について

　2022 年 4 月 25 日、近鉄橿原線近鉄大和郡山駅付近の踏切で、視覚障害者の女性が電車に接触して死亡する事故が発生しました。踏切に設置されたカメラの映像には、遮断機のバーが下がった状態の踏切の中で、接近する電車の警笛を聞いた女性が、慌てて後ろを振り返って歩いてきた方向に戻ろうとしている様子が写っていました。女性は、自分が踏切の中にいることがわからなかったため、自ら電車に近づく形で踏切の中心に向かって移動して電車に接触してしまったのではないかと考えられています。

　このような事故を防ぐためには、視覚障害者が踏切の内と外を確実に認識でき、踏切内で方向を見失わずまっすぐに歩行できるようにすることが必要

です。国土交通省はこの事故を受けて踏切の手前に点字ブロックを設置することや、踏切内にも足裏や白杖で確認できるガイドを敷設することなどを求める新たなガイドラインを作成しましたが、この新しいガイドラインに従って整備された踏切はまだ極めて少ないのが現状です。

③点字ブロック上の危険について

　2019年7月3日、八王子市の京王八王子駅付近の歩道において、全盲の男性が視覚障害者用誘導ブロック（点字ブロック）の上を歩行していたところ、通りかかった男性と接触し、白杖を破損させられた上、「目が見えないなら一人で歩くな」などと暴言をはかれる事件が発生しました。加害者の男性は歩きスマホをしていた可能性があるということです。

　「目が見えないなら一人で歩くな」という発言もひどいものですが、このケースのように、点字ブロック上を歩いている視覚障害者が、歩きスマホの歩行者と衝突したり、放置自転車や立て看板に衝突して転倒するなど、安全である「はず」の点字ブロック上の事故は決して珍しくありません。度重なる点字ブロック上の事故の背景には、道路の構造上の問題や健常者の意識の問題、視覚障害者側の歩行方法の問題など、様々な要因が複合的に作用していることが考えられますが、重要な安全設備であるにもかかわらず、点字ブロック上の安全を確保するための法的規制が存在しないということも、事故多発の1つの原因だと考えられます。

　わが国では、『道路法』という法律により、道路の設置・管理や構造についての基本的な事項が定められ、『道路交通法』という法律により、道路上の安全を確保するための様々な規制が行われています。しかし、この中には「視覚障害者用誘導ブロック」や「点字ブロック」という文字は出てきません。例えば、点字ブロック上で、歩行者が視覚障害者の妨害となるような歩行方法で歩いたり、妨げとなる態様で立ち止まったりすることなどについての規制は存在せず、点字ブロック上の安全の確保は、あくまで「譲り合いの精神」やマナーに任されている状態です。

　また、点字ブロックを歩道の他の部分と区別して、看板などの設置を特に

厳しく規制したり、車両の駐車を制限するといった規定も置かれていません。点字ブロックは、自ら目で見て危険を回避できない視覚障害者が安全だと信じて歩く、「命綱」のような設備です。そのため、点字ブロック上の安全を確保するために、一定の法規制などが検討されるべきではないかと考えます。

3　意識上の障壁について

（1）はじめに

　障害者の移動の権利を考えるとき、物理的な障壁のみならず、意識上の障壁の存在も無視することはできません。以前に比べれば少なくなってきましたが、物理的な支障がないにもかかわらず、公共交通機関が、車いすを利用している人や盲導犬を連れている人に対し、障害者に対する知識不足や偏見を背景に、乗車拒否や搭乗拒否などをする事例は今でも時々発生しています。たいていの場合は、障害者側が我慢したり泣き寝入りして表面化しませんが、以前、飛行機への搭乗を拒否された男性が、勇気を出してその航空会社を訴えた裁判がありました。この裁判は、障害者による公共交通機関の利用を考えるうえで示唆を与えるものですので、少し長くなりますが以下でその内容を紹介します。

（2）障害者に対する搭乗拒否の違法性が争われた裁判

　裁判の原告になったのは、脳性麻痺による後遺症により言語障害と上肢下肢に障害があり、身体障害1級と認定されている男性です。この男性は、2003年7月30日から8月4日の日程でバンコク在住の友人を訪ねる旅を計画し、旅行社を通じて航空会社と往復の旅客運送契約を締結しました。ところが、出発当日の7月30日、この男性が空港に赴いたところ、出発予定時刻1時間前になって、①言語障害がある、②上肢下肢に障害がある、③介助者がいない、ことを理由に、予約便への搭乗を断られたのです。これに対し、この男性は、障害を理由に単独での搭乗を拒否したことは、旅客運送契約上の債務不履行にあたる。そして、脳性麻痺という外観のみに依拠して何もできないと判断して搭乗を拒否した航空会社の行為は公序良俗に反し不法行為に該当

するとして、慰謝料等165万円の支払いを求める裁判を提起しました。

　裁判の結果は、1審2審とも障害のある男性が敗訴しましたが、2審である大阪高等裁判所は、判決の中で、次のような判断を示しました。

　①航空会社が車椅子利用の乗客に対しては機内用車椅子に乗り換えることを要求していることからすれば、離着席作業に関して客室乗務員が援助をすることは想定されていたはずであって、当該援助が「対応困難」であるということはできない。また、②男性の言語障害に起因する問題および食事の介助の問題のために必要となる援助も（搭乗拒否事由として約款に定められた）「特別な援助」ということはできない。さらに、③乗務員は緊急事態において乗客全員の脱出を図るなどの安全確保の措置をとることが必要であるけれど、この男性に肢体障害あるいは言語障害があるとしても、援助の困難性が高齢者・児童などと大きな差異があるか否かは疑問であるため、緊急時を想定しても、（約款に搭乗拒否事由として定められた）「特別な援助」が必要であるとはいえない。

　すなわち、裁判所は、この男性の状況を考慮しても、男性の障害は、航空会社の約款に搭乗拒否をすることができる場合として定められた「特別な援助」を必要とする場合には該当していなかったと判断したのです。

　一方で、裁判所は、航空会社は、出発2時間前まで、この男性の身体の状況などに関する事前の情報を得ることができなかったものであるため、航空会社の担当者が客室乗務員による離着座作業や緊急脱出時における援助などに関して「不安を抱いたことも無理からぬものがある」ことを指摘しました。そして、航空会社は、正確な事実関係を把握できないまま判断を行なわざるをえない状況に置かれた中で、この男性に対しては「特別の援助」を要するとの判断に至ったものであって、担当者が本件搭乗拒否に及んだことは、担当者が認識していた事実関係のもとでは「不合理であったとまではいうことができない」として、男性の請求を棄却しました。

(3) 判決の評価

　裁判所は、基本的に、脳性麻痺の後遺症のため、客室乗務員による介助が必要な乗客が単独で飛行機への搭乗を求めたとしても、これを拒否すること

はできないという考え方を前提に、障害者は、事前に、航空会社に自身の障害について伝え、航空会社にも準備をするための時間を与えなければならないとしました。

　この判決は、原告が重度の障害者であること、また、鉄道やバスに比べても、緊急時の脱出など、乗務員による安全の確保が高度に要請される航空機にあっても、原則的に障害者の搭乗拒否は許されないと判断したことから、社会に大きなインパクトを与えました。この判決は、障害者の移動の自由を阻害する事業者の意識上の障壁に風穴を開け、障害者の移動の自由を一歩進めるものでした。この裁判の時点では、障害を理由とする差別の解消の推進に関する法律（障害者差別解消法、2016 年施行）はまだ存在しませんでしたが、判決で示された考え方は、同法の理念を先取りするものでした。同法では、事業者は、障害者に対する不当な差別的取り扱いをしてはいけないとされています。法が施行された現在では、公共交通機関による障害者の利用拒否は、原則的に、この不当な差別的取扱いに該当し、厳しく制限されると考えます。

　ところで、この判決は、障害者は、航空会社側に十分な準備をさせるために自身の障害を事前に伝えておくべきであるとしています。確かに、飛行機を利用した旅行や出張などのように、事前に予定が決まっている移動については、事業者への事前連絡も合理的ですが、親類の不幸や通院など、予期せず起こった事態や急に決まった予定などの場合には、公共交通機関への事前連絡が現実的に不可能な場合もあります。そのため、電車やバス、タクシーのように、多くの人が日常生活で頻繁に使う交通機関については、事前連絡がなくても、障害者が、健常者と同じように、必要な時にすぐに利用できる仕組みを整えるべきです。そのためには、公共交通機関の事業者は、あらかじめ、利用者の中には様々な障害者がいることを想定し、研修やマニュアルの整備などを行っておく必要があるでしょう。

4　行きたいときに行きたいところへ行ける社会

　近年、障害者の移動の自由を制限する物理的障壁や心理的障壁は、社会全

体で見れば徐々に解消されつつあります。しかし、駅の無人化の問題や、公共交通機関による利用拒否のように、いまだ解決されていない問題もあります。

　忘れてはいけないのは、自由に移動できる権利は、その人がその人らしく生きるために不可欠な人権なのだということです。これが奪われたとき、私たちの生活や経済活動がどれほど大きな制約を受けるのかということは、コロナ禍による緊急事態宣言を経験した皆さんには実感を伴って理解できるのではないでしょうか。
様々な立場にある人への想像力と柔軟なアイデアで、誰もが行きたいときに行きたいところへ行ける社会を実現していきましょう。

Ⅲ　ディスカッション

　現在、公共交通機関での障害者の利用拒否は減少してきましたが、残念ながら、観光地や行楽地の乗り物の利用拒否は頻繁に起こっており、近年、マスコミで報道されたものだけでも次のようなものがあります。

　①2021年7月、愛媛県松山市にある「えひめこどもの城」において、高所に張られたワイヤーロープを滑車を使って滑り降りる「ジップライン」というアトラクションを利用しようとした障害のある女性が利用を拒否されました。同アトラクションの規定には、利用できない人として、飲酒者や妊婦らとともに「障害者手帳の所持者」が列挙されていたためです。県は女性の申し立てを受け、その後、この規定を削除し、障害者を一律利用禁止とする運用を改めました。

　②2021年7月、横浜市の都市型循環式ロープウェイ「YOKOHAMA AIR CABIN」では、これに1人で乗ろうとした聴覚障害者が利用を断られまし

た。緊急時に電話で連絡が取れないというのがその理由でした。このロープ
ウェイの事業者は国土交通省から行政指導を受け、同年 10 月、「聴覚障害者
の単独利用は断る」としたマニュアルを変更し、緊急時に文字で連絡できる
タブレット端末の貸し出しを始めました。

　③2021 年 10 月、山梨県富士吉田市の遊園地「富士急ハイランド」でも、
聴覚障害者のアトラクション利用を拒否する事案がありました。ある聴覚障
害者が、同じく聴覚障害のある友人同士 4 人で富士急ハイランドを訪れ、手
話で会話をしていたところ、ジェットコースターに乗ろうとした際、スタッ
フから声をかけられ、筆談で「申し訳ございません。耳が聞こえない方だけ
でのご乗車はできない規則になっています」と断られました。後日、富士急
ハイランドは、この対応をホームページ上で謝罪しました。

　このように、日常生活上の必要からではなく、いわば余暇を過ごすために
訪れる観光地や行楽地での乗り物の障害者の利用を拒否することについて、
人権の観点からはどのように考えるべきでしょうか。

参考文献

芦部信喜『憲法学Ⅲ人権各論（1）〔増補版〕』（有斐閣、2000 年）
菊池馨実・中川純・川島聡編著『障害法〔第 2 版〕』（成文堂、2021 年）
植木淳『障害のある人の権利と法』（日本評論社、2011 年）
国土交通省 HP：https://www.mlit.go.jp/sogoseisaku/barrierfree/index.html（最終閲覧
日：2023 年 3 月 12 日）

参照判例

・大阪高判平成 20 年 5 月 29 日

第9章

職業の自由、勤労の権利

——憲法 22 条・27 条

point

　みなさんは、将来の夢を尋ねられたとき、自分が働きたい仕事を答えるのではないでしょうか。職業は人生を左右する重要な出来事ですが、障害のある人は、障害を不利に評価されて職に就きづらいことがあります。こうした反省から、事業主（使用者）に障害のある人の雇用枠を確保したり、職場で合理的配慮の実施をすることが求められています。それでは、どのように障害のある人は、職業の自由や勤労の権利が保障されているのでしょうか。

STORY

　猫の私は、平日も休日も関係がなく自由気まま。今日の天気は雨模様で、アンニュイ気分だからフカフカのクッションの上でひと眠りするしかないね。お気に入りのクッションが A 平の部屋にあったはず。

　A 平の部屋に入ってみると、A 平が B 太郎と何やら電話で話をしている。A 平は気だるい様子で話をしているが……。

　「今日、雨降っているし、これからバイトに行くのが億劫だよ。天気予報では夕方から夜にかけて雨も結構強くなるって言っているし。休んじゃおうかな。」

　「A 平はデリバリーのバイトをしているんだっけ。バイトを始めた頃は、結構稼げるバイトだって張り切っていたよね。」

　「時給はいいんだけどさ。特に雨や雪の天気だと注文が増えて大変なんだよ。外でビショビショになるから、風邪をひいて大学を休んだこともあるしさ。それに働くことって、結局、お金だけじゃないだろ。自分にとって本当にやりたい仕事をしてこそ、人間って成長できて、なりたい自分になれると思うんだ。」

　「じゃあ。なんで、デリバリーのバイトにしたのさ。」

　「だって、同じ学部の C 美も働いているから、仲良くなりたくてさ。」

　人間は、「働くこと」でお金を稼ぐらしいが、お金を稼ぐだけではなく、なり

たい自分になるためにも「働くこと」をしないといけないらしい。なんとも不思議な生き物だな。でも、猫の私には全然関係のないことだし、A平のよこしまな話を聞いていたら、気分も悪くなったので早く寝てしまおう。

Ⅰ　スタンダード

1　職業の自由

　憲法22条1項は「何人も、公共の福祉に反しない限り、居住、移転及び職業選択の自由を有する」と定めています。

　それでは、人はなぜ働くのでしょうか。

　旧約聖書によれば、アダムとイブが禁断の果実を食べたことで、神はアダムに対して「お前は顔に汗を流してパンを得なければならない」と「罰」を与えたといわれます。

　このため、キリスト教の初期の解釈では「労働」は「罰」であり「苦役」と考えられていました。しかし、時代が下るにつれ「労働」の意味合いに変化が見られます。16世紀にヨーロッパで起こった宗教改革では、キリスト教の解釈について、アダムが無為徒食に生活しないようにした神の御心と解釈されるようになったことで、労働が信仰と同じように位置づけられ、労働のなかに道徳的価値が見出されたといわれています。

　生涯にわたって一つの職を全うすることは、神からの召命とされ、「天職」(calling)と呼ぶことがあります。禁欲的な神への奉仕としての「労働」は、生産力の向上をもたらし、一見すると相反するはずの資本主義の利益追求の欲望に部分的

には合致するもので、近代の合理主義と資本主義の発展に寄与したとされます。

　フランス革命などの市民革命によって封建制度が崩壊すると、それまで封建制度のもとで固定化されていた身分制度が解体し、個人は土地に縛られず自由に移動することができるようになり、また、職業を自由に選ぶことができるようになりました。個人が自由に職業を選べるようになると職業倫理の世俗化が進みましたが、労働のなかにある人格発展の可能性は残り続けたといわれています。

　薬事法違憲判決において日本の最高裁も、職業は、稼ぐことで人が生計を維持する活動であるとともに、「各人が自己のもつ個性を全うすべき場として、個人の人格的価値とも不可分の関連を有する」重要な価値があることを指摘します。その一方で、職業は、その性質上、社会的相互関連性が大きく、個人の生命・身体・財産に影響を与え、ときには社会問題に発展することもあるため、むしろ現代社会では職業の自由は他の人権に比べて制約を受けやすい人権でもあります。

2　勤労の権利

　憲法 27 条 1 項は「すべて国民は、勤労の権利を有し、義務を負う」と定めています。

　職業の自由が認められ、職業を強制できないという条件のもと、さらに憲法 27 条 1 項において国民が勤労権を有していることに照らし、国は、労働者が自己の能力と適性を活かした労働の機会を得られるように労働市場の体制を整える義務を負っています。このため、憲法 27 条 1 項は、国民が国家に対して職を請求する具体的・現実的な権利ではありませんが、国家に対する労働市場の整備を義務付ける社会権と位置付けられています。

　障害のある人は、働く意欲があるのに障害によって自分の潜在能力を十分に発揮できないことがあります。こうした状況を打破して、障害のある人の就労機会の促進を図ることが求められています。わが国では ILO 勧告に影響を受けて、1960 年に**身体障害者雇用促進法**が成立しました。当初、この法律

は身体障害のある人のみを対象にしていましたが、障害のある人のための雇用政策の基本として位置づけられ、その後、1987年には**障害者雇用促進法**と法律題名を変更し、現在では知的障害や精神障害のある人にも対象範囲が拡大されています。

3　ILO条約・勧告

(1) ILOってなに？

法律は憲法の理念を実現するものでなければなりませんが、そのほかにもいくつかの指導原理が存在します。とりわけ労働分野ではILO条約や勧告が労働政策に大きな影響を与えています。

ILO（国際労働機関：International Labour Organization）は、ベルサイユ条約（1919年）に基づいて国際連盟の機関として発足しました。この当時、欧米などの工業国で起きていた労働者搾取が重大な社会問題であると認識され、また、世界がグローバル化社会に本格的に突入し始めた頃で、多くの国で共通する労働問題を同時に解決しなければ一部の国が抜け駆け的に行う労働ダンピングを防止することができないため、国際的な労働問題を広く扱う機関の設置が必要でした。ILOが採択するものには、「条約」（批准国には法的拘束力を有する）と「勧告」（法的拘束力はないものの、政策指針としての意味を有する）があり、国際的な労働基準等を設定する役割をもちます。

(2) 障害のある人に関するILOの条約や勧告は、どういったものがあるの？

障害を有する労働者に関するILOの取組みは、金銭補償・職業リハビリテーションとそのサービスを提供する機関の推奨に関する「労働者補償（最小規模）勧告（22号）」（1925年）に始まります。

次に、ILOが採択したのは「職業更生（障害者）勧告（99号）」（1955年）であり、身体障害者雇用促進法の成立のきっかけになった勧告です。

この勧告は、障害のある人の就労機会の促進のために一定の職業を留保しておくべきと定め、その方法として割当雇用制度を提示しました。

割当雇用制度は、障害のある人の就労機会を促進するために最も頻繁に使

用されている政策手段の一つとされ、世界100か国以上で採用されています。
割当雇用制度には標準的なアプローチがあるわけではなく、雇用率のレベ
ル、対象となる企業の規模、公的機関と民間企業の雇用主の取扱いの異同、
雇用率を遵守しない場合に適用される措置などは、各国によって違いがあり
ます。

　なお、イギリスは過去に割当雇用制度を設けていましたが、現在では廃止
しています。また、アメリカは公務員任用などに関してポジティブ・アク
ションとしての雇用義務がありますが、割当雇用制度とは違った枠組みを採
用しています。

国	雇用割当率	適用雇用主	不適合への措置	推奨策
日本	民間事業主2.3% 公官庁2.6%	民間企業の場合50人以上の労働者を抱える事業主	100人以上の労働者のいる事業主が、割当数の未充足分について支払	職場調整補助金、設備補助金、調整手当など
ドイツ	重度障害者5%	20人以上の労働者を抱える事業主	納付金の支払のほか、過料の制裁もある	給付金(障害のある人・雇用主)や助成金(トライアル雇用・試用期間等の賃金の補助)
フランス	6%	公私企業ともに20人以上の労働者を抱える事業主	納付金の支払　3年以上にわたって積極的な行動をとらなかった雇用主は追加の拠出金の支払等	雇用主への助成金の支給のほか、設備費、特別訓練費の補助、アクセシビリティ支援等
中国	1.5%	公官庁・民間企業	納付金	税制上の免除
韓国	民間事業主2.3% 公官庁3%	公私企業ともに50人以上の労働者を抱える事業主	障害雇用負担金	障害雇用助成金 2.7%を超える場合などに支給

（2019年のILOの資料(Promoting Employment Opportunities for People with Disabilities Quota Schemes Volume 2)より一部抜粋・改変）

　その後、ILO は、国際障害者年（1981 年）を経て、「職業リハビリテーショ
ン及び雇用（障害者）条約（159 号）」と同名の勧告（168 号）を採択しまし
た（いずれも 1983 年）。

159号条約及び168号勧告は、99号勧告の内容を推し進めたものです。159号条約は、障害を有する労働者に対する積極的措置が他の労働者を差別するものとみなしてはならないと定め（4条）、実質的な就労機会の促進を規定していましたが、雇用における差別禁止まで踏み込むものではありませんでした。

4　障害者権利条約

21世紀に入って最初の人権条約である障害者権利条約は、世界に大きなインパクトを与えました。

27条は労働に関する規定を設けていますが、障害者権利条約は、労働がもたらす効果は人生の広範囲にわたって良好な作用を及ぼすことを指摘します。すなわち、労働を通じて収入を得ることによって、経済的自立を促して適切な生活水準を確保することができ（28条）、地域社会での生活を実現するもので（19条）、家族を形成することを可能とします（23条）。

しかし、現実には、世界のあらゆる場所において障害のある人が障害のない人との間の労働条件のギャップに直面し、多くの障害を有する労働者が労働市場に統合されずに、失業中であったり、最低賃金以下で労務に従事している実情があります。このため、差別から解放され（27条1項(a)）、職場において障害のない労働者と同じように働く権利を有し（同(c)）、キャリアアップの機会が保障されなければなりません（同(e)）。そして、職場における合理的配慮は、障害を有する労働者にとって特に重要になります(同(i))。

わが国では、障害者権利条約を批准するための国内法の整備の一環として、差別禁止規定を盛り込む障害者雇用促進法の改正が行われました。

◆チャレンジ：労働の場面で差別禁止が実現すれば、割当雇用制度は継続させる必要はあるのでしょうか？

Ⅱ　アドバンス

1　雇用率制度

(1) 採用の自由の制限根拠

三菱樹脂事件で最高裁は、事業主が営業の自由（憲法 22 条 1 項）を有する関係上、誰を雇うのかという採用について、法律その他による特別な制限がない限り、原則として自由に決定できるとしています。

障害者雇用促進法は、事業主に対し、一定数の障害のある人を雇用しなければならないという雇用率制度（割当雇用制度）を定めていますが、これは事業主の採用の自由を制限する根拠となります。

当初の雇用率制度は努力義務に留まっていましたが、その後、法律上の義務となり、また、その対象も身体障害のみならず、知的障害、精神障害のある人にも拡大されていきました。現在の雇用率（2021 年 3 月以降）は、国・地方公共団体等 2.6％（都道府県などの教育委員会では 2.5％）、一般事業主 2.3％の雇用義務となっています。さらに、雇用率は今後、段階的に引き上げられます。一般事業主の場合、2024 年 4 月以降 2.5％、2026 年 7 月以降 2.7％となり、国・地方公共団体も同様に引き上げられます。

この雇用率制度の対象となる人は「対象障害者」と呼ばれ、法律の条文のほか関係規則を合わせて読むと、原則として**障害者手帳**を持っている障害のある人が当てはまります。

(2) 障害者雇用納付金制度（雇用調整金・報奨金）

事業主の雇用義務に関連するのが障害者雇用納付金制度です。

対象障害者の雇用について事業主（従業員を 43.5 人以上雇用している事業

主が対象）が雇用義務を満たしていない場合、当該事業主は納付義務を負いますが、実際に納付金の支払義務を負うのは常用労働者100人を超える事業主です。雇用する対象障害者の数に応じて減額され、基準雇用率を達成している場合には納付義務がなくなるように制度設計されています。なお、国・地方公共団体は納付金の徴収対象となっていません。

　他方で、対象障害者の雇用に積極的な事業主は、雇用率未達成の事業主から徴収した納付金を財源として障害者雇用調整金・報奨金その他の給付金・助成金などの支給を受けることができます。このうち、100人を超える常用労働者のいる事業主に対しては障害者雇用調整金として（常用労働者100人以下の事業主には報奨金として）、雇用率を超えて対象障害者を雇用している場合、その超えて雇用している対象障害者数に応じて支給されます。

（3）ダブルカウント、ハーフカウント

　実雇用率の算定方法には、ダブルカウント（重度の障害のある対象障害者についての加算）やハーフカウント（週所定労働時間が20時間以上30時間未満の短時間労働者として対象障害者を雇用する場合には0.5人に換算して算入）などがあり、図のようにまとめられます。

　2024年4月からは、週所定労働時間が特に短い（10時間以上20時間未満）精神障害者、重度身体障害者及び重度知的障害者について、特例的な取り扱いとして雇用率に算定できることになる予定です。

所定労働時間	30時間以上	20時間以上30時間 未満（短時間労働者）	10時間以上 20時間未満
身体障害者 （重度）	1 (2)	0.5 (1)	― (0.5)
知的障害者 （重度）	1 (2)	0.5 (1)	― (0.5)
精神障害者	1	0.5※	0.5

※精神障害者の算定特例として、精神障害を有する短時間労働者については、当分の間、「1」とカウント

（4）特例子会社

　雇用率は事業主（法人）単位に適用され、親会社と子会社の関係であっても対象障害者を合算して計算することができないのが原則です。もっとも、子会社において対象障害者の雇用の促進や安定が確実に達成されると認められることなどの一定の要件を満たす場合には、特例として、当該子会社で雇用されている対象障害者を親会社に雇用されているものとみなして、親会社の実雇用率に算定できる仕組みがあります。また、特例子会社を持つ企業グループでは、親会社のみならず関係会社を含めたグループ全体を親会社に合算して実雇用率を算定することができます。

（5）雇用率制度は本当に必要なの？

　こうした雇用率制度ですが、制度の中心的な役割を担っている独立行政法人高齢・障害・求職者雇用支援機構は、障害者雇用納付金と雇用調整金との関係について、対象障害者を雇用するにあたって設備・施設などの整備や雇用管理等によって経済的負担が生じることがあり、雇用義務を履行する事業主とそうではない事業主との間の経済的負担に不均衡が生じることを解消する目的であると説明します。

　しかし、この説明では、対象障害者の雇用にはコストがかかると言っているに等しいのではないでしょうか。ダブルカウントにあっては、重度の障害のある人はよりコストが必要になると言っていることは明らかです。

　差別の根底には「障害のある人は障害のない人と比べて労働力が劣っている、労働コストがかかる」という偏見があるといえますが、雇用率制度にはこうした偏見の残滓がみられるとは思わないでしょうか。

　また、特例子会社においては、グループ企業の一つの子会社に対象障害者を集中的に雇用することが可能となるため、こ

うした一つの職場に対象障害者を押し込めるような制度は、本当の意味での
インクルージョンといえるのでしょうか。

◆チャレンジ：雇用率制度のメリットとデメリットは、何があるだろう？

2　労働における差別禁止

（1）募集・採用段階は労働基準法の適用外？

労働基準法３条は「使用者は、労働者の国籍、信条又は社会的身分を理由
として、賃金、労働時間その他の労働条件について、差別的取扱いをしては
ならない」と定めていますが、判例は、採用段階である雇入れそのものを制
約する規定ではないとしており（前掲三菱樹脂事件）、「労働者」ではない「求
職者」の段階では労働基準法の適用を認めていません。

しかしながら、障害者雇用促進法は、募集・採用段階であっても、「障害者
でない者と均等な機会を与えなければならない」（34条）と定めて、差別を
禁止しています。

（2）差別禁止の内容

障害者雇用促進法は、募集・採用段階（34条）、採用後（35条）のそれぞ
れの場面で差別禁止を規定しています。厚生労働大臣は、これらの規定に関
して事業主が適切に対処するための**障害者差別禁止指針**を発出しました。

この指針は34条・35条において禁止される差別を「障害者であることを
理由とする差別」（**直接差別**）であると説明します。もっとも、この指針で
は、車いす・補助犬その他の支援器具等の利用などを理由として不当な不利
益取扱いをすることも直接差別に含まれるとしていますので、**障害起因差別**
も部分的に直接差別として扱っていると考えられます。

他方で、障害のない人が不利な扱いをされる場合はどうでしょうか。

障害者差別禁止指針は、積極的差別是正措置として障害者のない人と比較
して障害のある人を有利に取り扱うことであったり、合理的配慮の提供の結
果、障害のない人とは異なる扱いをすることは、差別にはならないとしてい
ます。このため、障害者雇用促進法は、障害のある人に対する差別のみを禁
止する**片面的差別禁止法**ということもできます。

◆チャレンジ：障害者差別禁止指針では、どういう労働条件を禁止しているのか考えてみよう。

(3) 欠格条項という一律排除規定

特定の職業や制度について、「禁錮以上の刑に処せられた者」、「破産手続開始の決定を受けて復権を得ない者」などのように一定の事由がある場合、一律に資格や免許を与えない仕組みを**欠格条項**と呼びます。

欠格条項には、絶対的欠格事由（旧医師法 3 条の「目が見えない者、耳が聞こえない者又は口がきけない者には、免許を与えない」というように、一定程度の障害があることを理由に一律に認めないもの）と相対的欠格事由（「○○を与えることができる」という規定のように、障害の程度と職務等の困難度を比較衡量し、認定権者の裁量で可否が決まるもの）が存在します。

中央障害者施策推進協議会より出された「障害者に係る欠格条項の見直しについて」をきっかけとして、厳密な規定の変更や制限の緩和、絶対的欠格条項から相対的欠格条項への変更などの対処方針が採用され、2004 年までに63 制度にわたる障害を理由とする欠格条項について改正が行われました。

最近では、被保佐人を欠格条項に含んでいた旧警備業法が憲法 22 条 1 項等に違反すると判断した判決（**旧警備業法欠格条項違憲判決**）が注目を集めました。

成年後見制度は判断能力の乏しい障害のある人のための民法上の保護制度であるはずですが、成年後見制度の利用者（成年被後見人、被保佐人）を例外なく一律に排除する欠格条項は**障害起因差別**の性格を有するといえるのではないでしょうか。

(4) 合理的配慮の淵源

もともとアメリカで発展した「合理的配慮」の概念は、当初、信仰を有する労働者のための法規範でした。

厳格なユダヤ教や原理的なキリスト教は安息日（金曜日の日没から翌日の日没まで）に労働することを禁止しているため、この戒律を守ろうとする労働者は、金曜日の夕方に残業を求める使用者の業務命令に違反することにな

り、そのことを理由として懲戒処分
の対象となってしまいます。合理的
配慮は、こうした宗教上の理由に
よって業務命令に従うことができな
い労働者についての法規範として機
能していました。

　その後、合理的配慮は、障害のあ
る人の権利保障のために用いられる
ようになりますが、社会の側が「障
害（＝社会的障壁）」を作り出しているからこそ、こうした障害を除去する義
務を負っていると考える**社会モデル**に親和性が高いといえ、障害者権利条約
が「合理的配慮の否定」も差別となることを示すように重要な概念となって
います。

(5) 従来型の勤務配慮

　わが国では、障害のある人に対する勤務配慮について、合理的配慮の提供
が法律で義務付けられる以前には使用者の配転命令を柔軟に行うことなどに
よって対応するべきだと考えられていました。

　使用者は、労働契約の枠組みのなかで、雇用している労働者にどういった
業務をさせるかを決めることができ（労務指揮権）、また職務内容や勤務地な
どを変更する権限（配転命令権）を有しています。このため、労働者は、使
用者の業務命令にしたがった労働をしなければなりません。

　業務外での病気や怪我をして休職中の労働者が、全快とまではいかないけ
れどもある程度の仕事ができるまでに回復したので復職したいと考えても、
使用者が「いままで担当していた業務ができるまで療養を続けていなさい」
と一方的に拒んだとしたら、その労働者は復職ができないことになります。
使用者には労務指揮権があるからといって、その間、労働者は働くこともで
きないため賃金を受け取れずに、生活の基盤を失う危険を甘受しなければな
らないのでしょうか。

　片山組事件は、使用者に広範な配転命令権があることを前提としつつ、

労働者が業務外の疾病等によって命じられた業務に就業することができないものの軽減業務であれば就労できる場合には、使用者は、その労働者の能力・経験・地位や会社の規模・業種などを考慮して、その労働者に違う業務や別の部署などに配置転換を行うことができるかの具体的な検討を行うよう求めています。

(6) 職場における合理的配慮の展望

合理的配慮は、次の2つの理由から片山組事件の判例法理をさらに推し進めるものといえます。

1つ目の理由は、配慮の内容が配置転換に限られるものではなく、さまざまなバリエーションが考えられる点です。2つ目は、合理的配慮の提供にあたって、募集・採用段階においては求職者からの申し出が条件となり、採用後であっても合理的配慮の提供に当たって「障害者の意向を十分に尊重しなければならない」（36条の4第1項）としているため、使用者が勝手に配慮をするということはできないという点です。

政府は、使用者が適切に合理的配慮の提供ができるよう**合理的配慮指針**を策定し、また**合理的配慮指針事例集**を通じて障害別の具体的な事例を紹介しています。

それでは、合理的配慮という法概念の根底にあるものはなんでしょうか。

合理的配慮の提供義務が設けられた改正障害者促進法の施行前ですが、**阪神バス（勤務配慮保全）事件**は、裁判所が合理的配慮の考え方を忠実に示した事案として紹介されます。

この事件で裁判所は、バスの乗務員（労働者）に対して行われていた勤務シフトの配慮を、会社組織の再編成をきっかけに行われなくなったことについて、障害のある人に対し、必要な勤務配慮を合理的理由なく行わないことは、法の下の平等の趣旨に反するものとして公序良俗ないし信義則に反する場合があると判断しました。

ところで、海外では合理的配慮をどのように理解しているのでしょうか。

アメリカの連邦最高裁判所は、障害差別が悪意による態度よりもむしろ無関心な態度によって行われることの方が多いとして、差別の意図がなくとも

差別が成立する場合があることを指摘し、場合によっては障害のある人が有する社会参加の利益と、事業者が実施する事業全体を保持する利益との衡量（バランス）の中で、障害のある人に対して個別の合理的配慮を実施すべきであると判断しています（Alexander v. Choate, 469 U. S. 287（1985））。

こうしてみると、合理的配慮は、平等を基礎とした衡平の概念が根底にありそうです。このため、合理的配慮の提供義務に関する法律の定めは、効率性や収益性が重視される現代社会において障害のある人の社会参加が軽視されないよう、法が社会制度の均衡を失わない限度で、障害のある人のために特に定めた権利であるとも考えられるのではないでしょうか。

そして、合理的配慮に関する議論は、現在、大きな分岐点にあるといわれています。合理的配慮の提供義務のあり方について、公法的規制の仕組みの延長線にあるのか（せいぜい使用者には公法上のペナルティしか問われないのか）、障害を有する労働者の個別のニーズを叶える切り札になるのか（障害を有する労働者の損害賠償請求や履行請求が可能となるのか）というもので、いまだ議論の途上にあります。

◆チャレンジ：職場における合理的配慮として、どのような措置や取組みがあるのか考えてみよう。

(7) 過重な負担

障害者雇用促進法は、事業主に合理的配慮の提供義務を課していますが、「事業主に対して過重な負担を及ぼすこととなるときは、この限りではない」（36条の2但書、36条の3但書）としています。

合理的配慮指針によれば、「過重な負担」の考慮要素については、①事業活動への影響、②実現困難度、③費用・負担の程度、④企業の規模、⑤企業の財務状況、⑥公的支援の有無を挙げており、これらの要素を総合的に勘案しながら個別的な判断を求めています。

そして、合理的配慮指針によれば、事業主は、ある措置が過重な負担であると判断した場合には、障害のある人にその旨を説明し、同人から求めがあれば過重な負担になると判断した理由を説明すべきであること、また、ある

措置が過重な負担であったとしても、事業主は、障害のある人との話し合い
のもと、その意向を十分に尊重したうえで、過重な負担とはならない範囲で
別の措置を実施すべきであることを求めています。

◆チャレンジ：「過重な負担」となる具体的な場面について考えてみよう。

3　障害者虐待防止法とディスアビリティ・ハラスメント

　障害者虐待防止法は「何人も、障害者に対し、虐待をしてはならない」（3
条）と定めていますが、一定の関係（養護者・障害者福祉施設従事者等・使
用者）における虐待の防止をも規定しています。

　そのなかで、「使用者による障害者虐待」（2条8項）は、身体に対する暴
行等（1号）、わいせつ行為（2号）、著しい暴言・拒絶の対応等（3号）、ネ
グレクト（4号）、不当な財産上の処分等（5号）に分類しています。

　この法律でいう「使用者」は、障害のある人を雇用する事業主のほかにも、
事業経営担当者その他その事業の労働者に関する事項について事業者のため
に行為をする者も含むとされているので（2条5項）、例えば、障害を有する
労働者の上司に当たる者も「使用者」に該当することになります。

　3号は「障害者に対する著しい暴言、著しく拒絶的な対応又は不当な差別
的言動その他の障害者に著しい心理的外傷を与える言動を行うこと」と定め
ていますが、これは職場内で発生する苛烈ないじめだけにとどまらず、合理
的配慮の提供に対して不誠実な使用者の対応も含まれると解釈するべきです。

　社会モデルがイメージする障害（社会的障壁）の内部には、多くの場合、
「見えない壁」が存在しているといえます。この「見えない壁」は、障害当事
者からすると深刻な問題であるのに、障害のない人にしてみれば深く考えた
ことのない、または無関心といった心理状態から生じる認識の差と言い換え
られます。

　使用者が十分な対話を尽くさないで、障害を有する労働者が申し出た配慮
を否定することは、「見えない壁」を作り出すものであり、障害を有する労働
者にとって大きな精神的負担を与え、ひいては勤労意欲の低下をもたらし、
生きがいを感じて打ち込もうとした職場を失うことになりかねず、「著しく

拒絶的な対応」となる場合も考えられるからです。

4　労働契約によらない働く人への就労の保障
(1)　福祉的就労

　障害の有無を問わず、誰もがともに働く職場環境を実現することが求められますが、障害のある人たちの中にはすぐには一般就労（一般の雇用関係・労働関係）に結びつくことが困難な人たちがいます。こうした人たちのために福祉サービスを受けて就労する働き方を**福祉的就労**と呼びます。

　一般就労に結びつくことが困難な人たちに対して自立を促すことなどの機能を有する施設を**障害者就労施設**と呼びますが、そのなかには就労継続A型事業所（雇用契約に基づく就労）と就労継続B型事業所（雇用契約によらない就労）が存在します。

　労働者は労働を通じて賃金という生活資本を獲得しますが、著しく低廉な賃金であれば、その生活資本も満足できるものではなく、人間として当たり前の生活すら送れない事態も起こり得ます。こうした賃金ダンピングを防止するため、最低賃金法は、国が最低賃金の水準を定めて、最低賃金以上の賃金を使用者が労働者に支払わなければならない仕組みが取られています。

　もっとも、福祉的就労の枠組みのなかにいる障害のある人には、最低賃金の保障が必ずしも及んでいません。

　就労継続B型事業所で就労する利用者は、事業所と労働契約を締結する関係ではないため「労働者」ではなく、最低賃金法の適用はありません（B型事業者の利用者が生産活動を行なったことに対する報酬は、「賃金」ではなく、「工賃」と一般的に呼ばれます）。また、就労継続A型事業者で就労する利用者は、事業所と労働契約を結ぶ関係にあるため最低賃金法の適用を受けますが、同法の減額特例の対象となることがあります。

　2020年10月、東京都最低賃金は1072円と定められましたが、同時期の2020年度の平均工賃（賃金）について、厚生労働省が全国17000を超える事業所を対象とした工賃（賃金）の支給実績を調査したところ、①就労継続B型事業所では月額15776円（時間額222円）、②就労継続A型事業所では月

額 79625 円（時間額 899 円）という調査結果になっています。

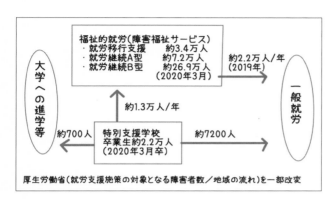

福祉的就労（障害福祉サービス）
・就労移行支援　　約3.4万人
・就労継続A型　　約7.2万人
・就労継続B型　　約26.9万人
　　　　　　　（2020年3月）

約2.2万人/年
（2019年）

大学への進学等

一般就労

約1.3万人/年

約700人

特別支援学校
卒業生約2.2万人
（2020年3月卒）

約7200人

厚生労働省（就労支援施策の対象となる障害者数／地域の流れ）を一部改変

障害者権利条約は、障害のある人に対して労働を保障することが、経済的自立を果たし、地域社会のなかで家族を形成することができる重要な権利と位置付けています。最低賃金が労働者の人間として生活するための最低基準であるならば、福祉的就労で就労している障害のある人であっても、同様に最低賃金法の保障が及ぶことが必要ではないでしょうか。

　障害者就労施設をめぐっては、事業者に補助金（自立支援給付）が支給されるところ、補助金のなかから賃金や工賃を支払うことが過去には可能でした。一部の障害者就労施設のなかには、利用者に作業をさせることをせずに生産活動の実態がなかったとしても、支給された補助金のなかから利用者の工賃等を支払って収益を上げるという制度を悪用した事業主もいたことで、現在では工賃等の支払に原則として自立支援給付をもって充ててはならないと制度が改められています。

　もっとも、小さな事業所が大企業のような生産活動を行うことは難しく、自由競争の原理を持ち込めば、むしろ障害者就労施設等への作業の受注機会が少なくなり、仕事がしたくても仕事がないという問題が生じ、結果として障害のある人の自立が図られないおそれがあります。

　そこで、障害者優先調達推進法は、障害者就労施設等への発注を充実させることを目的として、国、地方公共団体、独立行政法人等に対し、事業所等の提供するサービスや商品から優先的に調達するよう努力義務を定めています。

（2） あはき法（あん摩マツサージ指圧師、はり師、きゆう師等に関する法律）

ある機能に障害があっても、それを補おうと他の機能が発揮されることがあります。視覚障害のある人は他の感覚（触覚）が優れていることで、あん摩マッサージ指圧の仕事に適性があるといわれることがあります。

あはき法には視覚障害をもつあん摩指圧マッサージ師の職域確保のため、その養成施設の設立を制限する規定が存在しますが、この規定は晴眼者（視覚障害のない人）を対象とする養成施設の設立が制限されるため、晴眼者にとっての職業の自由の侵害になり得ます。

最高裁は、**あはき法合憲判決**において、この規定が設けられた 1964 年以降、障害基礎年金等の社会保障政策が講じられていることを踏まえても、「あん摩マッサージ指圧師について一定以上の障害がある視覚障害者の職域を確保すべく、視覚障害者以外のあん摩マッサージ指圧師の増加を抑制する必要がある」として憲法 22 条 1 項に違反しないと判断しました。

視覚障害のある人が、あん摩マッサージ指圧の事業を営む場合、高度なスキルの手技を有するとしても、そのほかの接客場面などでは晴眼者と比べると事業の運営が円滑に進まずに集客力に差が生まれ、結果として業界内格差を惹起するかもしれません。このため、最高裁の指摘する晴眼者の新規参入を抑制する必要性はあるかもしれません。しかし、こうした行政が特定の産業のなかで一定の者を保護して、その他の者の新規参入を抑制する仕組みというべき「護送船団方式」では、業界内格差を根本的に解消することは困難です。むしろ労働者に認められた合理的配慮について、労働者ではない個人事業主にもその対象を広げるような取り組みを考えるべきではないでしょうか。

Ⅲ　ディスカッション

アナタは、**二次障害**という言葉を聞いたことがありますか。

　例えば、本人は気を付けているにもかかわらず、発達障害に起因する特性等によって他人とのコミュニケーションがうまく取れなかったり、周囲と同じような行動ができないことがあります。こうした特性等について周囲が適切に理解していない環境のもとでは、障害のある人は、繰り返し注意や叱責を受けたり、否定的な反応などから孤立感を抱いてしまい、何をするにも不安な気持ちにさいなまれて、うつ症状や不安障害を発症することがあります。

　二次障害の背景には、周囲の理解不足が大きな要因にあるといえます。「あの人は障害を理由としてサボっている」、「みんな一生懸命になっているのに、あの人だけは真面目にやっていない」というような職場のなかで障害に対して適切な理解を欠く状態では、どのような合理的配慮があっても、周囲の無理解が存在する職場環境は障害のある人の活力を奪っていきます。

　マツヤデンキ過労死事件は、心臓機能障害を有する労働者が大手家電量販店に入社1か月半後に死亡したことで、遺族が労災認定を労働基準監督署に求めましたが、労働基準監督署は労災ではないと判定したことで訴訟になった事件です。訴訟になっても、被告（労働基準監督署の所属する国）は「平均的な労働者を基準として考えるべきであり、この基準のもとでは過重な業務とはいえない」と主張したのです。労働者の安全を守ることは労働法の原点の1つですが、その安全基準は各人に応じたものを考えるべきで、平均的な労働者を想定するのでは不十分なはずです。高等裁判所は、労災の業務起因性は個別の労働者を基準とすべきと明言をして、仮に平均的な労働者を基準とするならば、障害を持つ労働者は最初から労災保険の適用から除外されたと同じになってしまうと国側の主張を批判しました。

　すべての労働者が健やかに自己の能力を発揮して職場内での就労に打ち込めることが労働法の大きな目標の1つであると考えられます。このため、個別の労働者に着目する視点は、労働者の安全場面に限られないはずで、職場環境整備においても重要です。

　「こんなことができるのは当たり前、知っているのは当たり前」と言われて、アナタは腑に落ちない思いをしたことがありませんか。職場内のルールのなかには事業主が作ったものではなく、同僚の労働者たちによって作られ

たものもあるはずです。前述の使用者によるディスアビリティ・ハラスメントでも触れましたが、こうしたルールはときとして同じ職場の別の労働者を非難する材料として用いられ、同僚労働者のやる気を奪い、職場内の分断を招くことがあります。

　活気のある職場には、労働者同志が互いに理解し合い、助け合うことのできる環境が必要になってきます。障害を有する労働者も共に働く一人の労働者であるとの認識の下、事業主や同じ職場で働く者が障害の特性に関する正しい知識の取得や理解を深めることが重要です（前掲差別禁止指針及び合理的配慮指針）。

　そして、事業主が率先して、障害を有する労働者からの相談に応じ、適切に対応するために必要な体制の整備等を行う必要があるため（障害者雇用促進法 36 条の 4 第 2 項）、事業主には障害に対する思い込みや偏見をなくすよう、職場内の環境整備が求められています。

◆考えてみよう！

・身体検査や体力試験を設けている採用条件について、障害を理由としていないけれども、一定以上の能力を備えていることを条件とすることは障害差別にはならないだろうか？
・合理的配慮の提供方法として、在宅勤務を希望する場合と自家用車での通勤（事業主に駐車場の提供）を希望する場合、どちらが事業主に負担になるだろうか？
・使用者が、合理的配慮の提供をすると言っていたのに、何もしてくれない場合、障害を有する労働者はどのような行動を起こすことができるだろうか？

参考文献

永野仁美『障害者の雇用と所得保障』（信山社、2013 年）
所浩代『精神疾患と障害差別禁止法』（旬報社、2015 年）
永野仁美・長谷川珠子・富永晃一編『詳説 障害者雇用促進法』（弘文堂、2016 年）

長谷川珠子『障害者雇用と合理的配慮』（日本評論社、2018 年）

参照判例 ....

・薬事法違憲判決（最大判昭和 50 年 4 月 30 日）
・旧警備業法欠格条項違憲判決（岐阜地判令和 3 年 10 月 1 日）
・片山組事件（最 1 小判平成 10 年 4 月 9 日）
・阪神バス（勤務配慮保全）事件（神戸地尼崎支決平成 24 年 4 月 9 日）
・あはき法合憲判決（最 2 小判令和 4 年 2 月 7 日）
・マツヤデンキ過労死事件（名古屋高判平成 22 年 4 月 16 日）

第 10 章

教育を受ける権利

——憲法 26 条、学習権、特別支援教育、インクルーシブ教育

point

　人は誰かに教わったり、自ら学んだりすることで、生きていくための知恵や社会で必要な知識を手に入れていきます。生きることは、学び続けることともいえるでしょう。しかし、何を、どのように学べばいいのかを、はじめから知っている人はいません。よって、他者から教育を受けることが必要となります。さらに、教育という営みは大変専門的な技術や専用の施設を必要とします。そこで、憲法は人々の教育を受ける権利を保障しているのです。どのような保障となっているのでしょうか。また、障害のある人（特に子ども）の教育を受ける権利を保障するために、どのような制度が設けられているのでしょうか。

STORY

　今日も外は雨だ。もう春だというのに、家の外も中も薄暗い。Ｓちゃんはベッドに横になったままだ。
「おい。お前は彼女が心配じゃないのか？」
　ゴールデンレトリーバーの先輩があたしの背中を鼻で小突いてきた。
「心配も何も、あたしたちペットには人間世界の話なんてどうすることもできないわ」。突き放して言うと、先輩は悲しそうに目を伏せた。
「冷たい奴だな。これだから猫は冷めてるんだよ。お前にとって、Ｓちゃんと親友のＡちゃんは命の恩人だろ？　２人がこのまま離れ離れになってしまってもいいのか!?」
　猫は云々といいうのは余計だ。自分は図体ばかりでかくて、お犬好し（？）のくせに。
　Ｓちゃんは生まれつき下半身が動かなくて、普段から車いすが手放せない。それでも自分でできることは何でもやりたがる。明るくて活発で、勉強もよくできる。小学校はみんなと同じ近くの普通学校に通っている。校長先生も担任

170

の先生も、Ｓちゃんのことをとてもよくしてくれている。中でも、隣の家に住むクラスメイトのＡちゃんとは小さいころからいつも一緒で、大の仲良しだ。

　あたしは川辺に捨てられた猫だった。ＳちゃんとＡちゃんの家族が先輩を連れて川辺を散歩していた時に拾われて、この家に来た。以来、毎朝Ａちゃんに車いすを押してもらってＳちゃんが登校していくのを見送ってから昼寝をするのが、あたしにとって至福の時となった。

　ある日、あたしが昼寝から目を覚ますと、学校から帰ってきたＳちゃんが泣いていた。その夜、パパとママが話しているのを聞いた。
「これが教育委員会の判断なのか？　みんなと同じ普通の中学校に行きたいって、あれだけ親子で一緒になって懸命に要望を伝えたのに…。」
落胆するパパにママが言った。
「あの中学校にはスロープも手すりもないし、小学校みたいに手をかけられる先生もいないから受け入れは無理だって。それよりも隣町の特別支援学校の方がいいんだって。Ａちゃんも、Ａちゃんのママも残念がっていたわ。２人がバラバラになるなんて…。」

　それからずっと、Ｓちゃんは元気がない。今日もそうだ。ふと見ると、先輩がＳちゃんの部屋に入っていったので、あたしも後を追った。Ｓちゃんは目を閉じている。寝ているのだろうと思って部屋を出ようとしたら、目を閉じたまま彼女は声を上げた。
「"２人"とも、来てくれたんだね。ありがとう。見なくたって匂いでわかるよ。」

　そう言ったＳちゃんの目から、涙が一筋流れた。先輩は下を向いて呟いた。
「神様、お願いです。ＳちゃんとＡちゃんを離れ離れにしないで……。」。

　先輩、あんたはあたしを冷めてるって言ったけど、あたしだって同じ気持ちだよ。拾われてはじめて家に帰る時、Ｓちゃんの膝の上で聞こえた２人の楽しそうな笑い声が、今も忘れられないんだ。

Ⅰ　スタンダード

1　憲法と教育
「教育って大切だよね？」こう問いかけると、おそらくみなさんはうなずい

てくれると思います。もし身近に教育を受ける機会が保障されていない子ど
もがいたら、みなさんは「なんとか教育を受けられないものか。親や学校は
なにをしているんだろう。」と疑問に思うはずです。

　さまざまな知識を身につけて、自分の可能性を広げる。友だちを作って、
遊びながら、また時にはケンカをしながら人間関係を学ぶ。これまで自分が
受けてきた教育を振り返ってみてください。楽しいことばかりでは無かった
と思いますが、教育がいまの自分の生き方に影響を与えていることを実感す
るでしょう。

　教育の大切さは、生き方だけではなく、人権の行使にも大きな影響を与え
ます。そもそも、みなさんは自分が人権を持っていることを、いつ、どのよ
うに知ったのでしょうか。たいていの人は小学校で、学校の先生から教えて
もらったはずです。

　学校で習うことの大まかな内容を定めているものに「学習指導要領」があ
ります。小学校の学習指導要領を開いてみると、日本国憲法が保障する「国
民としての権利」についての知識を身につけることが小学校 6 年生の社会科
の学習内容に盛り込まれています。実際に教科書をいくつか眺めてみると、
たしかに小学校 6 年生の段階で、憲法の三大原則の一つとして**基本的人権の
尊重**があること、そして生存権や選挙権といった具体的な人権が登場してい
ます。

　憲法が人権を保障していても、人びとがそれを知らなかったら人権は絵に
描いた餅に終わってしまいます。そうならないように、つまり人権を行使す
るための最低限の条件として、人権について教わることが大切です。人びと
が人権を行使していくために、教育はとても大切な場なのです。

◆チャレンジ：なぜ教育は大切なのか？　教育が受けられないと、どんな都合が悪
いことが起きるのか、考えてみよう。

2　教育を受ける権利の内容

　こうした教育の重要性から、日本国憲法は 26 条 1 項で「その能力に応じ
て、ひとしく教育を受ける権利」を保障し、その 2 項で「普通教育を受けさ

せる義務」と無償の義務教育を定めています。ここでは**教育を受ける権利**がどのような権利なのか確認してみましょう。

（1）教育を受ける機会を保障する

まず「教育を受ける権利」と聞いて想像するのは、学校に行って勉強する権利のことでしょう。本来、先生を雇ったり、教材を揃えたり、子どもを教育するためにはたくさんのお金がかかります。とても裕福な家庭であれば、親がそれらをポケットマネーでまかなうことができるかもしれません。しかし、一般的な家庭ではとうてい無理な話です。

そこで憲法では、子どもが家庭の経済状況に左右されずに教育を受けることができるよう、「教育を受ける権利」を保障しています。くわえて、憲法26条2項では、義務教育が無償で受けられることを定め、このことを確実なものにしています。

すなわち、どんなに貧しい家庭の子どもであっても教育を受けられるよう、国に教育を整備するように求めることができる。これが教育を受ける権利の一つの意義になります。

（2）義務教育の何が無償なの？

上で述べたように、憲法26条2項は義務教育の無償性を定めています。具体的に、学校教育法では小学校／特別支援学校小学部と中学校／特別支援学校中学部が義務教育とされており、公立のこれらが無償であるということになります。

ただ、みなさんの中には「給食費」という言葉を聞いたことがある人も多いと思います。2005年に制定された「食育基本法」では、学校の給食を食育の場として位置付けています。このように、給食も教育の場とされていますが、現在は無償とはなっていません。というのも、憲法が定める無償の対象は授業料であると考えられているからです。そのため、給食費や修学旅行に必要な費用、ランドセルや勉強道具などを買うために必要な費用など、授業料以外については自己負担が原則となっています。

学校で使う教科書については、1963年に制定された義務教育教科書無償措置法という法律で、無償で給与することになっています。

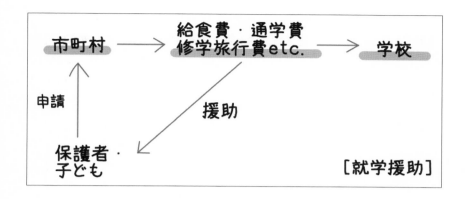

もっとも、こういった授業料や教科書代以外の教育費を負担することが難しい家庭も存在します。そういった家庭に対しては、生活保護を通じた就学援助が用意されています。他にも、現在は国の政策として「**高等学校等就学支援金制度**」などが設けられています。

(3) 「能力に応じて」って？

憲法 26 条 1 項には「その能力に応じて」という言葉が入っており、これをどう読むべきなのかも問題になります。「能力」といっても、学力、身体的能力、経済的能力など、さまざまな能力を考えることができます。

憲法がどのような意味で「能力」といっているのかにつき、これがその教育を受けるための能力を意味し、それ以外の能力による教育の不提供を禁止するという解釈が有力となっています。つまり、入学試験を実施して合格点に達しなかった者の入学を認めないことは許されるが、それ以外の経済的能力などを理由にして入学を認めないことは許されないとされてきました。

ただし、このような解釈は、障害のある子どもの教育機会を奪う危険性も含んでいます。というのも、障害により教育を受けるための能力が無いと判断されて、教育を受ける機会が否定されてしまうからです。この点はとても大切な論点なので、後ほどあらためて説明することにします。

(4) 人間として成長・発達するための教育を保障する

すべての子どもに学校に行く機会が確保されたとして、次に問題になるの

は、そこでどういう教育を受けるかです。もし「教育を受ける権利」が、た
だ教育を受ける機会だけを保障していると考えると、国がそこでの教育を好
き勝手に決めることができてしまう恐れがあります。実際に、かつて戦前の
日本では1890年の教育勅語が教育の基本方針とされ、国家のために役立つ人
材育成として学校教育が提供されてしまいます。そのため、緊急事態におい
ては、国家のために命を捨てることを美徳とするような教育が行われまし
た。

　こういったことへの反省も踏まえ、戦後に制定された日本国憲法では、国
政において「個人として尊重」されること（13条）や、「思想及び良心の自
由」を保障すること（19条）などから、国の目的を達成するために個人を道
具として扱うことが禁じられています。もはや、国が子どもに好き勝手な教
育をして良いということにはならないのです。

　そこで「教育を受ける権利」とは、ただ単に学校に行くことだけを保障す
るのではなく、学校で子どもが自分らしく成長・発達するための学習を可能

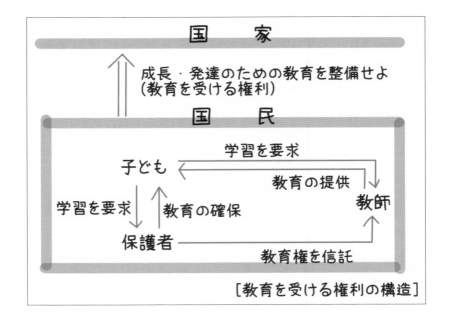

[教育を受ける権利の構造]

にする教育を受けることをも保障していると考える必要があります。つまり、国が好き勝手に子どもに教育をして良いというわけではなく、こういった教育を提供するように要求できるのが「教育を受ける権利」であるとする考えです。

1976 年の旭川学力テスト事件最高裁判決は、「教育を受ける権利」が「国民各自が、一個の人間として、また、一市民として、成長、発達し、自己の人格を完成、実現するために必要な学習をする固有の権利」（**学習権**）を有し、「みずから学習することのできない子どもは、その学習要求を充足するための教育を自己に施すことを大人一般に要求する権利を有する」ことと述べ、学習権の存在を土台にしつつ、国が提供する教育につき一定の制限をかけています（最大判昭和 51 年 5 月 21 日）。

(5) 教育の内容は誰が決める？

最高裁のように、学習権を教育を受ける権利の前提とした場合、具体的に学校で教わる内容を誰がどのように決めることになるでしょうか。教育の内容を決める権限のことを**教育権**と呼びますが、かつて教育権が誰にあるかが論争になりました。

一つの立場は、国が教育権を持つという立場です（**国家の教育権説**）。これは主に国側が主張してきたものです。子どもの教育は国民全体の関心事であり、議会制民主主義を採用している日本国憲法の下では国会の定める法律で教育内容を定めることができる。そして、その法律が認める範囲において行政も教育内容を決定する権限を有する、というのがこの立場の大まかな主張です。

そして、もう一つの立場は、親・子ども・教師などが一体となった国民が教育権を持つという立場です（**国民の教育権説**）。これは、まず親が教育権を有することから出発します。親は自らの子に対して、子を誕生させたという自然的関係性から、その子どもを教育するための第一義的な権利と義務を持っている。しかし、すべての親が裕福であり、かつ、教育に関する専門的な知識を持っているわけではない。そこで、教育の専門家である教師に対して、親は自らの子どもに対する教育権を信託する。そして、この親からの信

託を根拠として、教師はその子どもに対する教育内容を決定できる。大まかに言うと、このような論理で教育権が国民にあるとする立場です。

　先ほど登場した旭川学力テスト事件最高裁判決は、これら両方の立場が「極端かつ一方的である」と判断しました。もっとも、この最高裁判決は続けて、国会における党派的な意思決定によって教育が支配される危険性を踏まえ、国による教育内容への介入は「できるだけ抑制的であることが要請される」と述べ、国家の教育権に制限を課しています。くわえて、「子どもが自由かつ独立の人格として成長することを妨げるような国家的介入」、たとえば「一方的な観念を子どもに植え付けるような内容」についても許されないとしています。

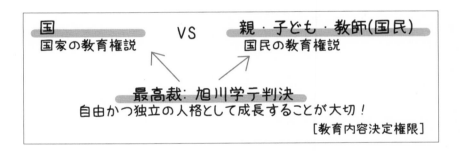

◆チャレンジ：憲法が保障する「教育を受ける権利」はどんな内容であったか、まとめてみよう。また、この権利を保障することにはどのような意味があるのか。考えてみよう。

3　障害のある子どもへの教育

　それでは、障害のある子どもへの教育の保障はどのように考えられてきたのでしょうか。

　日本国憲法と同じ年に施行された「**教育基本法**」でも、憲法同様に教育の機会均等が規定されました。翌年の1948年に施行された「**学校教育法**」では、視覚障害のある人が通う「盲学校」、聴覚障害のある人が通う「ろう学校」、その他に心身に障害のある人が通う「養護学校」の3種が、義務教育の

学校として定められました。これらの学校では小学校・中学校、または高等
学校に準ずる教育や、必要な知識・技能に関する教育を行うものとしました。
また、通常の小学校・中学校・高等学校にも「特殊学級」を置くことができ
ると規定しました。

　しかし、この時点で就学が義務化されたのは盲学校とろう学校だけでし
た。養護学校への義務性の実施は見送られ、国からの財政支援もされなかっ
たので、当初は養護学校を設置する都道府県もありませんでした。さらに、
病弱であったり、障害で発育が不十分であるなど、やむを得ない事由で就学
が困難と認められる者の保護者に対して、就学義務の猶予や免除を認めると
定められていました。こうした判断は、教育に関し都道府県の区域を監督す
る行政の認可を受けて、市町村の小学校を管理する機関が行いました。

　就学義務の猶予・免除は、障害のある子どもは教育を受ける能力がないと
判断されるに等しいものでした。これでは、特性に応じた教育以前の問題で
す。そもそも憲法が定める教育を受ける権利や等しい教育を受ける機会は、
全面的に否定されていたといえます。この時点で、障害のある子どもの教育
をめぐっては違憲な状態となっていたと評価されても仕方ありません。

　その後の調査で、心身に障害をもち特殊教育を必要としている者が 100 万
人を超えていることが明らかとなりました。そこで、1950 年代から特殊学級
および養護学校の整備や建設費の補助がなされていき、1960 年度からは障害
に応じて養護学校が増設されていきました。

　そして 1979 年 4 月から、ついに養護学校での教育が義務教育となったので
す。1982 年には養護学校の高等部も整備されていきました。1993 年には、主
に通常学級で授業を受けながら、特別学級などで障害に応じた特別な指導を
行う「**通級**」の制度が設けられました。これにより、軽度の障害をもつ子ど
もへの教育の充実化が図られたのです。

　こうした障害のある子どもに対する教育の制度は、「特殊教育」として、
2000 年代まで進展していきます。

◆チャレンジ：障害のある子どもたちに対する教育はどのように展開してきたのか、また、その間にどんな状況が存在してきたのか、考えてみよう。

Ⅱ　アドバンス

1　インクルーシブ教育の登場

(1)　障害ある人に関連する国際的流れ

　国連では1975年に「障害者権利宣言」が採択されて以降、毎年障害者政策に関する議論が行われていました。そして1981年に「国際障害者年」という総会決議を行いました。決議の中には、障害者の平等参加、障害を個人と環境との関係の問題として捉える社会モデルの提示などが盛り込まれています。翌1983年には障害者に関する世界行動計画を採択し、そこからの10年間を「国連障害者の10年」として設定しました。

　また、国連ではすべての子どもたちのための国際的な人権条約の枠組みを定める議論も同時期に進められていました。そして、1992年「児童の権利に関する条約」（子どもの権利条約）が採択されました。子どもの権利条約は、世界の子どもたちの権利章典とも言えます。生まれる環境を選べない子どもたちがどこで生まれ生活しても、一人の人間として成長・自立していくうえで必要な権利を提示しました。

　その子どもの権利条約の2条は、条約の一般原則として、あらゆる差別の禁止をうたっています。この条文は差別の対象として、子ども本人だけでなく、その家族にも保障が向けられている点で特徴的です。そして、禁じられるべき差別事由のほぼすべてを列挙しています。その中には障害に基づく差別も規定されています。子どもの権利条約は、はじめて障害差別について規定した国際人権条約として、大変重要であるといわなくてはなりません。

　日本は、この条約を1994年に批准しました。

(2)　サラマンカ宣言

　日本が子どもの権利条約を批准した1994年、ユネスコはスペイン政府と共

同で「特別ニーズ教育：そのアクセスおよび質に関する世界会議」を開催します。そこで、「**サラマンカ宣言**」が採択されました。

サラマンカ宣言では、以下のことが述べられました。

まず、すべての子どもが教育への権利を有している。そこから、満足のいく学習水準を達成し続ける機会が与えられなければなりません。さらにすべての子どもに独自の学習ニーズがあることを考慮した教育システムや教育プログラムを実施しなくてはならないとされます。また特別なニーズをもつ人々は、そのニーズに見合った教育を行えるような子ども中心の普通学校にアクセスしなければならないのです。

そして、包摂的（inclusive）、すなわちインクルーシブな方向性をもつ普通学校こそが、差別的な態度と戦い、喜んで受け入れられる地域を創造し、インクルーシブな社会を建設し、すべての人々のための教育を達成するために最も効果的な手段となるのだと述べます。すべての政府は、どうしてもやむを得ない理由がない限り、障害のあるなしに関わらず、すべての子どもを普通学校に在籍させるという**インクルーシブ教育**の原則を採用するように、立法や政策を行なわなくてはならないと宣言しました。

(3) インクルーシブ教育とは？

このサラマンカ宣言において、はじめてインクルーシブ教育という言葉が国際文書の中に登場しました。これはどのような教育なのでしょうか。

インクルーシブ教育とは「すべてのこどもを含み込む教育」とされるもので、1980 年代のアメリカで特殊教育を行う人たちによって提唱されました。このインクルーシブ教育とは、「学校教育から疎外された多様な子どもを包摂できるようにする教育改革」を意味しました。そこでは、子どもが学習困難となる原因を子ども本人だけでなく、生活している社会環境にも原因があるということを認めます。そして、社会環境の部分としての学校が多様なすべての子どもに学習機会を提供するような教育改革を目指すものを、「インクルーシブ・エデュケーション」とよぶと『特別支援教育大辞典』では解説しています。

（4）障害者権利条約は教育についてどう定めているか？

　2006年に成立した国連の障害者権利条約では、第24条で「障害者の教育への権利」を認めてそれを実現するために、締約国は「あらゆる段階におけるインクルーシブな教育制度と生涯学習を確保しなくてはならない」と定めます。その教育の目的は、人間としての発達と多様性の尊重、社会への参加にあるとするのです（1項）。

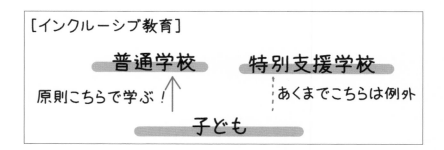

　こうした教育への権利を実現するにあたって、障害者が一般的な教育制度から排除されないこと、自身が生活する地域社会において無償の初等・中等教育を享受できること、個人に必要な合理的配慮が提供されること、教育上必要な支援を措置が取られることを、確保しなくてはならないとします（2項）。

　さらに、締約国は、障害者が地域社会の構成員として十分かつ平等に参加できるようにするために、点字や手話といった意思疎通スキルなどの技能を学ぶことができなくてはならない、と規定します（3項）。そして、1項で述べられた教育への権利を実現するために、点字や手話といった能力を有する教員の雇用、研修、教材の使用などの措置をとること（4項）、障害者が差別されることなく平等に一般的な高等教育や生涯教育などを確保するために、締約国は障害者に合理的配慮を提供しなくてはならないとします（5項）。

　このように障害者権利条約においても、原則として、インクルーシブ教育の理念に基づいて教育制度が構築されるべきという立場に立っています。障

害がある人も健常者と同じ普通学校（学級）で通常教育を受けることが理想ということです。

　しかし、インクルーシブ教育は、障害のある子どもをすべて通常教育に包含すればそれでよいというわけではありません。そもそも子どもは多様です。普通学校（学級）で通常教育を行う以外にも、特殊教育の場面で個々人の心身発達や特性に応じて、生きていくのに必要なスキルを学ぶ場を用意することは不可欠ではないでしょうか。障害者権利条約 24 条 3 項にいう「十分かつ平等な参加を促進する生活上のスキルと社会での発達のためのスキルを学ぶ」ことを可能にする学校には、普通学校以外の特別な教育を施す学校の存在が当然に含まれていると解すべきでしょう。

◆チャレンジ：国際社会では、インクルーシブ教育の提唱と促進が叫ばれてきた。その内容とはどのようなものかまとめてみよう。また、身近でインクルーシブ教育の理念に当てはまりそうな取り組みがあるか、議論してみよう。

2　特別支援教育とインクルーシブ教育の位置づけ

(1)　特別支援教育の実施

　日本では 2006 年に教育基本法が改正され、その「国及び地方公共団体は、障害のある者が、その障害の状態に応じ、十分な教育を受けられるよう、教育上必要な支援を講じなければならない」とする規定が追加されます（4 条2 項）。これを受けて、学校教育法の一部が改正されました。そして、従来実施されてきた特殊教育から「**特別支援教育**」への転換がはかられました。特別支援教育は、障害のある子どもの自立や社会参加に向けた主体的な取り組みを支援するという視点に立ちます。そして、子ども一人ひとりの教育的ニーズを把握し、その持てる力を高め、適切な指導および必要な支援を行うことを目指したのです。

　また、特別支援教育のもと、それまであった盲学校、ろう学校、養護学校を合わせた「**特別支援学校**」の制度が創設されました。また、小学校、中学校、高等学校にはそれぞれ「**特別支援学級**」を設置することが可能とされました。

　就学制度についても、学校教育違法施行令 5 条が改正され、子どもの就学先の決定に関する手続きが整備されました。市町村の教育委員会は、新年度に入学する小学校・中学校の児童・生徒（就学予定者）の保護者に対して、入学する期日を通知します。この通知は新年度がはじまる 2 か月前までにしなくてはなりません。障害をもつ子どもの場合、市町村教育委員会は、その子どもの障害の状態や教育上必要な支援の内容、地域における教育体制の整備などの事情を考慮します。そして、特別支援学校に就学させることが適当な場合、その子どもは「認定特別支援学校就学者」となるのです。

　教育委員会がこのように認定するにあたっては、保護者をはじめ、教育学、医学、心理学などの専門家の意見を聞かなくてはなりません。特に学校教育法施行令が改正されて以降、障害のある子どもの就学先を決定する際には、必ず保護者からの意見聴取をしなくてはならないと義務付けられました。

　こうした就学制度のもとでは、障害のない子どもは普通学校（小学校・中学校）に通います。一方で、認定特別支援学校就学者となった子どもは、特別支援学校に在籍することとなります。もちろん特別支援学校就学相当であっても、普通学校の特別支援学級に在籍しながら通常教育を受ける通級指導の場合もあります。

（2）インクルーシブ教育の位置づけ

　日本での障害をもつ子どもの教育については、特別支援学校や特別支援学級の設置、通級による指導の実施を行うことで、子どもの学習権を保障できるように「多様な学びの場」を確保することを前提としています。そこでの一人ひとりの障害の程度に応じた特別な**合理的配慮**をすることで、教育をしていくのです。

　すでに述べた通り、障害者権利条約 24 条 3 項では、日本でいう特別支援学校等の存在を否定していません。ただし、条約では「完全なインクルージョン」という目標が前提となっていることを忘れてはいけません。インクルーシブ教育と合理的配慮の目的は、障害のある子どもが可能な限り普通学校に在籍し、合理的配慮を受けることで適切な教育を受けることです。そうした中で、障害のある子どもが適切な合理的配慮をされることなく、普通学校ま

たは普通学級に在籍できないのであれば、差別に該当するとの評価もあり得ます。

　一方、日本の場合、特別支援学校への在籍を例外とする障害者権利条約の文脈と異なり、特別支援学校への在籍および普通学校（学級）への在籍は選択肢の一つと捉えられています（選択権があるか否かについては後述）。その中で、合理的配慮も特別支援学校（学級）をはじめとした「多様な学びの場」の枠組みに追加したものと解されます。こうした制度のもとでは、障害のあるなしに関わらず子どもたちが共に学び、その中で合理的配慮を行っていくというインクルーシブ教育の本来の理念の実現が後退してしまっていると、批判されています。

◆チャレンジ：日本における特別支援教育の制度と、そこでのインクルーシブ教育の位置付けはどうなっているか、考えてみよう。

3　就学先選択をめぐる裁判

　こうしたインクルーシブ教育の実現をめぐって大きな問題となるのが、就学先の決定に関わる問題です。すでに述べた通り、日本では、保護者や専門家の意見を聞いたうえで、最終的に市町村の教育委員会が子どもの就学先を決定します。その中で、障害をもつ子どもとその保護者が希望する学校に就学できない決定を問題として、いくつもの裁判が提起されてきました。それを次に見ていきましょう。

（1）留萌訴訟

　特別支援教育以前の事案として、まず1993年の留萌訴訟が挙げられます。原告の生徒は生後の脊髄損傷で肢体不自由となりましたが、中学校入学の際に普通学級で学習したいと考えていました。しかし、市は両親の同意を得ないうちに入学予定校に特殊学級設置申請を行って認可を受けた上で、原告を特殊学級への入級とする処分を行いました。原告と両親はこれを違法として処分の取消しと損害賠償を求めました。

　これに対し旭川地裁は、心身障害をもつ子どもの教育は、その能力や特性、障害の種類や程度等に対応できるよう様々な教育の場または形態が用意され

なければならない一方、受け入れる側の態勢の状況を無視することはできないと述べます。その上で、障害のある子どもに対する学習権保障の内容は、憲法26条の規定から自動的に決まるわけではなく、国の立法の判断に委ねられているとしました。また、生徒をどの学級に入級させるかの決定権限は校長に属するとして、原告の請求を認めませんでした（旭川地判平成5年10月26日）。

原告はこれを不服として控訴しましたが、控訴審もほぼ地裁判決を引用し、原告の控訴を棄却しました（札幌高判平成5年5月24日）。

(2) 市立尼崎高校事件

義務教育段階ではありませんが、留萌訴訟と異なる判断を示していたのが、1992年の市立尼崎高校事件です。原告の男子生徒は筋ジストロフィー疾患を患い、車いすが必須でした。一方、成績は優秀で、他の同級生と同じ普通中学校に通っていました。中学校はスロープや手すりを設置する等、合理的配慮を行っていました。原告は、卒業後も同級生と同じ自宅近くの本件高校への進学を希望し、本件高校を受験します。学力試験では合格ラインに十分達していました。しかし、高校側は事前に提出された医師の診断書を踏まえて原告の障害程度や高校の受け入れ態勢等を総合的に判断した結果、高校での「全ての課程を無事履修する見通しがない」として、原告を不合格にしました。この判断は憲法違反であるとして取消しを求めたのが本件裁判です。

裁判では、本件高校が過去に車いすの生徒に対して設備改修などの配慮を行うことで無事に卒業させた実績があったこと、また専門医が原告生徒は「高校3年間の就学が可能である」と書いた診断書があることが指摘されました。その上で、普通高校に進学するだけの学力があり、本人も進学を望んでいる場合、入学の途が閉ざされることは許されないとしました。障害のある生徒も健常者同様に教育の機会均等を求める権利が憲法や教育基本法によって認められることから、本件の不合格判定は校長の裁量権の逸脱・濫用であるとし、原告の請求を認めました（神戸地判平成4年3月13日）。

(3) 奈良下市町立中学校事件

特別支援教育移行後の事件としては、2009年の奈良下市町立中学校事件が

重要です。原告の生徒は脳性麻痺で肢体不自由でしたが、小学校 6 年間は特別支援学級に所属しながら通常学級の児童と共に授業を受けていました。生徒と保護者は卒業後も地元の町立中学校に就学させたいと考えて教育委員会と交渉していましたが、教育委員会は当該生徒を特別支援学校に就学させるべきとする通知を行いました。これを受けて原告は地元の町立中学校に就学することを義務付ける訴えを提起しました。

　奈良地裁は、本件で原告とその保護者が当該中学校への就学を強く希望し、現状の学校の設備を利用しながら学ぶことが可能であると確認します。また、特別支援学校への就学が原告の教育上のニーズに応じた適切な教育を実施するという観点から相当とは言い難いと述べます。以上のことから、教育委員会がとりうる手段や改善の余地等を検討しないで原告を特別支援学校への就学とすることは、裁量権の逸脱・濫用にあたり違法であると判断しました。その上で、中学校生活を送ることで自己の障害を克服し、学力を伸ばし、心身共に成長するための 3 年間が刻々と失われている現状に鑑み、「償うことのできない損害を避けるために緊急の必要がある」として、当該中学校へ就学させるよう仮の義務付けを行ったのです（奈良地決平成 21 年 6 月 26 日）。

（4）近年のケース

　前出の尼崎高校事件と下市町立中学校事件は、子ども本人および保護者の意思を尊重して、普通学校での就学を可能とする結果となりました。特に下市町立中学校事件では学校生活による障害の克服と心身の成長について言及していることからも、こうした裁判所の判断はインクルーシブ教育の理念を実現するにあたって大変重要なものと評価すべきでしょう。

　しかし、すでに述べた通り、現在の就学制度において就学先の決定権限は最終的には教育委員会にあります。特別支援学校は障害のある子どものために特別な設備や専門性を有する教員を配置しているのであり、そこで教育を受けることに十分な意義があることは決して否定できません。そうした中で、子どもがどこで教育を受けるべきかについては、教育委員会の専門的な判断に任されるべきという議論も成り立ちます。裁判所も、障害をもつ子ど

もがみな普通学校に受け入れられるべきという立場には、まだ立っていないようです。

2019 年の川崎就学先訴訟では、先天性の呼吸器疾患を抱えているため人工呼吸器による医療ケアが必要な子どもの就学先について争われました。保護者は普通小学校への就学を希望する一方で、市教育委員会は特別支援学校に就学先を決定しました。横浜地裁は、就学先の決定は保護者の意見等だけでなく「児童本人の障害に応じた教育的ニーズ」に合致したものでなければならないとしました。その上で、「看護師の配置されていない小学校において、人工呼吸器を使用装着している児童を受け入れたことはなく」、「地域における教育の体制が整備されている状況であったとはいえない」等の状況を考慮して、市教育委員会の判断の過程に問題はないとしました（横浜地判令和 2 年 3 月 18 日）。

この判決に対しては、過去に同様の子どもを受け入れた実績がないことから体制が不十分であったことを判決の根拠にしている点で合理的配慮義務を軽視していること、また子ども本人および保護者の意思が必ずしも尊重されるわけではないことを認定したことについて、批判がなされています。

(5) 特別支援学校への在籍を求めたケース

これまでのケースが普通学校への就学を求めたものであったのに対し、特別支援学校への就学を求めたケースも存在します。

1997 年の堺市の事件では、てんかん等の疾患により病弱児と認定され、養護学校に通っていたところ、途中で病弱児でなくなったことを理由に普通学校への指定処分がなされたことの是非が問われました。原告は引き続き養護学校での就学を希望して処分の取り消しを求めました。これに対し、大阪地

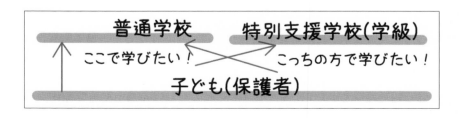

裁は処分時に原告が病弱児ではなくなったとはいえないので、本件処分は要件を欠き違法であるとして処分を取り消しました（大阪地判平成 9 年 10 月 29 日）。

2007 年には、普通学校で不登校になった病弱児の保護者が養護学校への就学を求めた事件で、大阪地裁は次のように判断しました。「当該児童生徒一人一人の教育的ニーズを的確に把握した上、当該ニーズに柔軟に対応して適切な指導及び必要な支援を行う」ことが「特別支援教育制度の趣旨、目的であり、また、当該児童生徒等の日常生活上の状況等をよく把握している保護者の意見が反映されなければならないことも、特別支援教育制度の予定するところである」として、養護学校への就学指定を大阪市に命じたのです（大阪地判平成 19 年 8 月 10 日）。

就学先を決定するにあたって、「保護者の意見を反映」させることが重要とする制度趣旨が適切に判断されたと評価できるでしょう。

Ⅲ　ディスカッション

先述の教育基本法 4 条 2 項のもとで障害のある子どもの教育を考える時、2 つの考え方に整理することができます。一つは、特別支援学校（学級）をはじめとした「多様な学びの場」を確保し、そうした場の教育スタッフにより合理的配慮を受けながら障害のある子どもの教育的ニーズを実現していく現行の特別支援教育の枠組みです。もう一つは、障害のあるなしに関わらず合理的配慮を前提として普通学校（学級）に就学することを原則とし、あくまでも特別支援学校（学級）への就学は例外とするインクルーシブ教育の枠組みで、障害者権利条約が求めているものです。後者を支持する立場からすれば、前者は批判の対象です。実際に、障害者権利条約における初回審査の総括所見で日本の現状が批判され、特別支援学校（学級）の廃止に向けてインクルーシブ教育の実現を促進すべきという勧告がなされました。

たしかに、普通学校に在籍する可能性を十分考慮せず一方的に特別支援学

校（学級）への就学を決定することは、インクルーシブ教育の実現を基本理念とする国際条約を批准する国としては問題のある教育実践というべきでしょう。しかし、インクルーシブ教育を実現するには、受け入れる側の体制を無視することはできません。看護師などの医療ケアを行うスタッフや補助員などが配置されていない状況では、当該子どもの教育の質の保障は保たれません。近年、教員の不足が叫ばれる中、特別支援学校（学級）へ就学する子どもの数は増加しています。こうした状況下で、特別支援学校（学級）を廃止することは非現実的と言わざるを得ません。日本では特殊教育の時代から、障害をもつ子どもの教育を専門の教員が実施してきました。そこでのノウハウの蓄積を含め、特別支援教育には相応の存在意義があることを否定するべきではないでしょう。

そもそも、特別支援学校（学級）での教育と普通学校でのインクルーシブ教育のどちらが望ましいかという議論に建設的な意味はありません。子ども一人一人の多様な教育的ニーズに応えるためには、両方の枠組みが必要と言うべきです。そして、ここで第一に考慮されるべきは、憲法 26 条にいう教育を受ける権利の主要な受益者である子どもです。子ども（とその保護者）がどのような教育を受けたいのか、その意思の確認と尊重が何よりも重要です。すなわち、いずれの学校への就学を選択するかの権利の問題といってもよいでしょう。

ここで最後に参考としてあげたいのが、1994 年に日本が批准した「子どもの権利条約」です。条約の基本原則の中で、締約国は「**子どもの最善の利益**」を確保することが求められます（3 条）。そして、何が子どもにとっての「最善の利益」となるかを理解するためにも、子どもは自身に影響するあらゆることに対して意見を表明する権利があるとします（12 条）。普通学校に通いたいと考える子どももいれば、特別支援学校（学級）が良いと考える子どももいることでしょう。障害のあるなしに関わらず、子どもが個人として成長し、**善き生**（good living）を送ることができるようになるためには、多様な教育環境と選択肢が必要です。本当の意味での「多様な学びの場」を確保するためには、現行の特別支援教育の制度に加えて、普通学校で障害のある子

どもが合理的配慮のもと教育を受けられる体制の整備も進めていく必要があります。憲法 26 条の教育を受ける権利、学習権は、そうした教育の場と質の保障を要求する根拠となるのです。

◆考えてみよう！

・学習権を保障するという視点から、障害のある子どもの就学先を選択する際にどういったことをまずは考慮すべきだろうか？

・障害のある子どもにとって最善の利益となりうる教育として、どのような制度が考えられるか考えてみよう。

参考文献 ....

菊池馨実・中川純・川島聡編著『障害法〔第 2 版〕』（有斐閣、2021 年）
日本教育法学会編『コンメンタール教育基本法』（学陽書房、2021 年）
茂木俊彦『障害児教育を考える』（岩波新書、2007 年）

参照判例 ....

・旭川学力テスト事件（最大判昭和 51 年 5 月 21 日）
・市立尼崎高校事件（神戸地判平成 4 年 3 月 13 日）
・留萌訴訟（旭川地判平成 5 年 10 月 26 日、札幌高判平成 5 年 5 月 24 日）
・奈良下市町立中学校事件（奈良地決平成 21 年 6 月 26 日）
・川崎就学先訴訟（横浜地判令和 2 年 3 月 18 日）
・大阪地判平成 9 年 10 月 29 日
・大阪地判平成 19 年 8 月 10 日

第 11 章

「財産権」の保障

——憲法 29 条、成年後見制度、親なきあと問題

point

　財産権の保障は、封建主義からの解放、そして資本主義の前提条件として、18 世紀の近代憲法では絶対的なものとされてきました。しかし、その後資本主義の発展に伴い貧富の差などが増大した結果、財産権も社会的な制限を受けるものと考えられるようになり、日本国憲法もまた、そのような立場に立っています。それでは、現代において財産権はどのように保障され、また制限などを受けるものなのでしょうか。そして障害のある人にとっての財産権の保障とはどのようなことが必要とされるのでしょうか。

STORY ●●●●●●●●●●●●●●●●●●●●●●●●●●●●●●●●●

　飼い主の A ちゃん、今夜のボクのごはん忘れてない？　なんかたまに不安定なんだよなあ。しかも昨日のごはん、ものすごくいい缶詰だったよ。ボクはうれしいけど、就労施設で働く A ちゃんの生活を考えると心配になっちゃうんだよね。お母さんとなんかもめたりもしてるし。ところでボクのごはんを……。

　「A ちゃん、最近要らないものを買ってない？　この前も 5 つ目のキャットタワーを買ってきて…。私たちも寝る場所がないくらいだから、もう、うちには置く場所がありませんよ。」

　「母さん、あれは良いものだよ。勝手に返品しないでよ。」

　「開封する前に返品できてよかったのよ。ところで、銀行でお金をおろしてきてほしいんだけど、通帳と印鑑はどこですかね。」

　「あれ？　あれはどこだったかな。この前は冷蔵庫の中で見た気がするけど。」

　「A ちゃん！しっかりしてくださいよ！」

　あ、まずい。険悪な雰囲気に。ボクの出番かな。ニャオ！ニャオ！はい、撫でて撫でて！

　「A ちゃんにもお金の使い方とか管理とか、何かサポートが必要かしらね

え。」

「いらないよ。僕は自分でできるし。なあネコ。」

ニャアニャア。とりあえずボクのごはんを。

「あ、ネコのごはんを忘れてた。今日の僕はあんまり調子よくないのかな。ごめんごめん。」

Ａちゃんのお金の話は難しいなあ。安心と自分の思いを両立させるのは難しいよね。でも一見他人から無駄に見えるようなお金の使い方をする自由だって必要だよね。ボクはキャットタワーいいと思うけどなあ。そもそも人間はお金なんてものを持っているから、ややこしくなるんだよね。ボクみたいな粋な猫は、宵越しの銭は持たねぇからなあ。（猫に小判ということわざを彼は知らない。）

Ⅰ　スタンダード

1　憲法で保障される財産権とは（憲法 29 条）

(1)　財産権は侵してはならない？

　財産権について、憲法 29 条はまず 1 項で「侵してはならない」としつつ、2 項では「内容は、公共の福祉に適合するやうに、法律でこれを定める」として、公共の福祉による制限に触れるという、一見矛盾した態度をとっています。この関係については、「ポイント」に書いたように、1789 年フランス人権宣言では「神聖かつ不可侵の権利」（17 条）とされた所有権が、その後、例えば 1919 年ワイマール憲法によって「所有権は義務を伴う。その行使は、同時に公共の福祉に役立つべきである」（153 条 3 項）と規定されたように、**社会的な拘束を負った人権**として理解されるようになったという歴史的な経緯を反映しているものでもあります。

　そして、1 項は個人それぞれが有する所有権や、著作権などの知的財産権、さらには漁業権なども含めたあらゆる財産上の権利を保障しています。さらに 1 項は、その「個人が権利を有している」ということを法制度として保障

する、すなわち私有財産制を保障していることを示しているとする説が有力です。

　そして、そのような憲法の規定を受けて、民法でも財産権に関する規定がなされています。民法は財産法と家族法に大きく 2 つの領域に分けられますが、財産法の原則としては、**①権利能力の平等の原則、②所有権絶対の原則、③契約自由の原則、④過失責任主義の原則**などが挙げられます。

　一方、障害のある人という観点からは、1990 年代後半から、いわゆる社会福祉基礎構造改革が行われたことが注目されます。ここで、これまでの行政が主体となって、利用者のニーズの判定やサービスの提供内容、利用者の負担額などを決定し、福祉サービスを行政行為として給付する措置制度から、利用者が自分の意思により利用する制度へと転換が図られました。すなわち、それぞれのサービスを、利用者とサービスの提供者の契約により利用する制度へと転換がなされたわけです。民法の契約の原則は、契約の両当事者が対等な関係にあることが前提となっています。しかし、障害のある人や高齢の人などは、事業者などと比べて、弱い立場に置かれることが一般的でもあります。そして、福祉サービスを必要とする人は、むしろ自ら判断することが困難な人である場合も少なくありません。社会福祉領域におけるサービス利用契約の締結と利用者保護に関しては後の 2 (4) で扱います。

(2) 公共の福祉って何？

　では、憲法 29 条 2 項にある、財産権を制限するという公共の福祉とはどのようなものでしょうか。まずは判例を見てみましょう。

　共有されている森林の場合に持分価額 2 分の 1 以下の共有者からの分割請求を認めていなかった森林法旧 186 条について、分割請求を認めていないことを違憲と判断した**森林法共有林事件**において、最高裁は、憲法 29 条の定め

る財産権と、2項の公共の福祉について説明しています。そこではまず、財産権について「公共の福祉に適合する限り財産権について規制を加えることができる」としています。そしてその制約については、「それ自体に内在する制約」と、「社会全体の利益を図るために加える規制」による制約があるとします。そして規制について、立法目的が積極的なものから消極的なものまで、様々なものがありうる、と説明をしています

次に、それまでため池の堤防を農地として使ってきたことが、条例によって禁止されたことが争点となった**奈良県ため池条例事件**では、災害を未然に防止するという社会生活上のやむを得ない必要があるとし、財産上の権利を有する人も「公共の福祉のため、当然これを受忍しなければならない責務を負う」とします。そのうえで、禁止を条例で定めることは、違憲、違法ではないと結論付けています。

以上のように、財産権の制限は内在的制約に服するということの他に、立法目的が、社会的に立場の弱い人の保護や経済政策といった、積極目的である規制にも服するとされます。そして、憲法29条2項は「法律でこれを定める」としていますが、条例によっても制限を受けることがあるということになります。

(3) 財産の制限と正当な補償

では、憲法29条3項に「私有財産は、正当な補償の下に、これを公共のために用ひることができる」と書いてありますが、これはどのような意味でしょうか。まず、私有財産を**「公共のため」**に用いる場面ですが、まず一般的に、道路、鉄道、空港、ダムなどを作る公共事業のために土地などを収容する場合が考えられます。また、戦後の農地改革のために、小作人から自作農に転換するために、国が地主から農地を買収して安く小作人に売ったように、結果的に個人の利益となるように見える場合でも、広く社会全体の利益が収容全体の目的になっていれば、「公共のため」であるとされます。

次に、補償は**特別の犠牲**が加わる場合に必要とされます。特別の犠牲は、①広く一般人でなはなく、特定の個人に対して、②財産権の侵害が、社会を成り立たせるために必要とされる制限として我慢をしてでも受け入れるべき

限度を超えて、その財産権が意味のないものになってしまうほどに強いものであるかどうか、を総合的に判断するという考え方が有力です。また、特定の人に対して特別に財産上の犠牲を強いるものであるのに、損失補償規定がないことが争われた**河川附近地制限令事件**では、根拠規定がない場合であっても、憲法 29 条 3 項を根拠に、直接補償請求ができるとしています。

　財産を公権力によって侵害されたら補償される、ということは憲法に書いてありますが、人の身体が侵害された場合はどうでしょうか。予防接種の副反応によって死亡したり、後遺障害を被ったりしたことについて、損失補償を求めた**予防接種ワクチン禍訴訟地裁判決**では民法上の債務不履行責任、公権力の行使についての国家賠償法 1 条の責任による賠償責任は、過失がないとして認められませんでした。しかし、「各被害児らは……、接種を受けた者として、全く予測できない、しかしながら予防接種には不可避的に発生する副反応により、死亡その他重篤な身体障害を招来し、その結果、全く通常では考えられない特別の犠牲を強いられた」。そして「一般社会を伝染病から集団的に防衛するためになされた予防接種」による損失を、「個人の者のみの負担に帰せしめてしまうことは、生命・自由・幸福追求権を規定する憲法 13 条、法の下の平等と差別の禁止を規定する同 14 条 1 項、更には、国民の生存権を保障する旨を規定する同 25 条のそれらの法の精神に反するということができ」る。損失は、国が負担すべきものと解するのが相当であり、「そのことは、価値の根元を個人に見出し、個人の尊厳を価値の原点とし、国民すべての自由・生命・幸福追求を大切にしようとする憲法の基本原理に合致する」としました。そして、前述の河川附近地制限令事件を引用して、損失補償を認めた規定がなくても、直接憲法 29 条 3 項を根拠として補償請求をすることができるとします。そして、憲法 13 条後段、25 条 1 項の規定の趣旨に照らし、「財産上特別の犠牲が課せられた場合と生命、身体に対し特別の犠牲が課せられた場合とで、後者の方を不利に扱うことが許されるとする合理的理由は全くない」。「生命、身体に対して特別の犠牲が課せられた場合においても、右憲法 29 条 3 項を類進適用し……直接憲法 29 条 3 項に基づき、被告国に対し正当な補償を請求することができる」としました。

　一方**予防接種ワクチン禍訴訟高裁判決**では、「生命身体はいかに補償を伴ってもこれを公共のために用いることはできないものであるから、許すべからざる生命身体に対する侵害が生じたことによる補償は、本来、憲法29条3項とは全く無関係のものである」としたものの、厚生大臣には、被害者である禁忌該当者に予防接種を実施させないための、充分な措置をとることを怠った過失がある、として国家賠償法1条による救済を認めています。また、国家賠償法1条による損害賠償について争われた**小樽種痘禍事件**では、予防接種の際に医師が予診を尽くすことなどを条件として挙げ、医師に厳格な義務を課す判断が示されています。

　なお、予防接種の副反応による健康被害については、かつては法的根拠がなかったため、憲法29条3項の問題として考えられてきましたが、現行の予防接種法では、健康被害の救済措置として給付を行うことが定められており（予防接種法15条以下）、立法的な解決が図られ、国家賠償の問題として議論がされています。予防接種後健康被害救済制度に基づく給付としては、医療機関で医療を受けた場合は、医療費や医療手当を、障害が残ってしまった場合は、障害児養育年金や障害年金を、亡くなってしまった場合には、死亡一時金や葬祭料などが支給されることになっています。

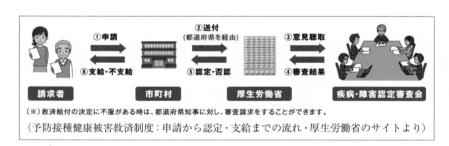

①申請　②送付（都道府県を経由）　③意見聴取
⑥支給・不支給　⑤認定・否認　④審査結果
請求者　市町村　厚生労働省　疾病・障害認定審査会

（※）救済給付の決定に不服がある時は、都道府県知事に対し、審査請求をすることができます。

（予防接種健康被害救済制度：申請から認定・支給までの流れ・厚生労働省のサイトより）

◆チャレンジ：補償と賠償の違いは何だろうか？

2　国や地方公共団体はどんなことをしてる？　そしてその世界的評価は？

(1) 障害者権利条約

障害者権利条約では 12 条 2 項において「締約国は、障害者が生活のあらゆる側面において他の者との平等を基礎として法的能力を享有することを認める」とし、障害のある人も法的能力について、障害のない人と同様の権利を持つことを確認しています。そのうえで 12 条 3 項において、「法律の前にひとしく認められる権利」として「締約国は、障害者がその法的能力の行使に当たって必要とする支援を利用する機会を提供するための適当な措置をとる」ことを定めています。さらに 12 条 5 項では、財産の所有や相続、自己の会計を管理などについての平等な権利について定めています。

障害者権利条約成立過程時の議論では、最終手段としての代行決定は容認すべきとの共通認識があったといわれます。しかし、障害者権利委員会による障害者権利条約 12 条に関する公式解釈指針である「一般的意見 1 号」では、後述する日本における成年後見制度のような代理・代行決定の廃止と、その代替策である意思決定支援の双方を要請しています。

そのようなことから、障害者権利条約 12 条の求める内容は、これまでの成年後見制度を前提とした意思決定とは異なり、代行的意思決定から、支援付き意思決定への転換を求めているといわれています。すなわち、判断能力の不十分な本人の代わりに誰かが決定するということではなく、周りの支援を受けつつ本人が決定をする、というように変えていくことになります。

2022 年に公表された日本に対する国連障害者権利委員会による総括所見においては、民法に規定される代替的意思決定システム（成年後見制度）が障害のある人にとって法的能力を制限するものであり、法の下の平等に反するものである点が指摘されています。

(2) 意思決定支援とガイドライン

障害者権利条約批准の動きを受け 2010 年代後半からは、厚生労働省による**意思決定支援**についてのガイドラインの作成が目立った動きとしてあります。障害のある人についての領域では、「障害福祉サービス等の提供に係る意

思決定支援ガイドライン」が策定され、障害福祉分野での意思決定支援の方
向性が明確化されています。

　障害福祉サービスの利用等にあたっての意思決定支援ガイドラインでは、
意思決定支援について、「意思決定支援とは、自ら意思を決定することに困難
を抱える障害者が、日常生活や社会生活に関して自らの意思が反映された生
活を送ることができるように、可能な限り本人が自ら意思決定できるよう支
援し、本人の意思の確認や意思及び選好を推定し、支援を尽くしても本人の
意思及び選好の推定が困難な場合には、最後の手段として本人の最善の利益
を検討するために事業者の職員が行う支援の行為及び仕組みをいう」と定義
しています。

　そして、意思決定支援の原則については以下のように説明をしています。

　①本人への支援は、自己決定の尊重に基づき行うことが原則である。本人
の自己決定にとって必要な情報の説明は、本人が理解できるよう工夫して行
うことが重要である。本人の意思確認ができるようなあらゆる工夫を行い、
本人が安心して自信を持ち自由に意思表示できるよう支援することが必要で
ある。②職員等の価値観においては不合理と思われる決定でも、他者への権
利を侵害しないのであれば、その選択を尊重するよう努める姿勢が求められ
る。また、本人が意思決定した結果、本人に不利益が及ぶことが考えられる
場合は、意思決定した結果については最大限尊重しつつも、それに対して生
ずるリスクについて、どのようなことが予測できるか考え、対応について検
討しておくことが必要である。リスク管理のためには、事業所全体で取り組
む体制を構築することが重要である。また、リスク管理を強調するあまり、
本人の意思決定に対して制約的になり過ぎないよう注意することが必要であ
る。③本人の自己決定や意思確認がどうしても困難な場合は、本人をよく知
る関係者が集まって、本人の日常生活の場面や事業者のサービス提供場面に
おける表情や感情、行動に関する記録などの情報に加え、これまでの生活史、
人間関係等様々な情報を把握し、根拠を明確にしながら障害者の意思及び選
好を推定する。④本人の意思を推定することがどうしても困難な場合は、関
係者が協議し、本人にとっての最善の利益を判断せざるを得ない場合があ

る。最善の利益の判断は最後の手段である。

（3） 成年後見制度

①制度の概要

　障害者権利条約等の観点からは厳しい批判の対象にもなっていますが、判断能力の不十分な人にとって、本人の財産を守るための制度として、現在中心的なものとして位置づけられているのが成年後見制度です。

　認知症、知的障害、精神障害などの理由で判断能力の不十分な人にとって、日常生活での買い物などは問題なくても、不動産などの財産を管理したり、介護サービスや施設への入所に関する契約を結んだり、遺産分割の協議をしたりすることをするのは難しいといった場合があります。また、自分にとって不利益な契約であっても十分な判断ができずに契約を結んでしまうような、結果的に自分とって不本意な契約を結んでしまうおそれもあります。そこで、家庭裁判所に対して申立てをすることで、支援する人をつけ、判断能力の不十分な人を保護し、本人の財産を守るという制度が**成年後見制度**です。

（厚生労働省による成年後見制度パンフレットより）

　民法では成年被後見人、被保佐人、被補助人、未成年者の4つの類型を定め、その人について行為能力を制限し、保護を図っています。これらの人を**制限行為能力者**といいます。**行為能力**とは自分自身の行為によって、契約など法律行為の効果を確定的に自分自身に帰属させるという資格のことです。アナタが未成年だった頃のことを思い出してもらうといいのですが、例えば携帯電話の契約の時とかには、保護者の方の同意が必要でしたよね。本来だった

ら、自分の意思だけで契約ができるはずなのに、行為能力が制限されるというのは、そういうことです。

　成年後見制度は、判断能力の不十分な人の財産を守る権利である一方、行為能力が制限されて、契約の自由が制限されてしまうわけですから、大きな権利の制限になってしまう面も見逃せません。その点、成年後見制度では**自己決定権の尊重、残存能力の活用、ノーマライゼーション**等の観点が強調されます。

②成年後見制度はどのように使われている？

　後見制度は、法定後見と任意後見に大別され、法定後見制度は、後見、保佐、補助の３類型によって構成されています。まず、法定後見ですが、判断能力がより不十分で、サポートの程度が高い方から、後見、補佐、補助となります。

　法定後見は、サポートの一番強い後見を例に、どのようなサポートになるかを見てみましょう。「精神上の障害により事理を弁識する能力を欠く常況（事柄の当否を判断する能力が欠ける状態が通常であること）」にあるため、本人、配偶者、４親等内の親族（いとこくらいまで）、市町村長など一定の者の請求によって、家庭裁判所から後見開始の審判を受けた人が、**成年被後見人**とされます。成年被後見人にはサポートをする人として成年後見人がつけられ、後見が開始します。成年後見人は成年被後見人の財産を管理し、その財産に関する契約などの法律行為の代理を行います。成年被後見人が法律行為をしたときは、取り消すことができます。ただし、日用品の購入など、日常生活に関する行為については成年被後見人が単独ですることができ、取り消すことができません。取消は、成年後見人だけでなく、成年被後見人自身がすることもできます。なお、以前は成年被後見人には選挙権が与えられていませんでしたが、現在は権利が回復されています。

　任意後見制度は、本人に判断能力がある状態のうちに信頼できる人を見つけておき、自分の判断能力が衰えてきた時に、本人に代わって、本人の財産を管理したり、必要な契約締結等をしてもらったりする制度です。家庭裁判

所にあらかじめ任意後見契約を登記しておき、認知症などの精神上の障害によって、本人の判断能力が不十分な状況になったときに、家庭裁判所が任意後見契約の効力を生じさせます。契約で定められた任意後見人が、家庭裁判所が選任した任意後見監督人による監督の下で、契約で定められた特定の法律行為を本人に代わって行うことができます。

　2021 年 12 月現在で、成年後見、補佐、補助、任意後見といった成年後見制度を利用している人は約 24 万人、そのうち成年後見の利用者は約 17 万 7 千人、補佐が 4 万 6 千人、補助が 1 万 3 千人、任意後見の利用者は 2 千 6 百人ほどとなっています。2021 年のデータでは、開始の原因は、認知症が最も多く約 63.7%、次いで知的障害が 9.6%、統合失調症が 9.1% となっています。申立ての動機としては預貯金の管理解約が最も多く約 32.9%、身上保護が 24.4%、介護保険契約が 13.6% となっています。成年後見人と本人との関係を見ると、親族である場合が約 19.8% で、それ以外が 80.2%、親族の内訳は子が約 53.1%、兄弟姉妹が 15.2%、配偶者が 7.4%、親が 6.3% となっています。親族以外の場合の内訳は、司法書士が約 37.7%、弁護士が 25.9%、社会福祉士が 18.1% となっています。

（4）福祉サービス利用契約の締結と利用者保護

①社会福祉法と利用者保護

　いわゆる社会福祉基礎構造改革によって、「措置から契約へ」という形で、福祉サービスが利用者の意思により利用する制度へと転換が図られた一方で、自ら判断することが困難な人も少なくない福祉サービスを利用する人に対する保護が、課題として浮き上がることにもなりました。福祉サービスの利用契約については、民法の他に消費者契約法の適用もありますが、社会福祉法では「福祉サービスの適切な利用」として、社会福祉事業経営者に対して、利用者に対する保護の規定を設けています。具体的な内容としては、誇大広告の禁止や、利用契約成立時に一定の重要事項を記載した書面の交付を義務づけています。さらに、その事業に関する情報提供や、利用契約の申込み時の契約の内容や履行に関する事項の説明、福祉サービスの質の評価や質の向上のための措置を努力義務としています。

②日常生活支援事業

社会福祉法に定められる福祉サービス利用援助事業として、日常生活自立支援事業があります。日常生活自立支援事業は、判断能力の不十分な人であっても福祉サービスの利用が適切に利用できるようサポートし、さらに日常的金銭管理等をあわせて行うサービスとして、位置づけられています。

日常生活自立支援事業の対象者は、判断能力が不十分であるため、日常生活を営むのに必要なサービスを利用するための情報の入手、理解、判断、意思表示を、本人のみでは適切に行うことが困難であること、日常生活自立支援事業の利用契約を締結する能力を有すること、の2要件を満たす人です。サービスの内容は、福祉サービスの利用援助や、日常的金銭管理サービス、書類等の預かりサービス、また、日常生活自立支援事業のサービスを利用する際には、利用者と一緒に支援計画をつくり、定期的な訪問により生活状況を見守る、といったサービスがあります。

日常生活支援事業は、社会福祉協議会が実施主体となり、運営適正化委員会が事業全体の運営監視と利用者からの苦情解決に当たっています。

③成年後見制度利用支援事業

前述のように、批判もある成年後見制度ではありますが、2016年には「成年後見制度の利用の促進に関する法律」が制定されるなど、その利用を促進する方針が取られています。成年後見制度利用支援事業は、市町村によって、成年後見制度の利用に要する費用のうち、成年後見制度の申し立てに要する経費（登記手数料、鑑定費用等）や後見人等の報酬等を補助する事業です、障害者総合支援法における地域生活支援事業として位置づけられる事業です。

◆チャレンジ：成年後見制度のパンフレットなどを見たことがありますか？　インターネットなどで探して見てみよう。

Ⅱ　アドバンス

　2011 年に制定された障害者虐待防止法では、虐待の定義の一つとして「経済的虐待」が挙げられるなど（障害者虐待防止法 2 条）、障害のある人の財産権は十分に守られているとは言い難い状況があります。東京都のサイトでは経済的虐待の例として「年金や賃金を渡さない、本人の同意なしに財産や預貯金を処分・運用する、日常生活に必要な金銭を渡さない、など」と説明しています。そして、前節でみた成年後見制度なども、障害のある人本人ではなく、他の人が代理として契約を行うなど、本人の意思が十分に反映されない面があることも問題視されています。近年は福祉の領域においても、判断能力が不十分な人に対しての、意思決定支援の考え方が強調されるようになってきています。

1　イギリス MCA2005

(1)　MCA2005 とその概要

　そのような現在の日本の状況下において、注目を集めているのがイギリス Mental Capacity Act 2005（2005 年意思決定能力法：MCA2005）です。MCA2005 においては、障害や認知症などによって判断能力が不十分な状態にある人であっても、すべての人に判断能力があるとする「意思決定能力存在の推定の原則」を前提として、支援などをしつつも可能な限り自己決定ができるようにすることが原則とされています。

　MCA2005 の特徴として 5 つの原則があるとされます。①「能力を欠くと確定されない限り、人は能力を有すると推定されなくてはならない」として、「意思決定能力存在の推定の原則」、②「本人の意思決定を助けるあらゆる実行可能な方法が功を奏さなかったのでなければ、人は意思決定ができないとみなされてはならない」として「自己決定支援の原則」、③「人は単に賢明でない判断をするという理由のみによって意思決定ができないとみなされてはならない」、④「能力を欠く人のために、あるいはその人に代わって、本法の

下でなされる行為又は意思決定は、本人の最善の利益のために（ベスト・インタレストを実現するように）行わなければならない」ことを定める「ベスト・インタレストの原則」、⑤「当該行為又は当該意思決定が行われる前に、その目的が、本人の権利及び行動の自由に対して、より一方制約の小さい方法で達せられないかを考慮すべきである」として、「必要最小限の介入の原則」です。①から③の原則から、本人に意思決定能力がないと法的に判定することに対して極めて慎重であるべきとする MCA2005 の姿勢が見て取れ、その上で、④⑤においては、本人に意思決定能力がないと判定せざるをえない例外的状況において、代行決定のあり方を規律する規定を置いていると評価されています。

(2) MCA2005 と意思決定支援

　MCA2005 においての「意思決定」では、「決定するという行為」そのものに着目されている点が特徴的であるとされ、それよって意思決定を他者の支援を借りながら行う「支援された意思決定」の概念が取り入れられうるという利点が指摘されます。そして、意思決定能力の有無を判断するにあたっては、判断能力について各場面に限ってその有無を判断するという、徹底した個別・具体的アプローチがとられます。意思決定能力が無いと判断される範囲をできる限り限定することによって、「判断能力存在の推定」原則を守る趣旨であるとされます。さらに、意思決定能力判断を行うにあたって、本人の理解力や判断能力が最も低下している時期や時間帯や場所を避け、さらに、少しでも好条件になるよう、本人の理解を補助する方法を選ぶなど、本人の能力の上限に注目するような手法がとられています。MCA2005 には、詳細な行動指針（Code of

『ゲイヤーーアンダーソンの猫』（バステト女神像）大英博物館蔵・筆者による撮影

Practice）が付けられており、MCA2005 実践的な指針を示すものとして存在しています。意思決定を行う能力が本人にあるか否かの判断の際や、本人のベスト・インタレストの確認の方法など、MCA2005 の理念を確認しつつ、シナリオという形で指針を提供しています。

　さらに「ベスト・インタレスト」については、MCA2005 の中に明確な定義は置かない一方で、具体的なベスト・インタレストを確定する際の要素を提示しています。①「本人の最善の利益を判断するに当たって、単に本人の年齢や容貌、本人の様子や行動に基づいて判断してはならない」、②「意思決定者は関連する本人の生活状況をすべて考慮に入れなければない」、③「本人が当該問題に関する意思決定能力を回復する可能性、可能性があるならばその時期を考慮しなければならない」、④「本人のためになされる行為又は本人に影響を及ぼす意思決定に、合理的に実行可能な範囲で、できる限り本人に参加を許し、奨励し、本人の参加能力を高めるように努めなければならない」、⑤「その判断が生命維持装置に関する場合、その措置が本人の最善の利益に関する否かを考慮するに当たって、本人の死を願う周囲の思惑に誘導されてはならない、他方、尊厳死の希望を明確に文書で記した者に対しては医療処置を施してはならない」、⑥「本人の過去および現在の意向、心情、信念や価値観を考慮しなければならない」、⑦「本人が相談者として指名した者、家族・友人などの身近な介護者、法定後見人、任意後見人等の見解を考慮に入れて、判断しなければならない」、などの要素です。④⑥から本人を決定の際の中心に置く姿勢が見て取れ、また特に、代行決定者が本人の客観的状況を外部者の視点で観察した結果、良いと考えたに過ぎないものをベスト・インタレストとして捉えてはならない、としていることが注目されます。

　ベスト・インタレストを日本語に訳すと「最善の利益」になるのですが、この「最善の利益」という文言自体については、障害者権利委員会による条約 12 条に関する公式解釈指針である「一般的意見 1 号」において、指摘がなされています。すなわち客観的な最善の利益を探求すべきであるとする「最善の利益基準」から、本人を対話的相互関係の主体として認め、本人が残し、また発している諸情報をもとに、対話的相互関係の支援者が最善の解釈を探

求すべきであるとする「意思と選好の最善の解釈基準」への転換が求められているというものです。

◆チャレンジ：イギリスの MCA2005 と日本の成年後見制度、違いはどのあたりに出てくるか、考えてみよう。

2 親なきあと問題について

　障害のある子をもつ親にとって、親なきあとの問題は共通の悩みといってよいでしょう。自分が元気で生きているうちは、子の面倒を見ることができますが、自分がいなくなってしまったら、子はどうなってしまうのか、楽しく生きていくことができるのかと、心配は絶えません。

　我々が生活していく上で重要なものとして、まずお金があります。お金を得るためにはまず働くということになります。第 9 章でも見たように障害のある人の、国、地方自治体の法定雇用率は 2.6％、都道府県等の教育委員会が 2.5％、民間企業 2.3％です。一般の雇用が難しい場合は、就労系障害福祉サービスを利用することになります。厚生労働省による 2021 年の調査では 2020 年の実績として、障害者総合支援法における就労系障害福祉サービスの平均賃金が公表されています。通常の事業所に雇用されることが困難であっても、雇用契約に基づく就労が可能である人に対して、雇用契約の締結等による就労の機会の提供をする事業所である就労継続支援 A 型事業所の 1 か月の平均賃金は 79625 円、通常の事業所に雇用されることが困難で、雇用契約に基づく就労が困難である人に対して、就労の機会の提供をする事業所である就労継続支援 B 型事業所の平均工賃は 15776 円となっています。生活をしていくためのお金としては、現実性のない金額となっています。特に知的障害などがある人にとっては、働いていくということがいかに困難なことかということが見て取れます。ちなみに、国税庁の調査によれば 2021 年の日本全体で、1 年を通じて勤務した給与所得者の 1 人当たりの平均給与は 443 万円で、これを単純に年 12 か月で割ると 1 月当たりの平均給与は約 37 万円になります。金額が足りないとなれば、第 2 章で見たような障害基礎年金や、障害者総合支援法などによる福祉サービスの提供を受けつつ、生活を組み立ててい

くということになります。福祉サービスについては、それぞれの自治体独自のサービスもあるため、支援者を通じるなどして、情報を得ることができるようにしておく必要などもあります。

　親にとって、自分がなくなった後のために子にできることの一つに、相続によって財産を残すことがあります。相続には、大きく分けて、法定相続と、遺言相続があり、法定相続によれば、子が複数人いた場合に、それぞれの子に均等に財産が分けられることになりますが、遺言相続によれば、きょうだいの中でも選択した子に多くの財産を渡すこともできるようになります。

　ただし、遺言相続には、相続人となる人の期待を保護するために遺留分という制度があり、相続人となった人は、遺言の内容に反していても、遺留分として確保された分の財産を相続することができます。例えば、亡くなった親が、すでに配偶者に先立たれ、子が2人きょうだいだった場合、子の遺留分は2分の1です。それをきょうだい2人で割る形になるので、1人のきょうだいは、主張をすれば4分の1の財産を遺留分として確保することができるようになります。そういったことで、遺言ですべての財産を、きょうだいの中の1人の子だけに渡そうとするのは、難しい場合もあるかもしれません。

相続人			相続分(遺留分)	
配偶者	他の親族	順位	配偶者	他の親族
あり	なし		全部(1/2)	—
	子	第1	1/2(1/4)	1/2(1/4)
	直系尊属	第2	2/3(1/3)	1/3(1/6)
	兄弟姉妹	第3	3/4(1/2)	1/4(なし)
なし	子	第1	—	全部(1/2)
	直系尊属	第2	—	全部(1/3)
	兄弟姉妹	第3	—	全部(なし)

民法における法定相続分
※「他の親族」に該当する人が複数存在する場合は、相続分から均等分にします。
※直系尊属の場合は、生存する最近親のみの相続となります。

208

　また、きょうだいの中で1人にだけ財産を渡すということは、他のきょう
だいとの関係も考えなければなりません。全く財産を受け取れないきょうだ
いとトラブルにならないよう配慮することも必要です。そして、親なきあと
は、きょうだいがそれまで親が担っていた役割を果たすような場合も考えら
れます。きょうだいへ過重な負担がかからないようにする必要もあるでしょ
う。
　特に知的障害などがある人などについて、金銭面における一つの方策が成
年後見制度です。さらに次節でも見るように、制度としての課題も大きいの
ですが、「親なきあと」といったことを考えた場合、現状においては利用も考
えなければならない制度かもしれません。

◆チャレンジ：アナタが親だったら、障害のある子どものために、どんなことをし
　ておきたいと思いますか？　イメージをしてみよう。

Ⅲ　ディスカッション

　障害のある人の財産権を守るための制度として、成年後見制度があります
が、前に述べたように、そもそも代行的決定が前提となっている制度でもあ
り、障害のある人本人の判断が尊重されない面を持っている制度でもありま
す。
　さらに、成年後見制度では、様々な不安な点が指摘されています。まず、
法定後見の場合、成年後見人に誰が選ばれるかは、家庭裁判所の裁量とされ、
近年では専門職が選ばれる場合も多くなっています。専門職が後見人となっ
た場合、報酬が発生します。そして、成年後見制度は一度利用したら、判断
能力が回復する場合以外に途中で利用をやめることができず、成年後見人を
変えることもできないため、報酬にかかる負担も長期間にわたることになる
など、使い勝手の悪さも指摘されているところです。また、成年後見人との
意思疎通がうまく行かず、自分の財産にもかかわらず、自分の使いたいよう
に使うことができない、などの問題が起こることもあります。特に専門職に

よる後見の場合、専門職としての知識・経験を発揮するべき主な役割は財産管理であるとの考えから、財産管理に重点を置いた事務の遂行がなされているものもあるとの分析もあります。このような制度を、アナタは使ってみたいと思うでしょうか。

　身体障害の場合では、近年ではパーソナルアシスタンスという制度を導入している自治体もあります。札幌市の例では重度の障害がある人に対し、自治体が介助に要する費用を直接支給し、利用する人が、その範囲内でライフスタイルに合せて介助者と直接契約を結び、自らマネジメントしていく制度と説明されています。利用をする人本人が、介助者を決定し、支払いも自らが行うなどの自由がある一方で、介助者への指導、シフトの調整、報酬の支払い等の責任が発生する面もあります。ヘルパー資格の有無等に係らず介助者となることができるなど、地域の人の力を活用できるというメリットも紹介されています。札幌市では市が民間団体に委託した「PA サポートセンター」が利用をする人に対する支援をする仕組みになっています。このように、それぞれの自治体によって、工夫がなされ、取り組みがなされている面があります。

　障害のある人と財産権の保障について、成年後見制度などもそうですが、これまでは財産を守っていく、という視点での議論、制度が中心だったようにも見えます。でも、アナタは「財産」と聞いたら、どう考えるでしょうか。「どう使おうか！」と考えるのが、楽しいですよね。それは、障害のある人にとっても、全く同じはずです。どうやって、自分のお金を自分らしく、自分で決定して使っていくことができるようにするのか。そして支援の必要な人には、必要な支援がいきわたるようにすることも必要です。現状、障害のある人の財産権の保障については、まだまだ大きな課題があると言わざるえない状況があります。

◆考えてみよう！
・障害のある人の財産権の保障について、これから大事になることはどのようなことか？

・成年後見制度は、これからどのようにしていくべきか？
・親なきあとの問題についてあなたはどう考えるか？　なにかできることは
　あるか？

参考文献

野村豊弘『民事法入門［第 8 版補訂版］』（有斐閣、2022 年）
菅富美枝『イギリス成年後見制度にみる自律支援の法理—ベスト・インタレストを追求する社会』（ミネルヴァ書房、2010 年）
渡部伸『障害のある子が「親なきあと」にお金で困らない本』（主婦の友社、2016 年）

参照判例

・奈良県ため池条例事件（最大判昭和 38 年 6 月 26 日）
・河川附近地制限令事件（最大判昭和 43 年 11 月 27 日）
・森林法共有林事件（最大判昭和 62 年 4 月 22 日）
・小樽種痘禍事件（最 2 小判平成 3 年 4 月 19 日）
・予防接種ワクチン禍訴訟（東京地判昭和 59 年 5 月 18 日、東京高判平成 4 年 12 月 18 日）

第12章

社会保障制度・行政救済

—— 生存権の具体化、措置から契約へ

point

憲法によってわたしたちに保障されている社会権も具体化する法制度がなければ、絵に描いた餅にすぎません。わたしたちに直接かかわる社会保障に関する法制度がどのようなものなのか見ていきます。それらの制度は困難な立場にいる人達に十分なものなのか、それともまだまだなのか考えていきましょう。

STORY

　猫の世界は気楽な世界だ。好きな時に起きて寝て、どこに行くのも全部自由だ。人間のみんなも良くしてくれるし、特に飼い主のＡ平は食事も住居も用意してくれる。最近も新しいキャットタワーを設置してくれたおかげで、昼寝の絶好のスポットも増えたよ。おやつも毎回いいものくれるし。毎日、充実した生活だなぁ。それに対して人間の世界は衣食住を確保するのも大変そう。このあいだ、Ａ平がテレビニュースを見ていて何となく知ってしまったけど、ホームレスという家がない人がいて、住む場所の確保やご飯を食べるのにも苦労しているみたい。Ａ平がオンライン授業で勉強していた憲法では、みんな健康で文化的な最低限度の生活を営む権利があると言っていたような気がするけど、さっきのニュースとどうつながるのだろう。人間の世界は複雑すぎて、猫のわたしにはわからないや。野良猫の友達もいるけど、わたしたちは毛皮があるから外でも大丈夫だけど、人間は毛皮ないから外では寒いんじゃないかな。

　いてて、わたしとしたことが、キャットタワーのてっぺんから飛び降りた時に捻挫をするとは。脚をひきずっていたら、Ａ平が気付いて大きな騒ぎになってしまった。動物病院というものに連れていかれて、色々身体をいじりまわされて大変だったよ。わたしの場合は動けなくなってもＡ平がお世話してくれるけど、Ａ平がケガして動けなくなったらどうしよう。お世話してくれたお礼にお世話してあげたいけど、いかんせん体の大きさがこうも違っては難しそう。

わたしのキャットフードもＡ平がアルバイトで稼いで買ってきてくれているけど、Ａ平自身のご飯もＡ平が働いて買ってきているなら、Ａ平もわたしも飢えてしまうではないか。野良の友達はいるけど、もう家猫歴が長いわたしはもう外でご飯を取るのは難しそう。野良のボスに弟子入りするしかないか。そんなことをつらつらと考えていたら、Ａ平のオンライン授業の時間だ。今日は社会保障法だって。なんか難しそうな名前。なになに、人間はけがや病気になった時に備えて、助け合いの制度を作っているのか。ケガや病気になっても同類を見捨てないとは人間もけっこういいやつじゃないか。ケガや病気の猫だけでなく同類もたすけるとは、人間の認識を改めないといけないなぁ。

I　スタンダード

1　わたしたちが健康で文化的に生きていくための法制度
——社会保障制度

（1）社会保障制度の4つの柱

　第2章で確認した通り、わたしたちは憲法によって**生存権**（憲法25条）が保障されています。**生存権**が保障されているということは、どんな人であっても健康で文化的な最低限度の生活を送る権利があるということです。では、この権利はどのように具体化されるのでしょうか、つまり、わたしたちにどのように直接かかわってくるのでしょうか。確認していきましょう。

　国は憲法25条を実現するために法制度を作りました。それを**社会保障制度**といいます。すこしややこしいですが、**社会保障制度**の中身に何があるか見ていきましょう。

　社会保障制度は4つの領域から成り立っています。①社会保険、②公的扶助、③社会手当、④社会福祉の4つです。言葉だけではイメージがしづらいですよね。実際の制度を紹介しながら、具体的な内容を見ていきましょう。

```
各制度と主な法律

①社会保険法          ②公的扶助      ③社会手当        ④社会福祉
 国民健康保険法        生活保護法      児童手当法        社会福祉法
 健康保険法                        児童扶養手当法      障害者総合支援法
 国民年金法                        特別児童手当法      知的障害者福祉法
 厚生年金保険法                                    身体障害者福祉法
 労働者災害補償保険法                                精神保健福祉法
 介護保険法                                        発達障害者支援法
 高齢者医療確保法                                    老人福祉法
                                                児童福祉法
```

(2) 社会保険

　社会保険を簡単にいうと、みんなでお金を出し合って様々なリスクに対応しようという制度です。現在の日本では、年を取った時に生活を支えるための年金保険、病気になった時のための医療保険、介護が必要になった時ための介護保険、失業や介護・育児のための休業の際に生活を支えるための雇用保険、仕事をしていてケガや病気になった時のための労働者災害補償保険（労災保険）の5つがあります。

　保険という言葉はテレビ CM とかでも聞いたことがあるかもしれません。がん保険とか自動車保険とかの CM はよく見ますよね。そのような保険と社会保険は何が違うのかと思う人もいるかもしれません。実を言うと基本的な考え方や制度は変わりません。保険という制度なので、お金を出し合ってリスクに対応するという部分は同じです。CM で見るような保険は会社とかの私的な団体が希望者を集めて運営しています。それに対して、社会保険は国が強制的に対象者からお金を集めて運営しているという点が違っています。

◆チャレンジ：アメリカは国が強制する医療保険がなく、労働者が自主的に保険会社と契約をします。そのため、自分でリスクを評価して医療保険を選ぶことができます。その一方で貧困層の労働者は保険料を払えず、病気やケガをしても病院に行くことができないことがあるそうです。各国の医療保険制度のメリット・デメリットを調べて、どのような制度が今後の日本の参考になるのか考えてみよう。

（3）公的扶助

公的扶助は困った状況になった時に国に助けてもらう制度です。これだけ聞くと、社会保険と同じようなものに見えるかもしれません。しかし、社会保険とは大きく違うところがあります。それは、拠出（事前にお金を払うこと）を必要としない点です。保険の場合は事前にお金を支払っていない場合はもらえませんが、公的扶助の場合はそのような条件はありません。他には、困った原因が問われない点も違うところです。生活に困窮していれば、最低限度の生活水準に不足する分の給付がもらえます。社会保険の場合は、年齢の場合は年金保険、ケガ・病気の場合は医療保険、失業の場合は雇用保険と困った原因によって、使われる制度が違いますし、事前に拠出という支払いをしていないといけません。これが大きな違いです。

公的扶助の代表的な法律は生活保護法です。どんな人でも病気やけがで仕事が続けられないなど生活に困った場合は生活保護が受けられます。第2章で見た**生存権**（憲法 25 条）の「健康で文化的な最低限度の生活」を具体化した法律です。生活保護法は4つの原理に基づいて動いています。具体的には、最低生活保障原理（厚生労働大臣が最低生活の基準を定めて保障）、自立助長の原理（経済的自立だけでなく、人格的自立や社会的自立も目指す）、無差別平等の原理（生活保護を受けるための条件はない）、補足性の原理（まずは自力で次は家族等の助力で、それでも無理な時が国の出番）です。

（4）社会手当

社会手当も大変な状況になった時に国や地方自治体に助けてもらう制度です。では社会保険や公的扶助と何が違うのでしょうか。社会手当は社会保険と公的扶助の特徴の一部を併せ持つ制度といえます。お金やサービスを受けとる場面では、社会保険と似ています。また特定の事由（子どもを育てているとか障害を持っているといった事由）に基づいて、支給されます。違う点は、拠出がなくてもいい点です。拠出なしで受け取れる点は公的扶助に似ていますね。このように社会保険と公的扶助の特徴を併せ持っています。それでは具体的にどのような種類があるか見ていきましょう。代表的なものとして、子どもを育てている人に支給される児童手当があります。母子家庭や父

子家庭のように一人で子どもを育てている場合は、追加で児童扶養手当ももらえます。子どもが障害を持っている場合は特別児童扶養手当法に基づいて、特別児童扶養手当や障害児福祉手当、特別障害者手当がもらえます。

　地方自治体によって提供されている社会手当は、地方自治体ごとに違っています。一例として東京都に住んでいる人がもらえる社会手当を説明します。母子家庭や父子家庭の場合は、国からもらえる児童扶養手当の他に児童育成手当がもらえます。障害のある人は心身障害者福祉手当が、重度の障害がある人には重度心身障害者手当がもらえます。具体的な制度については住んでいる自治体の担当者に問い合わせてみましょう。

(5)　社会福祉

　社会福祉は、色々な理由で生活に困っている人たちに対するサービス給付のことです。サービス給付と言ってもピンとこない人もいるかもしれません。そういう人は社会保険・公的扶助との比較してみましょう。社会保険も公的扶助も基本的には現金給付です。対象者にお金を渡して、自分で必要なものやサービスを買ってもらいます。社会福祉は、お金を渡すのではなく、直接困っている人に必要なサービスを提供します。

　次の節では、具体的な制度な紹介を説明していきます。

2　障害があっても健康で文化的な生活を
——社会保険：障害年金・労災保険

　(1)　障害を持っている人に関わる社会保険の一つが障害年金です。病気やけがによって生活や仕事に支障が出るようになった時にもらえるお金です。大きく分けると障害基礎年金と障害厚生年金、障害手当金に分けられます。

　それではまず障害基礎年金から見ていきましょう。障害基礎年金は、医師の診療を受けた時に国民年金に加入しており、障害を認定された時に一定の障害等級の状態にある時もらえる給付です。

　ただし要件として、国民年金の加入期間に関して制限が設けられています。国民年金は、日本国内に住む20歳以上60歳未満の人が加入して、保険料を支払わなければならない公的年金ですが、この保険料の支払いを加入期間の3分の2以上していた場合に支払われます。

　障害年金も通常の年金と同様に二階建ての制度になっています。通常の年金は、国民全員が加入する国民年金と、公務員や会社員が加入する厚生年金に分かれます。公務員や会社員は、一定の年齢に達すると国民年金だけでなく厚生年金ももらえます。それと同様に障害を負った時に、厚生年金に加入していると障害厚生年金がもらえます。つまり、会社員等、雇われて働いている人が障害を負った場合は、障害基礎年金と障害厚生年金の両者を受けとることができます。障害厚生年金の受けとることができない程度の障害の場合には障害手当金を受け取ることができます。

　年金に加入できない子どもの時にけがや病気で障害を持つようになった場合は、20歳になった時に障害基礎年金がもらえます。いずれも病院に行けば自動的にもらえるというわけではなく、自分で手続きをしないともらえないので、手続きを確認して年金を請求しないといけません。

　障害年金を受け取るためには3つの支給要件を満たしていないといけません。①初診日要件②保険料納付要件③障害認定日要件の3つです。

　初診日要件は、ケガや病気で病院にはじめて行った日（初診日）において国民年金に加入していないといけません、ということです。国民年金の加入手続きをやっていない、保険料を納めていないといった場合はもらえなくなってしまいます。初診日要件は難しいものではありませんが、年齢によっては少し複雑になってしまいます。国民年金は国内に住んでいる20歳以上60歳未満の人が被保険者なので、60歳以上は被保険者ではなくなってしまいます。そのため、60歳以上65歳未満の人は過去に国民年金の被保険者であったこと、日本国内に住所を有していることが要件になります。65歳以上の人は老齢年金がもらえる年齢なので、さらに複雑になります。障害の等級等により、障害年金と老齢年金のどちらの制度を利用するのがよいのか変わってきます。障害基礎年金と老齢厚生年金を合わせて受給することもできたりす

るので、年金事務所でよく相談して決めましょう。

　保険料納付要件は上述の加入期間の 3 分の 2 以上を支払っているかどうかという要件です。

　障害認定日要件は、すこしややこしいです。国民年金法 30 条 1 項には「当該初診日より起算して 1 年 6 月を経過した日において、その傷病により障害等級に該当する程度の障害の状態にあるときに、その者に支給する」と書いてあります。初診日が 2023 年 3 月 1 日なら、1 年 6 か月経った 2024 年 9 月 1 日が障害認定日になります。1 年 6 か月経つ前に、これ以上の改善が認められないという状態に至った場合は、その日を「治った日」として、「治った日」を障害認定日にします。わかりやすくまとめると、障害年金がもらえるかどうかという判断は、「治った日」もしくは初診日から 1 年 6 か月経った時点で、障害等級という障害を認める基準に該当した場合に受給できるということです。なぜ 1 年 6 か月の期間が必要かというと、病気やケガは治療によって治ることがあり、障害が残るとは限らないからです。なので、症状が固定し改善しないことが明らかな人以外は、1 年 6 か月を基準として障害かどうかを判断するということです。

　1989 年の法改正以前、学生は国民年金の加入が任意とされてきました。国民年金に加入するということは、保険料を納めなければならないことも意味します。そのための所得のない多くの学生は国民年金に未加入のままでした。そのため 20 歳以上のタイミングで学生が障害を負ってしまった場合、年金がもらえないという事態が生じてしまいました。この事態を受けて多くの当事者が、国民年金の制度設計において学生を強制加入の対象外にし続けたことを立法不作為（議会が本来やるべき仕事をやらないこと）であるとして裁判をおこしました。それを学生無年金障害者訴訟といいます。ほとんどの訴訟で無年金となってしまった障害のある人の訴えは退けられてしまいました。しかし、2004 年に国会が無年金の障害のある人を救済する法律を作ることにより、特別な障害給付金が支給されることになりました。

　（2）社会保険の中には、他にも障害のある人とかかわる規定があります。労働者災害補償保険（労災保険）です。労災保険は、仕事原因のケガや病気

が治った時やこれ以上は回復しないという意味で症状が固定した時、障害等級に該当する場合に障害補償給付が支給されます。障害等級が重い第1級から第7級に該当する時は障害補償年金が、比較的障害が軽い第8級から第14級に該当する場合は障害補償一時金が支給されます。

　労災と聞くと仕事原因のケガや病気（業務災害といいます）だけを対象としているように見えるかもしれませんが、通勤中の事故（通勤災害）に対しても補償を提供してくれます。通勤災害と認められるためにはいくつか要件を満たしていないといけません。労働災害補償保険法7条の規定をまとめると以下のようになります。

　①住居と就業の場所の往復
　②就業の場所から他の就業の場所への移動
　③住居と就業の場所との間の往復に先行し、または後続する住居間の移動

　上記の移動を合理的な経路及び方法で行う場合、通勤とみなされ通勤災害の対象となります。業務の性質を有するものは、業務災害の対象になるので、通勤災害の対象になりません。移動の経路を逸脱し、又は中断した場合は、逸脱・中断の間は通勤とはなりません。

　②と③は解説が必要かもしれません。就業の場所から他の就業の場所への移動は、業務を行う事業所が複数ある労働者のための規定です。家から事業所と事業所から家の移動しか補償されないのであれば、途中の移動で事故等にあった時に補償が受けられないので、このような規定があります。③は転任等で配偶者や子どもと別居の際、または介護が必要な父母との別居の際に住居間の移動が通勤に含まれることがあるという規定です。③はかなり細かく規定されているので、実際に該当しそうな場合は担当部署に確認をとりましょう。

　合理的な経路及び方法とは、一般に労働者が用いる通勤経路及び通勤方法のことです。会社等に提出している経路と違ったとしても、それが渋滞回避にための経路であるなど合理的な理由に基づくものであれば、合理的な経路及び方法と認められます。合理的な理由もなく2倍も3倍も長くなるような

経路を取った場合は、合理的な経路としては認められません。

　業務の性質を有するとは、緊急の仕事のために休日に呼び出される場のように、移動であったとしても業務の性質を帯びるもののことです。

　逸脱・中断についても少し解説しておきます。逸脱とは、通勤の際に仕事と関係ない目的で合理的な経路をそれることであり、中断とは通勤の際に通勤とは関係ないことを行うことです。通勤の際に公衆便所を使用したり、通勤ルートにあるお店でコーヒーを買う程度の些細な行動であれば逸脱、中断とはみなされません。

　ちなみに公務員は労災法の対象になりません。公務員災害補償制度という別の制度によって救済されることになります。

3　困っている人達に支援を──社会手当

　社会保障でも公的扶助でもない社会手当の具体例を見ていきます。日本国内に住んでいる人が子どもを育てている時に支給されるのが児童手当です。

　児童扶養手当は児童手当に上乗せで支給される手当です。母子家庭や父子家庭のように一人で子どもを育てている場合に子どもの福祉の増進を図るために支給されます。子どもが一人なら月額 43070 円支給されます。手当を受給している人の所得が多い場合は、所得に応じて一部または全部が支給停止されます。子どもが複数人の場合は人数に応じて、支給が増えます。

　20 歳未満の子どもが精神又は身体に障害を持っている場合は、さらに特別児童扶養手当が支給されます。子どもの障害等級が 1 級の場合月額 53700 円、2 級の場合は月額 35760 円を受け取ることができます。

　自治体が独自やっている手当との併給制限がなくなったので、追加の手当がもらえる可能性があります。住んでいる自治体でどのような手当があるかを知っておくことも重要です。

4　障害があっても健康で文化的な生活を——障害者福祉法制

（1）措置から契約へ

　日本の社会福祉制度は、措置方式というサービス等を国や市町村が一方的に決めて提供する形式から、利用者がサービスを選ぶという契約型へと変わりつつあります。措置方式の問題点は、国や市町村がサービスを一方的に決めるため、利用者の意向が反映されない可能性があることです。利用者は自分が受けるサービスなのにもかかわらず、どのようなサービスを受けるかも、どのような提供者から受けるかも決めることができませんでした。措置方式の問題点は他にもあります。国や市町村が業者を決めるので、業者は利用者に選んでもらう必要がないので、他の提供者よりもよいサービスを提供しようという動機付けが小さくなる点です。

（2）契約方式へ

　措置方式では、利用者の意向は十分に反映されないため、利用者の選択に基づいて事業者と契約する方式へと変更されていくことになりました。その先駆けとなった事例が2005年の障害者自立支援法制定と、それに伴う自立支援支給方式の導入です。自立支援給付方式は、措置方式と違い、利用者が福祉サービスを提供する事業者や施設を自身で選び契約をします。そして、サービスの提供を受けるのですが、その際にサービスにかかった費用の一部または全部を市町村が支払います。しかし、障害者が自身でサービスを選択できるようになったのですが、サービス利用増加で財政難を招いてしまったこと、市町村の違いによるサービスの地域間格差が目立ったこと、精神障害者が対象外であること等々の問題があったため、2010年の障害保健福祉施策見直し整備法や2012年の障害保健福祉施策整備法が制定されました。また障害者自立支援法ではサービス利用者に対して応益負担を求めていました。応益負担とは利用したサービスの一定割合を利用者に負担させることで、それによって利用を控える障害者も出ていました。そのため、障害者自立支援法は憲法違反であるという訴訟も起こされました。政権交代等もあり、政府の側から歩み寄りがあり、訴訟は和解によって終結し、障害者自立支援法は**障害者総合支援法**へと変更されました。

(3) 障害者総合支援法の内容は？

障害者総合支援法は「基本理念」に、以下のものを掲げています。

①全ての国民が、障害の有無にかかわらず、等しく基本的人権を享有する
　かけがえのない個人として尊重されること
②全ての国民が、障害の有無によって分け隔てられることなく、相互に人
　格と個性を尊重し合いながら共生する社会を実現すること
③全ての障害者及び障害児が可能な限りその身近な場所において必要な日
　常生活又は社会生活を営むための支援を受けられること
④社会参加の機会が確保されること
⑤どこで誰と生活するかについての選択の機会が確保され、地域社会にお
　いて他の人々と共生することを妨げられないこと
⑥障害者及び障害児にとって日常生活又は社会生活を営む上で障壁となる
　ような社会における事物、制度、慣行、観念その他一切のものの除去に
　資すること

```
┌─────────────────────────────────────────────────┐
│ 自立支援給付                                      │
│  ┌──────────────────────────────────────────────┐│
│  │ 介護給付費                  訓練等給付費        ││
│  │  居宅介護(ホームヘルプ)       自立訓練          ││
│  │  重度訪問介護                 就労移行支援       ││
│  │  同行援護                     就労継続支援       ││
│  │  行動援護                     共同生活援助(グループホーム) ││
│  │  重度障害者等包括支援                          ││
│  │  短期入所(ショートステイ)                       ││
│  │  療養介護                   自立支援医療費      ││
│  │  生活介護                     精神通院医療、更生医療、育成医療 ││
│  │                                               ││
│  │  相談支援事業                 補装具費          ││
│  └──────────────────────────────────────────────┘│
│                        ↑                         │
│  地域生活支援事業                                 │
│  ┌──────────────────────────────────────────────┐│
│  │  理解促進研修・啓発          手話奉仕員養成研修  ││
│  │  成年後見制度利用支援        移動支援            ││
│  │  意思疎通支援                その他の日常生活又は社会生活支援 ││
│  └──────────────────────────────────────────────┘│
└─────────────────────────────────────────────────┘
```

222

　給付の内容は多種多様です。まず大きな枠組みとして、自立生活を支援するための自立支援給付、サービスの内容をはじめ様々な相談を受ける相談支援事業、地域での生活を支援するための地域生活支援事業の3つがあります。

　自立支援給付には、介護の支援を行う介護給付と自立訓練や就労支援を行う訓練等給付にわかれます。

(4) どうすればサービスを受けられるの？

　それでは介護給付を受けるためには、どうすればいいのでしょうか。ショートステイを行っている施設に直接行って、後で費用を市町村に請求すればいいのでしょうか。残念ながら、もう少し複雑な手続きが必要となります。まずは住んでいる自治体の福祉事務所や保健センターに行って利用申請をします。そうするとお住いの市町村が、支援を必要とする人の障害支援区分の認定調査を行います。その後、障害支援区分の一次判定が行われ、審査会が開かれ、医師の意見書なども参考にして障害支援区分の二次判定が行われます。そして、区分1〜6のいずれかの障害支援区分の認定がなされ、最終的に支援が決定します。

◆チャレンジ：障害のある人を社会から排除しないためには、どのような取り組みが必要だろうか。合理的配慮の限界はどこに置くべきか考えてみよう。

Ⅱ　アドバンス

1　障害者福祉年金や生活保護の受給を拒否されたら──行政不服申立・行政事件訴訟

　障害者福祉年金や生活保護を申請したのにもかかわらず、拒否されてしまった場合、わたしたちは何ができるのでしょうか。役所の判断に納得がいかない時は、文句を言うことができます。文句を言う先は2つ。役所と裁判所です。役所に文句を言うことを「行政不服申立」、裁判所に救済を求めるのを「行政事件訴訟」と言います。でも違いがわからないと、まずはどうすればいいかわからないですよね。なので、この後2つの制度の違いを説明して

いきます。

　文句を言う制度が 1 つしかなければ、その制度を使えばいいからわかりやすいですよね。それにもかかわらず、なぜ制度を 2 つも作ったのでしょうか。ちゃんと理由があります。「行政不服申立」（この申立によって行わるのが「行政不服審査」といいます。この後では、文句をいう行為に注目する時は「行政不服申立」、それによって行われているものを「行政不服審査」とします。）は簡単・迅速・安価といった利点があります。

　簡単というのは手続きが簡単ということです。行政事件訴訟は裁判なので、それなりに手続きが複雑です。それに比べるとだいぶ簡単な手続きで行うことができます。迅速というのは結論がでるのが早いということです。裁判は短くても数か月、長いと数年かかることもあります。それに比べるとだいぶ早く結論を出してくれます。安価というのはお金があまりかからないということです。裁判を起こすとなると、弁護士を雇ったりしないといけないし、裁判で必要な諸経費も払わないといけないしとかなりお金がかかります。それに比べると、安く行うことができます。

　しかし、役所の仲間が判断するので、公正さや中立性では裁判所に劣りますし、そもそも行政不服審査の決定（裁決といいます）に納得がいかない場合もあります。その際は、第 2 ラウンドとして、お金も時間もかかるかもしれないけど、裁判を起こすこともできます。

2　役所に手軽に文句を言おう——行政不服申立

　行政不服申立は、行政活動に不服を持つ国民が、処分を下した役所に対し、違法・不当な処分の取消しその他の是正を求める制度ですが、それについて詳しく見ていきます。

　行政不服申立は障害年金や生活保護の不支給のような行政処分（行政の拘束力のある決定のことをいいます）について、役所自身で見直す機会を与えるものです。行政不服審査法 1 条 1 項にも「この法律は、行政庁の違法又は

不当な処分その他公権力の行使に当たる行為に関し、国民が簡易迅速かつ公正な手続の下で広く行政庁に対する不服申立てをすることができるための制度を定めることにより、国民の権利利益の救済を図るとともに、行政の適正な運営を確保することを目的とする」と書いてあるとおり、簡単さが売りの制度になっています。審査の適用対象は「処分又はその他公権力の行使に当たる行為」なので、どんな文句でも行政不服申立ができるわけではありません。例えば、「相談員の人がそっけない対応なのでもっと親身に話をして欲しい」という文句は、拘束力のある決定である行政処分に対する文句ではないので、行政不服申立という特別な手続きの対象にはなりません。それに対して、生活保護の不支給という決定は、あなたの立場に影響を与える拘束力のある決定なので行政不服申立ができます。あなたに立場に変化があるかどうかが、制度が使えるかどうかにかかわると覚えておきましょう。

（1）順番も重要——裁判の前置手続

行政不服申立は、裁判の前段階で行われるので、裁判の前置手続の役割を持っています。言葉は難しく聞こえるかもしれませんが、裁判というお金も時間もかかるものを使う前に、簡単・迅速・安価な制度を先に使ってくださいということです。社会保障分野では行政不服申立を経ないと裁判を起こせません。

例えば、保険料を払っていたのに国民年金の受給資格が認められなかった場合はどうすればよいでしょうか。まずは社会保険審査官に対して審査請求を行います。そこでの決定にも納得できない場合は、社会保険審査会に再審査請求を行います。そこでの決定にも納得がいかない場合、裁判となります。

（2）制度が難しくてどうすれば——教示制度

行政不服審査制度は、どの役所に不服申立てをなすべきかなどの点についてわかりにくいところがあり、また不服申立期間も限られています。そのため、教示という制度を設け、不服申立てをなすべき役所や不服申立期間などについて、情報提供することが定められています。

3　公正中立な判断を求めよう——行政事件訴訟

　上述した通り、行政不服審査の結果に納得できない時は裁判を提起することができます。行政を訴える裁判の種類はたくさんあるのですが、社会保障と関連する種類の訴訟にしぼって見ていきます。

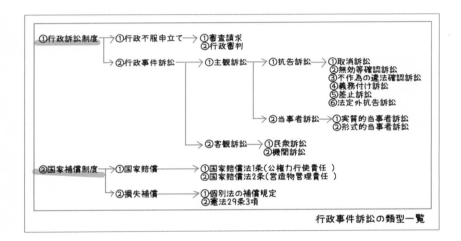

行政事件訴訟の類型一覧

(1)　行政の決定に納得できない——抗告訴訟

　役所の決定である行政処分に納得できない時に起こす訴訟のことを抗告訴訟といいます。その際に何を求めるかによって、さらに細かく分かれます。

①処分や裁決の取り消しを求めます——取消訴訟

　現に行われた行政処分を取り消してもらう訴訟を取消訴訟といいます。生活保護の不支給や障害者年金の不支給の決定を取り消すことを求める裁判が典型例です。

②不作為の違法確認訴訟

　行政処分が行われるべきだが行われない場合の訴訟を不作為の違法確認訴訟といいます。「法令に基づく申請」が行われたにもかかわらず行政庁が応答

しない場合に認められる訴訟です。生活保護の申請をしたにもかかわらず、判断が留保されている場合などに行われる訴訟です。わざと支給するかしないかの判断を遅らせて、相手を諦めさせるような扱いに対して、起こすことができる訴訟です。行政処分がなされていないので取消訴訟が行うことができないので、別の類型が用意されています。

③義務付け訴訟

　行政処分をすべき旨を役所に対して命ずることを求める訴訟です。生活保護のように法律で申請する権利が定められている場合のことを、申請型義務付け訴訟といいます。さらに細かく見ると、不作為型の訴訟と拒否処分型の訴訟に分かれます。不作為型は申請を放置された場合に行政庁の不作為を争う訴訟です。具体例としては、生活保護の申請が放置されている場合に、保護決定をするように求める訴訟です。不作為の違法確認訴訟と似ていると思うかもしれません。似ていることは確かですが、訴訟で求めるものが違います。不作為の違法確認訴訟は、あくまで放置していることが違法であり、早く判断をすることを求めるにすぎません。訴訟の後、役所が不支給という判断をする可能性もあるのです。義務付け訴訟はさらに一歩踏み込んで、生活保護支給の決定をせよということを役所に求める訴訟です。救済までの期間を早くしたい場合は、義務付け訴訟を使うといいでしょう。

　（2）行政処分されてないと裁判は起こせないの？——当事者訴訟

　強制力を使わない場面で国と私たちの関係が問題になることがあります。国も常に強制力を行使しているわけではありません。国民と対等平等なかたちでかかわることもあります。行政処分をされていないので、上述の抗告訴訟を提起することはできません。その際に使われるのが当事者訴訟です。保険医療機関の指定に関する訴訟や一部の社会保険の受給権についての争いなどが該当します。

　（3）訴訟を起こすための条件は？——訴訟要件

　裁判を起こすためには、訴訟要件という訴えを裁判所に受け付けてもらうための要件を満たさないといけません。要件を満たしていないと、裁判所で

門前払いされてしまいます。中身をちゃんと審査してもらいたいときは、以下の 7 つの要件を満たさないといけません。

①争いの対象になる行政活動が行政処分にあたること(処分性)
②原告が取消訴訟の原告となりうるだけの利益を有していること(原告適格)
③裁判所が裁判をするに値する客観的な事情ないし実益があること(訴えの客観的利益)
④行政処分をした行政庁の所属する国または公共団体を被告とすること(被告適格)
⑤当該行政処分について裁判管轄権を有する裁判所に取消訴訟を提起すること(裁判管轄)
⑥出訴期間内に訴訟を提起すること
⑦審査請求前置がとられている時は、審査請求を経ること

　処分性の意味は、取消訴訟が対象とするのは、行政活動一般ではなく行政処分のみということです。裁判所に訴えることができるものは限られていることを意味します。

　原告適格とは、原告となる資格のことを意味します。詳しく言うと、取消訴訟を提起できるのは、行政処分を取消し求めるにつき、法律上の利益を有するもの、つまり何らかの権利侵害を受けていないといけません。

　訴えの客観的利益の意味は、取消訴訟の提起には訴えの利益が必要であるということです。この訴えの利益は訴訟が終わるまで存在していなければなりません。訴えの利益が何らかの理由で訴訟の途中で消滅すると、裁判所としては、裁判をするに値する事情ないし実益がなくなるから、訴えが却下されてしまします。具体例としては、裁判を起こした原告が裁判結審前に亡くなってしまった場合、判決を出しても権利や利益を回復する人がいなくなってしまうので、そこで裁判が終わりになります。

　処分取消訴訟は、原則として、当該処分庁が所属する国または公共団体を被告として提起しなければなりません。間違った団体を訴えてしまうと被告適格なしとして却下されてしまいます。

　また訴訟は適切な裁判所に提起しなければなりません。間違った裁判所に提起した場合は却下されてしまいます。そして出訴期間を過ぎてしまっても却下されます。出訴可能な期間は、処分があったことを知った日から 6 か月以内、処分を知っていたか否かにかかわらず、処分の日から 1 年を経過したときは取消訴訟提起することができません。

一般的には審査請求をすることができる処分については、まず先に審査請求を提起してもよいし、審査請求を経ずに、直ちに訴訟を提起してもよいのですが、生活保護のように個別法が審査請求を経た後でなければ訴えを提起できないと定めている場合は、審査請求を先に行わなければなりません。

◆チャレンジ：行政不服申立と行政事件訴訟という二つの制度がなぜ存在するのか、説明してみよう。

Ⅲ　ディスカッション

　ここまで**生存権**を具体化する様々な**社会保障制度**を見てきました。わたしたちの社会は、困難な状況にある人達と手を取り合って助け合って生きていく選択をしてきました。多くの人がその時々の現状に問題提起をして、少しずつ新たな問題に取り組んできました。それでは、アナタの目には現在の日本の状況はどのように映っているでしょうか。貧困に苦しむ人、障害のある人、外国籍の人、それぞれ違った困難な状況に直面している人達に十分な支援をしているでしょうか。憲法の**生存権**も具体化する努力をしなければ、絵に描いた餅にすぎません。**社会保障制度**の勉強だけでなく、苦しんでいる人達の声を取り上げ、政策に反映できるように実践していきましょう。

◆考えてみよう！
・インクルーシブな社会を作るためには、どのような取り組みが必要とされるか考えてみましょう。高齢者、障害のある人、外国籍の人、それぞれのニーズを考え、具体的な社会保障政策について話し合ってみましょう。

参考文献
菊池馨実編『ブリッジブック社会保障法〔第3版〕』（信山社、2014年）
加藤智章・菊池馨実・倉田聡・前田雅子『社会保障法〔第8版〕』（有斐閣、2023年）
石川敏行ほか『はじめての行政法〔第5版〕』（有斐閣、2022年）

関連判決

・朝日訴訟（最大判昭和 42 年 5 月 24 日）
・学生無年金訴訟（最 2 小判平成 19 年 9 月 28 日）

第 13 章

国際人権法

——障害者権利条約の実現

point

　読者のみなさんは、おそらく「条約」という言葉に触れたことはあるでしょう。では、条約とは何でしょうか。人権を保障する条約などから成り立っている国際人権法とは何でしょうか。障害のある人の人権を保障する条約である障害者権利条約は、どのようなことを国家に求めているのでしょうか。本章では、これらの問いに答えた後に、障害者権利条約の下に設けられた障害者権利委員会の対日総括所見と、日本の裁判所によって障害者権利条約が解釈された事例とを紹介します。

STORY

　私の尊敬する長老猫は言った。「どこに住もうとも、私たち猫には幸せになる権利がある」と。長老猫は、若い頃、飼い主と一緒に世界各国を飛び回ったらしい。今でいう「旅猫」だ。そんな長老猫は、それぞれの国・地域で、猫の生活水準が違うことを知った。ある地域では、神の化身として大切に扱われるけれど、ほかの地域では、食事しようと、ヒトのごはんをいただくだけで、思いっきり叩かれる。そんな各国間の違いを見て、すべての国・地域で、ある程度の生活を守られるようなルールが必要だと、その長老猫はいう。

　私は恵まれている。うちの家族は、私を猫可愛がりをし、私を家族のトップとして扱ってくれる。私が「ニャー。」と一言言うだけで、ドアを開け、お菓子を持ってきてくれる。この「日本」という国の飼い猫は、そういう水準で暮らしている猫が多い。でも、長老猫が言うように、過酷な日常を送っている猫がいるなら…。

　そんな他国の猫を憂いながら、今日も、私は、「ニャー。」という言葉だけで、人間を思うままに動かす。

I　スタンダード

1　国際人権法とは

国際人権法

人権を保障するための
・条約
・国際慣習法
　　　　　の総称

国際人権法の定義は論者によって異なります。さしあたり本章では、人権を保障するための条約及び国際慣習法の総称を国際人権法と呼んでおきます。条約は成文法で、国際慣習法は不文法です。本章では条約に着目します。

2　条約とは

国家間の文書による合意が条約です。別の表現を用いると、条約は国家と国家との間で交わされた約束です。そのため、条約は国際約束ともいわれています。

条約を批准した国家（締約国）は、その条約に拘束されます。批准とは、国家が条約に拘束されることに同意する行為をいいます。たとえば日本は女性差別撤廃条約を 1985 年に批准し、障害者権利条約を 2014 年に批准しました。

国家間の文書による合意（条約）には、「条約」という名称そのものがついたもの（障害者権利条約など）のほかに、「憲章（国連憲章など）」「規約（自由権規約、社会権規約など）」「議定書（障害者権利条約選択議定書など）」などの名称がついたものもあります。

3　国際人権法の意義

特に第 2 次世界大戦後、国内法のみに頼った人権保障には限界があることと、国内の人権侵害が国際社会の平和を脅かすことを、諸国は強く認識しま

した。

その結果、1945 年に国連憲章が調印されて、1948 年に世界人権宣言が採択されました。その後、1966 年に国際人権規約が採択されるなど、国際人権法は国内法による人権保障を補完する意義と、国際社会の平和に資する意義とをもつものとして生成してきました。

そして、人種、女性、子どもなどに関する様々な人権条約も成立し、国際的・国内的に実施されるなど、国際人権法は今日に至るまで発展してきました。

その発展のプロセスで、国際人権法は、各当事者の視点から社会のあり方を問い直し、現状を変革する意義（機能）をも果たしてきました。たとえば、障害者権利条約の交渉過程では、多くの障害当事者が世界中からニューヨークの国連本部に集結したことが知られています。そして、「私たちのことを私たち抜きで決めてはならない（Nothing about us without us）」を合言葉に、当事者の視点を大きく踏まえて障害者権利条約は作成されたのです。また関連して、この条約の下に設けられた障害者権利委員会の委員には障害のある専門家が圧倒的に多いということにも留意する必要があります（34 条も参照）。

4　条約の国内的効力

たしかに条約は国家間の約束ごとですので、日本という一国の立法機関である国会で制定される法律とは異なりますが、日本が批准した条約は国内的な効力をもちます。その根拠として挙げられるのが、「日本国が締結した条約及び確立された国際法規は、これを誠実に遵守することを必要とする」と定める日本国憲法 98 条 2 項です。

諸国の実行を見ますと、国家が条約に国内的効力を認める方法は 2 つあります。日本やアメリカなどは受容方式を、イギリスやカナダなどは変型方式を採用しています。受容方式では、条約は締結されれば国内法にそのまま受容され、その国内的効力が認められます。変型方式では、条約が国内的効力をもつには条約の内容を法律として変型することが必要となります。

　日本の場合、国内的効力をもった条約は、一般には、憲法より下位で、法律よりも上位にある、と理解されています。日本の国内平面では、基本的には、憲法が条約に優位する（つまり、憲法と条約とが抵触する場合には基本的に憲法が優位する）ということです。

5　国内裁判における条約

　条約が日本において国内的効力をもつことと、条約が日本において裁判規範性をもつこととは区別されます。

　条約の裁判規範性も、一定の条件の下で、日本の裁判所で認められています。すなわち、日本の裁判所は、条約を国内裁判の際の基準として用いて、国内の法令や処分等が条約に違反するかどうか、を判断することがあります。

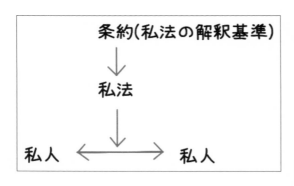

　また、日本の裁判所では、条約が私法の解釈基準として用いられることもあります。たしかに条約は、憲法と同様に、私人と私人との間の関係を直接規律するものではありません。しかし、たとえば小樽入浴拒否事件札幌地裁判決が述べるように、条約は、憲法と同様に、「私法の諸規定の解釈にあたっての基準の一つとなりうる」のです。

　宝石店入店拒否事件においても、ブラジル人の原告が宝石店の入店を拒否されたため店側に損害賠償を請求したところ、静岡地裁浜松支部は、人種差別撤廃条約「の実体規定が不法行為の要件の解釈基準として作用するものと考えられる」とし、店側に損害賠償を命じました。

◆チャレンジ：日本が締結した人権条約には、どのようなものがありますか？

Ⅱ　アドバンス

1　障害者権利条約と日本

　障害者に関連する国際人権法の中で最も重要なものは障害者権利条約です。以下、権利条約と略記します。

　2022 年 5 月 19 日時点で、締約国は 185 を数えます。この数は変わりえますので、最新の情報は国連条約集（United Nations Treaty Collection）の HP をご覧ください。なお、欧州連合（EU）は国ではありませんが、ここでは便宜上、EU も締約国の 1 つとしてカウントしています。

　日本では、権利条約の批准時に、かなり大規模な国内法整備がなされました。その推進役となったのが、2009 年に設置された障がい者制度改革推進会議です。この会議には知的障害のある委員も参加し、委員の半数以上を障害当事者・家族が占めました。そして、推進会議の下に総合福祉部会と差別禁止部会が設けられて、条約締結に際して、障害者基本法改正（2011 年）、障害者虐待防止法成立（2011 年）、障害者差別解消法成立（2013 年）など多くの国内法整備がなされました。

　国内法整備をひととおり終えて、日本政府は権利条約を 2014 年 1 月 20 日に批准しました。そして、同 2 月 19 日に権利条約は日本について効力を生じることになりました。

　権利条約は、医学モデル（個人モデル）から人権モデルへの転換と、保護の客体から人権の主体への転換とを国家に求めています。日本が権利条約を誠実に遵守するためには、これらの転換に十分留意することが必要になります。

2　医学モデルから社会モデルへ

　権利条約 2 条は、権利条約の適用の際に用いられる各種定義（差別の定義、合理的配慮の定義など）を設けていますが、障害（disability）と障害者（persons with disabilities）を定義していません。障害の概念は前文（e）に、障

236

害者の概念は1条に、それぞれ記されています。

　まず、前文（e）は、「障害が発展する概念であることを認め」た上で、

障害が、機能障害を有する者とこれらの者に対する態度及び環境による障壁との間の相互作用であって、これらの者が他の者との平等を基礎として社会に完全かつ効果的に参加することを妨げるものによって生ずる

と定めます（下線部は引用者による）。これを図解すると以下となります。

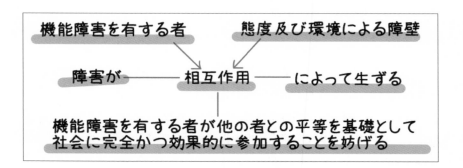

　前文（e）の骨格は「障害が…相互作用によって…生ずる」という部分です。何と何との相互作用であるかと言えば、「機能障害を有する者」と「態度及び環境による障壁」との間の相互作用です。

　この「相互作用」は、「他の者との平等を基礎として社会に完全かつ効果的に参加することを妨げる」状態（平等な社会参加の制限）をもたらすものだと記されています。つまり、「相互作用」によって生ずるのが「平等な社会参加の制限」です。同じく「相互作用」によって生ずるのが障害です。そのため、障害とは「平等な社会参加の制限」を念頭に置いた不利益を意味する、という理解が生まれてくるのです。

　次に、1条は、

障害者には、長期的な身体的、精神的、知的又は感覚的な機能障害であって、様々な障壁との相互作用により他の者との平等を基礎として社会に完全かつ効果的に参加することを妨げ得るものを有する者を含む。

と定めます（下線部は引用者による）。この規定を図解すれば、以下のように
なります。

　1条の骨格は、「障害者には、長期的な身体的、精神的、知的又は感覚的な
機能障害…を有する者を含む」という部分です。「含む」という文言を用いて
いますので、1条は「長期的な身体的、精神的、知的又は感覚的な機能障害」
がある人びとのみならず「短期的な身体的、精神的、知的又は感覚的な機能
障害」がある人びとなども権利条約の適用対象となる余地を認めています。
　また、1条にいう「長期的な身体的、精神的、知的又は感覚的な機能障害」
は、「様々な障壁との相互作用」によって、「他の者との平等を基礎として社
会に完全かつ効果的に参加することを妨げ得る」（平等な社会参加を制限し得
る）、とされています。この理解は、前文（e）と同じで、障害の社会モデル
に基づいています。

　平等な社会参加の制限の原因を機
能障害のみに求める視点は、障害の
医学モデル（個人モデル）と呼ばれま
す。これに対して、その原因を機能障
害と障壁との相互作用（関係性）に求
める視点は、障害の社会モデルとい
われます。社会モデルは、医学モデル
に対抗して登場した背景があるので、
特に障壁の問題性のみを強調します。
権利条約は医学モデルから社会モデ

ルへの転換を図っているのです。

3　保護の客体から人権の主体へ

　権利条約1条は、すべての障害者がすべての人権を平等に享有することを促進し、保護し、確保することを目的としています。つまり、権利条約は、既存の人権条約に定められていない人権（新しい人権）を生み出そうとするものではなく、既存の人権条約に定める人権（既存の人権）を障害者がひとしく享受できるように国家に義務を課しているのです。このことにより、保護の客体から人権の主体への障害者像の全面的な転換を図っているのが、権利条約です。

　障害者は、人として劣った存在ゆえに保護されるべき対象であるが、人として劣っている以上は人権が制限されることも受忍しなければならない、というのが保護の客体の意味です。もう少し詳しく言うと、障害者は保護や福祉の客体（対象）であると同時に、社会排除や社会防衛の対象にして治療やリハビリテーションの対象でもありました。

　これに対して、障害者が人権の主体であるというのは、障害者は人として劣った存在ではなく、人権を障害に基づく差別なしに享受する存在であり、尊厳と自律と包摂とを尊重・支援される（障害者は尊厳・自律・参加・平等の主体である）、ということを意味します。尊厳、自律（自立）、包摂（参加）、平等（差別禁止）は、権利条約の解釈に際して常に参照されるべき一般原則として、権利条約3条の中に定められています。

　尊厳は、だれもが当然にもっている、人間としてのかけがえのない価値を

意味します。尊厳は、社会的・経済的に役に立てる人のみが持てるものではなく、だれもが無条件に持っているものです。

　自律は、自分のことは自分で決めるという自己決定・自己選択の自由を意味します。権利条約は自律を重視し、12条に代表されるように、代行決定（substituted decision making）から「支援付きの意思決定（supported decision making）」への転換を図ります。

　権利条約は、障害者が社会に参加することと社会が障害者を包摂（包容）することを重視し、たとえば「地域社会に完全に包容され、及び参加することを容易にするための効果的かつ適当な措置」（19条）や「障害者を包容するあらゆる段階の教育制度（an inclusive education system at all levels）」（24条）などに言及しています。"inclusion"は公定訳文では「包容」と訳されていますが、しばしば「インクルージョン」や「包摂」とも訳されます。

　平等取扱（差別禁止）は、事柄の本質部分について等しい者を等しく扱うことを命じます。権利条約はその全体を通じて「平等な享有」「差別なしに」「他の者との平等を基礎として」等の文言を多く用いて差別禁止を徹底し、「合理的配慮の否定」をも差別と定義しています。

　さて、権利条約は、以上のような一般原則（尊厳、自律、包摂、平等）に支えられた人権を享受し行使する主体に障害者を据えるため、いわゆる障害の人権モデルを採用している、と考えることができます。人権モデルは、人権による障害者の不利益解消に関する方針（ポリシー）の範型です。人権モデルは複数あります。つまり、人権の観点から障害者の不利益を解消する方針は複数ある、ということです。

　この点、国連の障害者権利委員会の採用する人権モデルは、他の条約体の採用する人権モデルや日本（締約国）の採用する人権モデルよりも手厚く障害者の人権を保障しています。人権モデル間の違いは、具体的には権利条約の解釈の違いとして立ち現れます。たとえば権利条約12条の解釈として、障害者権利委員会は障害者の（最善の利益の）ための代行決定を一切禁止する立場をとりますが、自由権規約委員会は代行決定を「最後の手段」としてであれば許容する立場をとります。

　人権モデルとは異なり、先に見た社会モデルは障害者の不利益の因果的視点である、と言えます。障害者の不利益の原因として、とりわけ社会的障壁を強調する視点が社会モデルです。社会モデルは、人権モデルでさえも1つの社会的障壁となって障害者に不利益をもたらしていることを当事者や関係者が発見する際の視点にもなります。

◆チャレンジ：「優生上の見地から不良な子孫の出生を防止する」こと等を目的に掲げた旧優生保護法という障害者等を差別する立法が、どのような意味で障害者の尊厳、自律、包摂を害したのか、を具体的に考えてみましょう。

Ⅲ　ディスカッション

1　対日総括所見

　障害者権利委員会は、2022年9月2日に日本に対する総括所見を採択しました。総括所見は形式的には法的拘束力をもちませんが、権利条約の規定に基づいて設置された条約体である障害者権利員会が採択したものですので、尊重される必要があります。

　対日総括所見は、さまざまな勧告を日本に対して行っていますが、本章では、紙幅の都合により、さしあたり強制入院（非自発的入院）の廃止と、「分離（された）特別教育」の廃止とを取り上げます。

　まずは、強制入院の廃止です。従来、日本政府は、精神保健福祉法等に定める強制入院は、「精神障害の存在のみを理由として行われるものではな」く、法律の要件と手続に沿って行われるものであるため、権利条約に違反しない、との立場をとってきました。

　しかし、この日本政府の立場を障害者権利委員会は否定しました。対日総括所見は、精神保健福祉法に定める強制入院は障害者差別にあたる、と断じたのです。すなわち、対日総括所見は、「障害者の非自発的入院は、自由の剥奪となる、機能障害を理由とする差別であり、自由の剥奪に相当するものと認識し、主観的又は客観的な障害又は危険性に基づく障害者の非自発的入院

による自由の剥奪を認める全ての法規定を廃止すること」などを日本に求めました。

　この総括所見を受けて、加藤勝信厚生労働大臣は 2022 年 9 月 16 日の会見で以下のように述べています。

　　　「[厚生労働省に関連する総括所見の事項には]、精神障害者に対する非自発的入院の見直し、障害者の地域社会での自立した生活の推進など、多岐にわたる事項が含まれていると思います。[改行]この総括所見はご承知のとおり法的拘束力を有するものではありませんが、障害者の希望に応じた地域生活の実現、また一層の権利擁護の確保に向けて、今回の総括所見の趣旨も踏まえながら、関係省庁とも連携して、引き続き取り組んでいきたいと考えております。」（[　]は引用者による。）

　次に、「分離（された）特別教育」（特別支援学校、特別支援学級）を取り上げます。対日総括所見は、「分離された特別教育が永続していること」、「通常の学校に特別支援学級があること」、「障害のある児童が通常の学校への入学を拒否されること」などを懸念しました。

　そして、対日総括所見は、「国の教育政策、法律及び行政上の取り決めの中で、分離特別教育を終わらせることを目的として、障害のある児童が障害者を包容する教育（インクルーシブ教育）を受ける権利があることを認識すること」、「全ての障害のある児童に対して通常の学校を利用する機会を確保すること」、「通常の学校が障害のある生徒に対しての通学拒否が認められないことを確保するための『非拒否』条項及び政策を策定すること」などを、日本に勧告しました。

　これに対して、永岡桂子文部科学大臣は 2022 年 9 月 13 日の記者会見で、特別支援教育を中止しないという立場を明確にし、以下のように述べました。

　　　「これまでの文部科学省では、このインクルーシブ教育システムの実現に向けまして、障害のある子供と障害のない子供が可能な限り共に過ごす条件整備と、それから、一人一人の教育的ニーズに応じた学びの場の整備、これらを両輪として取り組んでまいりました。特別支援学級への理解の深まりなどによりまして、特別支援学校ですとか特別支援学級に在籍するお子様が増えている中で、現在は多様な学びの場において行われます特別支援教育を中止することは

考えてはおりません。」

　以上のような厚生労働大臣と文部科学大臣の発言から分かるように、日本
政府は、対日総括所見を受けても、従来の立場を抜本的に変えようとする姿
勢を示していません。今後、日本が、障害者のみを対象とする強制入院や「分
離特別教育」の廃止などを求める対日総括所見にどう真摯に向き合うかが注
目されています。

◆チャレンジ：日本における強制入院の廃止や「分離特別教育」（特別支援学校、
　特別支援教育）の廃止は妥当でしょうか。

2　日本の裁判所での権利条約の解釈例

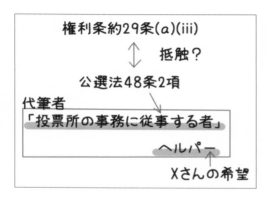

　本章の最後に、権利条約が
日本の裁判所で判断された事
例を1つ紹介します。それは、
障害者代筆訴訟です。

　2013年に公職選挙法（以
下、公選法）が改正されまし
た。その結果、脳性まひのた
め文字を書くことが難しいX
さんは、第24回参議院選挙
（2016年7月10日）で、自身
の希望するヘルパーによる代
理（代筆）投票を認められなくなってしまいました。それまでは、Xさんは
自身のヘルパー（支援者）に代筆してもらって投票をすることができていた
のですが、2013年の公選法改正がそれを禁止してしまったのです。

　Xさんの希望するヘルパーによる代理投票を認めなかった規定というの
は、代理投票の補助者を「投票所の事務に従事する者」（投票事務従事者）に
限定する公選法48条2項です。2013年の公選法改正によって設けられたこ
の規定が、選挙の投票用紙に自筆ができないXさんのために代筆する者を

「投票所の事務に従事する者」のみに限定しました。

　もっとも、Xさんは、自分が誰に投票したかを「投票所の事務に従事する者」に知られたくなくて、信頼をおいた自身のヘルパーに代筆を頼みたかったのです。そしてXさんは、公選法48条2項は以下に引用する権利条約29条（a）（ⅲ）に違反する、などと主張しました。

権利条約第29条（a）（ⅲ）の公定訳（下線と英正文は引用者による）

> 　締約国は、障害者に対して政治的権利を保障し、及び他の者との平等を基礎としてこの権利を享受する機会を保障するものとし、次のことを約束する。
>
> （a）特に次のことを行うことにより、障害者が、直接に、又は自由に選んだ代表者を通じて、他の者との平等を基礎として、政治的及び公的活動に効果的かつ完全に参加することができること（障害者が投票し、及び選挙される権利及び機会を含む。）を確保すること。
>
> （ⅲ）選挙人としての障害者の意思の自由な表明を保障すること。このため、必要な場合には、障害者の要請に応じて（at their request）、当該障害者により選択される者が投票の際に援助することを認める（allowing assistance in voting by a person of their own choice）こと。

　権利条約29条（a）（ⅲ）は、「障害者の要請に応じて、当該障害者により選択される者が投票の際に援助することを認める」という義務を、日本を含む締約国に課しています。「当該障害者により選択される者」には、Xさんのヘルパーが当然含まれるはずです。

　とすると、Xさんのヘルパーによる代筆投票を認めない公選法48条2項の規定は、権利条約29条（a）（ⅲ）に違反する、と言えそうです。しかし、2021年に大阪高裁は、公選法48条2項は権利条約29条（a）（ⅲ）に違反しない、と判断しました。以下、判旨の関連部分を引用します。

障害者代筆訴訟（大阪高判令和 3 年 8 月 30 日）（下線は引用者による）

控訴人は、改正後公選法 48 条 2 項は本件選挙時までに批准された障害者権利条約 3 条及び 29 条（a）（Ⅲ）に違反する状態となっていた旨主張する。

障害者権利条約 3 条は、その原則として、（a）固有の尊厳、個人の自律（自ら選択する自由を含む。）及び個人の自立の尊重、（e）機会の均等を規定し、29 条（a）（Ⅲ）は、締約国は、障害者に対して政治的権利を保障し、及び他の者との平等を基礎としてこの権利を享受する機会を保障するものとし、選挙人としての障害者の意思の自由な表明を保障すること、このため、必要な場合には、障害者の要請に応じて、当該障害者により選択される者が投票の際に援助することを認めることにより、障害者が、直接に、又は自由に選んだ代表者を通じて、他の者との平等を基礎として、政治的及び公的活動に効果的かつ完全に参加することができること（障害者が投票し、及び選挙される権利及び機会を含む。）を確保することを約束する旨規定する。

しかし、障害者権利条約 3 条（a）の個人の自律（自ら選択する自由を含む。）等に関する原則規定並びに 29 条（a）（Ⅲ）の選挙人としての障害者の意思の自由な表明を保障すること及びこのため必要な場合には障害者の要請に応じて当該障害者により選択される者が投票の際に援助することを認めることとの規定から、<u>投票所に行くことができるものの心身の故障その他の事由により候補者の氏名等を自書することができない選挙人に対してその選択する者を補助者として当該選挙人が指示する候補者の氏名等を記載することを認めなければならない旨の規範の解釈を一義的に導き出すことはできず、当該選挙人が代理投票を行うに当たり、選挙の公正を確保する観点から、職務上知り得た代理投票に係る選挙人の投票内容の漏えいを防止するための制度的手当を講じた上で、代理投票における補助者となるべき者を政治的中立性が制度的に確保された投票事務従事者に限定することが、障害者権利条約の上記各規定の趣旨に明らかに抵触するということもできない</u>（以下略）。

◆**考えてみよう！**

・公選法 48 条 2 項は権利条約 29 条（a）（ⅲ）に違反しないという大阪高裁
　の判断は妥当でしょうか。

参考文献

加藤勝信厚生労働大臣会見概要（令和 4 年 9 月 16 日）https://www.mhlw.go.jp/stf/kaik
　　en/daijin/0000194708_00481.html
川島聡・菅原絵美・山崎公士『国際人権法の考え方』（法律文化社、2021 年）
川島聡「国際法における障害者の投票権と国家の義務」神奈川法学 51 巻 3 号（2019 年）
川島聡「人権モデルと社会モデル」賃金と社会保障 1817・1818 号（2023 年）
永岡桂子文部科学大臣記者会見録（令和 4 年 9 月 13 日）https://www.mext.go.jp/b_menu/
　　daijin/detail/mext_00300.html
長瀬修・川島聡・石川准編『障害者権利条約の初回審査』（法律文化社、近刊）
長瀬修・川島聡編『障害者権利条約の実施』（信山社、2018 年）
松井彰彦・川島聡『障害者の自立と制度』（放送大学教育振興会、近刊）

参照判例

・宝石店入店拒否事件（静岡地浜松支判平成 11 年 10 月 12 日）
・小樽入浴拒否事件（札幌地判平成 14 年 11 月 11 日）
・障害者代筆訴訟（大阪高判令和 3 年 8 月 30 日）

第14章

障害のある人と家族

――ケアと人権

point

　人権は「人間らしく」あるいは「その人らしく」生きるために欠かすことの
できない権利です。その人権は、「個人」一人ひとりに与えられており、「他人」
とは無関係なはずです。でも、現実には、家族などの「他人」に支えられてこ
そ人間らしい生活が実現するということが多いのではないでしょうか。ここで
は、人権保障と「他人」との関係性について考えていきます。

STORY

　飼い主のＡ平は親と揃って今朝からお出かけしている。近所に住んでいるお
婆さんが最近腰を悪くしていて、様子を見に行っているらしい。猫の私は産ま
れてすぐにＡ平一家にもらわれてきたので、親猫の顔も知らないし、今どうし
ているかもわからない。Ａ平みたいに自分の時間を取られることがないので、
天涯孤独は気楽なものだ。おや、Ａ平の両親が帰ってきたみたいだ。
　「お母さん、元気そうでよかったわね。」
　「ああ、孫の顔を見るのが楽しみみたいだな。Ａ平が行けば俺は要らないん
じゃないか。」
　「実の親なんだから、ちゃんとあなたが面倒見なくちゃ。いずれは、Ａ平の面
倒になるんだから。」
　「在宅での介護も限界があるからなあ。いずれ老人ホームの入居についても
考えないと。」
　「でも、お母さんは今の家がいいみたいよ。」
　「今は、まだいいけど、最近、会社の同僚で親の介護をするために仕事を辞め
た人がいるからなあ。」
　人間には家族が助け合って生活するというルールがあるらしい。ただ、中に
は自己犠牲が過ぎて、Ａ平の友達には、家族の介護をするために大学進学をあ
きらめた人がいるそうだ。Ａ平の家族を見ていると、「家族」というものがうら

やましく思うのだけど、それを維持することはかなり大変だそうだ。やっぱり猫は関係性に縛られないでいられるのでいいなあ。

「猫も最近は長生きするから、介護が大変らしいわよ。」

「老人ホームに入居と言う訳にもいかないから、最後まで面倒見なきゃなあ。」

「そうね、家族の一員だもの。」

全く自覚はなかったが、どうも私も「家族」の一員だったようだ。思えば人間は社会を作っている以上、面倒をかけるのもお互い様なのだろう。ただ、猫の哲学としては、自給自足で生きていくべきだと思う。生物は生まれるときも死ぬときも一人なのだから、他人に頼っていきていくべきではない。

「猫ちゃん、ご飯の準備ができたよ。」

おっと、難しい話は食事をしてからだ。

I　スタンダード

1　個人主義とケア

（1）人権保障と個人の尊厳

これまでのところで、様々な人権について学んできました。改めて人権とは何かを考えると「人格的生存に不可欠な権利」と言えます。ここで「人格的」とは「人間（その人）らしく」という意味です。単に生存するだけなら動物と同じですが、人間は「尊厳」をもって生きる存在であるので、そのために欠かせない権利の総称を「人権」と呼ぶのです。そうすると、人権と「尊厳」性とが密接に関係することが分かると思います。

そこで、日本国憲法は13条前段で「すべて国民は個人として尊重される。」と個人の尊厳（個人主義）について規定しています。言い換えると、一人ひとりの人間が、その人らしく生きるために人権が保障されているということになります。そして、これを実現することが憲法の究極の目的であるとされているのです。

◆チャレンジ：アナタが「自分らしい」と思う考え方や行動などをいくつか挙げてみましょう。また、これがなければ「人間らしく」生きられないと思う事柄にはどういうものがあるか、考えてみましょう。

(2)「個人の尊厳」（個人主義）の意味

　それでは、個人の尊厳とは何でしょう。個人が「その人らしく」生きていると感じられるのはどういう場合でしょうか。ここで、アナタにとって幸せと思えることが、必ずしも他の人の幸せとは限らないということを思い起こしてください。逆もまた同じですね。だから、親子や兄弟姉妹、友人であっても、意見が合わずに喧嘩になることもあります。

　これは、アナタとまったく同じ価値観を持つ人は一人もない、百人いれば百通りの価値観が存在することを意味します。もちろん、部分的には好みが一致する人もいるでしょうが、完全に同じ組合せということはあり得ません。

　そこで、すべての個人が最高の存在として扱われるとなると、他人の価値観を「悪趣味」と思っても、それはその人が良いと感じているのであれば、それを尊重するという寛容さが求められます。そうした考えの上に、個人の有する価値観を最大限尊重する原則という「個人主義」が成り立ち、憲法の定める「個人の尊厳」原理の内容となっていきます。

　個人主義の反対の考え方が全体主義です。全体主義の世界では、「正しい」価値観を個人一人ひとりではなく、国家が決めてしまいます。なので、国家が「戦争に行って死ぬことが名誉だ」と決めてしまえば、個人として戦争に行きたくなくても、その考え方は「間違い」だとされます。別の言い方をすると、日本国憲法の個人主義は「幸福」の内容を個人が決定するということを定めているのに対して、全体主義では「幸福」の内容を国家が決定して個

人に押し付けていくのです。日本国憲法が保障する「幸福追求権」（13 条後段）の「幸福」の内容は、個々人が決定するのですが、全体主義の世界では幸福の内容が既に国家によって決められており、それが「幸福権」として保障されるとも言えます。

◆チャレンジ：日本国憲法が個人の尊厳を定め、個人の価値観を最大限尊重しているとなると、そうした日本国憲法の原則を否定する価値観も尊重されるのでしょうか。

(3) 関係性の分断から生まれる「個人」

　このような個人主義という考え方は、近代の社会に独特なものですし、そもそも「個人」という存在が近代に固有のものといってよいでしょう。

　近代以前の個人は、住む場所や職業、結婚相手といった人生の重要な要素を生まれながらに決められていました。生まれながらに存在する関係性とその根底にある社会の価値観から個人を解放することで近代社会は登場したのです。中世の社会には、教会、ギルド（職能団体）、地域団体など、独特の価値観に基づく団体が独自の権力を持ち、個人の自由な選択を阻害していました。そうした国家と個人の間に存在する団体を「中間団体」と呼びますが、近代的な「個人」の登場は、そうした中間団体から個人を解放することによって初めて可能になるのです（中間団体否認の法理）。そのようにして解放された個人は、自分が信じる宗教や自分がなりたい職業、住みたい場所を自分の価値観に基づいて選択することができるようになったのです。生まれながらの「身分」ではなく、自由な意思に基づく「契約」によって、人間は社会的な地位を獲得するようになったといえます（身分から契約へ）。このように、意思に反する関係性を分断す

ることで、個人の存在は肯定されることになります。

　これを憲法上の結社の自由（21 条 1 項）という人権についてみると、積極的に結社を作る自由や結社として活動する自由よりも、結社を作らない自由、結社から離脱をする自由という側面（消極的結社の自由）が重要であるとも言われています。

◆チャレンジ：最近、PTA や町内会に半強制的に加入させられたり、役員にさせられたりすることが問題となっていますが、これは消極的結社の自由の侵害となるのでしょうか。

（4）幸福を追い求める「個人」

　さて、様々な関係性から切り離された個人は、自分の価値観の実現を目指して活動をします。その価値観が実現すると「幸福」と感じる訳ですが、これを憲法は幸福追求権（13 条後段）として保障しています。

　幸福追求権の保障の場面で、国家は、個人の幸福の実現を邪魔せず、可能な範囲での手助けをする役割を担います。例えば、障害のある人が、ある場所に移動したいということでしたら、バリアフリーのための施設を整備したり、社会の一員として働きたいということでしたら、雇用促進の政策を実施したりするのが国家の役割です。そのように障害のある人の考える「幸福」の実現を助けることは、すべて「その人らしさ」を保つための「個人の尊厳」（個人主義）と結びついているのです。

　ただ、自分の「選択」した結果には責任が生じます。最近の福祉行政は、「措置から契約へ」という流れで、利用者本人の意思に基づく選択を重視し、「契約」によって福祉サービスを受けることを基本としています。しかし、その選択の結果、不満が残っても自己責任ということになります。

　そこで重要なのは、選択そのものではなく、「選択肢」の多さを確保することだという点に気づくことです。選択の余地のない状況で、契約せざるを得なくなり、結果としてサービスの質が低下したとして、それは自己責任だと言えるでしょうか。自分の価値に基づく選択をする前に、選択の幅を広げることが、個人主義にとっては重要なことなのです。

◆チャレンジ：個人の「自立」又は「自律」なしに、幸福を追求することはできないのでしょうか。考えてみましょう。

(5) ヤングケアラー問題

ところで、障害を持っていても、両親や兄弟姉妹、親戚や友人などのケアを受けて、幸福追求が可能になることもあり、人間関係の豊かさも「選択肢」を広げる要素といえるでしょう。

これも一種のケア。

ただ、ケアする側（ケアラー）の幸福追求について、これまであまり関心が持たれてきませんでした。近年では、家族の介護と仕事との両立が難しいために、家族の稼ぎ手であったケアラーが離職（介護離職）をしてしまい、総じて貧困状態に陥るといった問題が生じています。また、少子高齢化の影響で、以前であればケアされる側の高齢者がケアに関わる「老老介護」や「老障介護」にも社会的関心が向けられています。

そうした中で、特に、両親や兄弟姉妹などのケアのために、十分な教育が受けられなかったり、友達と交流する時間を割くことができなくなったりする若者（ヤングケアラー）の問題が注目されつつあります。もちろん、自発的に余裕のある範囲で他人のケアに関わることは大事なことですし、その選択は尊重されなければならないでしょう。しかし、ヤングケアラーには、家族という属性のみを理由として、介護や家事などの負担をせざるを得ない状況に追い込まれつつも、周囲からは「面倒を見て偉いね。」とか、「人の世話をするのが好きなんだね。」などと、その状況から離脱する選択肢を奪われたまま、自ら選択した結果であるかのように扱われて、抜け出せなくなっている場合があるのです。これで、自己責任論に陥ってしまうのは不公平と言わ

ざるを得ません。若い時期の教育を受ける機会は、その後の人生の選択肢を広げる機会でもあり、成人のケアラーよりも保護の必要性が高いといえます。

　個人主義の観点からは、まず家族といえども関係性を分断すること、そこから離脱する自由が保障されていると認識すべきとなるでしょう。その上で、離脱を含めた選択肢が十分確保されている中で、ケアを行うという選択がなされることが重要です。その際、例えば、一時的な離脱が可能なように公的支援として介護サービスを受けられるようにするといった対応策が設けられることが肝心であり、ケアを受ける側だけでなく、ケアラーの幸福追求も保障されるように環境整備がされていかなければならないでしょう。

◆チャレンジ：民法では夫婦や親族がお互いに助け合わなければならないという義務が規定されています（730・752・877 条）。家族だという理由だけでそうした義務を課す法律は憲法違反といえないでしょうか。

2　国や地方公共団体の取組み

(1)　障害者権利条約

　個人主義の理念については、障害者権利条約の前文で、「障害者にとって、個人の自律及び自立（自ら選択する自由を含む。）が重要であること」（n 項）が確認され、また、一般原則を定める第 3 条でも、「固有の尊厳、個人の自律（自ら選択する自由を含む。）及び個人の自立の尊重」（a 号）が規定されています。

　ただ、個人主義の理念は、自律した強い個人像や「人格の完成」（教育基本法 1 条）と結び付けられることもありますが、条約 17 条では「全ての障害者は、他の者との平等を基礎として、その心身がそのままの状態で尊重される権利を有する」と規定し、個人がそのままの状態で保護されるべきとする原則も示されています。

　家族関係については、条約の前文で「家族が、社会の自然かつ基礎的な単位であること並びに社会及び国家による保護を受ける権利を有すること」や「障害者及びその家族の構成員が、障害者の権利の完全かつ平等な享有に向けて家族が貢献することを可能とするために必要な保護及び支援を受けるべ

きであること」(x項) が確認されています。これを受けて、条約23条では、国家が、「他の者との平等を基礎として、婚姻、家族、親子関係及び個人的な関係に係る全ての事項に関し、障害者に対する差別を撤廃するための効果的かつ適当な措置をとる」(1項) とされ、障害のある児童については、育児放棄などがなされないよう、児童とその家族に対して「包括的な情報、サービス及び支援を早期に提供すること」(3項)、児童が家族と分離されないこと (4項)、「近親の家族が障害のある児童を監護することができない場合には、一層広い範囲の家族の中で代替的な監護を提供し、及びこれが不可能なときは、地域社会の中で家庭的な環境により代替的な監護を提供するようあらゆる努力を払う」(5項) ことなどが規定されています。これらとともに、障害のある親が子を養育する責任を果たすために、国家が適当な援助を与えることなども明記されており、ケアをする側としての障害者の立場についても規定されていることに注意する必要があります。

条約には、ヤングケアラーに関する規定はありませんが、個人主義の理念はケアラーも含めた全ての人に及ぶものです。ケアラーに自己犠牲を求め、ケアの道具として扱うようなことは許されません。そうなると、条約23条5項にある「代替的な監護を提供する」国家の努力義務は、ケアラーが障害者との関係性を断ち切る自由を保障するための受け皿を設けることを求めていると理解することも可能でしょう。

(2) 法律

障害者基本法 (昭和45年法律84号) の目的にも、「全ての国民が、障害の有無にかかわらず、等しく基本的人権を享有するかけがえのない個人として尊重されるものである」(1条) として、個人主義の理念が明記されています。そして、その理念に基づいて、「障害者の自立及び社会参加の支援等のための施策」の基本原則や国家の責務などを定めています。また、障害者総合支援法 (平成17年法律123号) の目的も「障害の有無にかかわらず国民が相互に人格と個性を尊重し安心して暮らすことのできる地域社会の実現に寄与すること」とされ、「人格と個性の尊重」が重視されています。

ただし、「すべての国民は、その障害の有無にかかわらず、障害者等が自立

した日常生活又は社会生活を営めるような地域社会の実現に協力するよう努めなければならない。」（3 条）とするように、ここでも個人主義と「自立」とが結びつけられている点には注意が必要です。

　なお、障害者基本法には、障害者とその家族の関係性について直接言及した規定はありませんが、「相談体制」の整備をすることで、「障害者の家族に対し、障害者の家族が互いに支え合うための活動の支援その他の支援を適切に行う」（23 条 2 項）としています。

　このように、法律上、ヤングケアラーについての規定はありませんが、障害者基本法 11 条に基づく第 5 次障害者基本計画（令和 5 年度〜令和 9 年度）では、「当事者本位の総合的かつ分野横断的な支援」の項目において「障害者の家族やヤングケアラーを含む介助者など関係者への支援も重要であることに留意する」とし、初めてヤングケアラーへの言及がなされ、具体策として「ヤングケアラーを始めとする障害者の家族支援について、相談や障害福祉サービス等に関する情報提供を実施して必要な支援につなぐとともに、こども等の負担軽減を図る観点も含め、障害者の家事援助、短期入所等の必要なサービスの提供体制の確保に取り組む」としています。

（3）条例

　ヤングケアラーに関する立法の動きは、国よりも地方公共団体の方が早いのが実情です。全国初の条例として注目されたのが、埼玉県の「ケアラー支援条例」（埼玉県条例令和 2 年 11 号）です。同条例では、「高齢、身体上又は精神上の障害又は疾病等により援助を必要とする親族、友人その他の身近な人に対して、無償で介護、看護、日常生活上の世話その他の援助を提供する者」をケアラーとし、そのうち 18 歳未満の者をヤングケアラーとしています（2 条 1・2 号）。そして、基本理念として、「ケアラーの支援は、全てのケアラーが個人として尊重され、健康で文化的な生活を営むことができるように行われなければならない」としつつ、「ケアラーが孤立することのないよう社会全体で支えるように行われなければならない」と規定します（3 条 1・2 項）。特にヤングケアラーについては、「ヤングケアラーとしての時期が特に社会において自立的に生きる基礎を培い、人間として基本的な資質を養う重

要な時期であることに鑑み、適切な教育の機会を確保し、かつ、心身の健やかな成長及び発達並びにその自立が図られるように行われなければならない」として、社会において自立をするための重要な時期であることに留意すべきことが述べられています(同条3項)。条例に基づく具体的な施策としては、啓発活動や人材の育成、民間支援団体等による支援推進のための情報提供、支援体制の整備などが規定されています（10〜14条）。

　埼玉県が2020年に県内の高校2年生約5万人を対象にアンケートを実施したところ、約2千人のヤングケアラーの存在が明らかになりました。学校生活への影響については、「特に影響はない（41.9%）」、「ケアについて話せる人がいなくて、孤独を感じる（19.1%）」、「ストレスを感じている（17.4%）」といった回答があり、「気軽に相談できる場所やサイト」、「相談しやすいような雰囲気をつくってほしい。」といった意見が述べられていました。ただし、「ケアをしている人の中には、『まわりには言わないでくれ』と言われる人もいると思う。」とか、「本当に大変な人はできるだけそっとしておいてほしいと思う。」との意見もあり、ヤングケアラーへの対応は、個別具体的な状況を十分に踏まえることが必要であるといえるでしょう。

　なお、埼玉県に続き、北海道、茨城県、栃木県、鳥取県、長崎県のほか、各市町村でも同様の条例が制定されていますが、徐々に増えてはいるものの、全国的に見るとまだ地域差がかなりあるといえるでしょう。

Ⅱ　アドバンス

1　個人主義と潜在能力アプローチ

（1）潜在能力と幸福追求

　例えば、冷蔵庫にたっぷり食材があるけれど、ダイエット中なので今は食べないという人と、金がなくて仕方なく食べていないという人とでは、食べないという選択をしている点で共通しますが、状況は全く異なります。ここでは、「食べない」という経済学的な効用（utility）で捉えるのではなく、そ

の人が置かれた境遇を「厚生（well-being）」の観点から理解していくことが重要なのです。

　個人が現実に幸福追求をする際に選択肢の広さが重要であるということを上述しましたが、そうした選択肢の広さは、アマルティア・センがいう「潜在能力（capability）」と結びついていると考えられます。ここでいう潜在能力が具体的に何を意味するのかは、公共的討議を通じて明らかにされ、制度化されると考えられますが、その際、重要な要素となるのが「厚生的自由（well-being freedom）」と呼ばれる自由の領域です。センは、この自由について「疫病から逃れられること、栄養をバランスよく充足できること、必要な情報を的確に理解できることなど人々の行いや在りように関する基本的能力の豊かさ」であり、これが潜在能力と表裏一体の関係にあるものと考えられています。そして、この厚生的自由と市民的自由、政治的自由という3つの自由をバランス付けることが必要とされます。

　この話を極端に単純化して憲法の人権に置き換えると、厚生的自由が生存権（25条）などの社会権、市民的自由が表現の自由（21条）などの自由権、政治的自由が選挙権（15条）などの参政権に該当します。これらの人権は、すべての人に保障されるものですが、社会権が想定する「人間らしい生活」を充足しない人は、いくら自由権と参政権が保障されていても公共的討議に積極的に参加せず、貧弱な境遇に甘んじてしまう傾向にあると考えられています。日々の生活に追われて余裕のない暮らしをしている人や奴隷のような過酷な職場環境で働かざるを得ない人、何らかの恐怖に支配され惰性的に現状肯定しながら暮らさなければならない人など、精神的・経済的に余力のない人々には潜在能力が欠乏しており、ささやかな変化に幸福を求めるだけで、基本的に現状から脱却したり、状況を変化させたりする意欲や技術を有さない状況に陥ってしまう訳です。個人として追求する「幸福」の内容が、尊厳ある人間らしい生存ではなく、単なる生存になってしまい、せっかく保障されている自由権や参政権も宝の持ち腐れになってしまいかねません。「まあ、いいか」が、人権保障の意義を損ねてしまうことがあるのです。

　このように、自由の実現と（基本的な生活水準を確保する能力としての）

258

潜在能力の向上とは表裏の関係にあります。個人主義を実現する上で、選択肢の幅の広さが不可欠になりますが、これを潜在能力の向上として厚生的自由の拡充という観点から考える視点が重要であると言えるでしょう。障害者施策に関しても、単に需要があるからそれを補うことを求めるという効用アプローチではなく、例えば、就職や移動、学習など社会参加の可能性を広げるという潜在能力アプローチから社会権などの人権保障のあり方を考えていくことが重要なのかもしれません。

◆チャレンジ：「自由権は国家による自由と呼ばれ、国家が個人の活動を妨害しなければ実現できる権利である」という見解が妥当かどうか、潜在能力アプローチの観点から考えてみましょう。

（2）社会関係資本と個人主義

　ここからは、少し別の視点から個人主義を実現する前提となる選択肢の幅の広さについて検討します。例えば、生活に困っている人を助けるためにどういったことが考えられるでしょうか。一つは、生活するための経済的な支援をすることで、生活保護や補助金の支給、住宅の提供などが考えられます。もう一つが、自分で生活できるだけの能力を身につけてもらうことで、職業訓練や就学機会の提供などが考えられます。これを「資本（capital）」という概念から説明すると、経済的資本と人的資本を充たして生活ができるようにするということになります。

　しかし、生活をするための要素はそれだけでしょうか。誰かに頼って生活をするといった人間の関係性によって、困窮状態を回避するという手段は考えられないでしょうか。例えば、大震災で自宅が倒壊してしまったため、親戚の家で暮らすとか、親を病院に送迎するため、子どもの世話を兄弟姉妹に頼むといった人間の関係性に助けられることは、日常的に起こり得ると思われます。厚生的自由は、行政機関だけでなく、親戚や近所付合いから実現することもあり得ます。そうした人間関係は、信頼とお互い様の意識で結ばれたネットワークであり、一つの財産として捉えられます。そして、これを社会関係資本（social capital）と呼びます。

　つまり、経済的資本と人的資本、そして、社会関係資本という３つのバランスが個人の生活の豊かさを決める要因となるのです。別の言い方をすると、個人主義を実現する選択肢の幅は、個人がこの３つの資本をどれだけ持っているのかということによって測ることができると言ってよいでしょう。

　例えば、病気やけがでケアが必要な人というのは、人的資本に不足がある状態と言ってもよいでしょう。そうなると、それを補うだけの経済的資本か社会関係資本があれば、一定水準の生活が可能になるでしょうが、それらも不足している場合は、公的扶助に依存せざるを得なくなるのです。貧困状態というのは、この３つの資本のすべてが欠けている状態と捉えることができるでしょう。

　個人主義の実現という場合、人間の関係性に頼らない「個人」像を想定し、自己の価値に基づく「選択」を重視してきたという側面は否定し得ません。しかし、現実社会においては、「コネ」というような関係性によって、自分の価値を実現する場合も少なくありません。むしろ、コネの存在を否定することで、親の七光りで一流企業に入社したような社会関係資本が豊かな人間を「努力して成果を得た人」であるかのように評価するということになりかねません。ヤングケアラーの問題も社会関係資本という視点で解析していくと、新たな視座が得られることでしょう。

　病院への付き添いという機能だけを見れば、家族もヘルパーも変わりありません。しかし、家族にはヘルパーとは異なる関係性の要素があると思います。福祉施策が、個人を関係性から切り離し、経済的資本と人的資本の充実ばかりを考えるものになっていないか、いま一度見直してみることも必要ではないでしょうか。

◆チャレンジ：社会関係資本には、多様な価値観を受容し外部に対して開放的なもの（架橋型）と、内輪の価値観に固執した不寛容・排他的なもの（結束型）とがあるとされます。自分の人間関係を思い起こして、それが架橋型か結束型か分類し、それぞれの関係性が自分にとってどういう意義を有するか検討してみてください。

Ⅲ　ディスカッション

　2019 年、熊本地方裁判所は、ハンセン病患者の家族が国を相手に起こしていた訴訟において、家族の主張を認めて国に損害賠償を命じる判決を言い渡しました。

　国は、長年にわたり法律に基づくハンセン病患者の隔離政策を採ってきました。科学的には、遅くとも 1960 年以降に治療法が確立しており、隔離の必要はなかったのですが、その後も隔離は継続されました。2001 年には、隔離されていた元患者が起こした訴訟で国への賠償が命じられましたが、今回の訴訟は、元患者の家族が起こしたものです。

　判決で裁判所は、国の誤った政策により国民一般から偏見・差別を受ける社会構造が作られ、ハンセン病患者の家族というだけで差別を受ける地位におかれ、社会内において平穏に生活する権利が侵害されたこと、また、患者との家族関係の形成を阻害したことについて、憲法 13 条の保障する人格権侵害及び憲法 24 条の保障する夫婦婚姻生活の自由の侵害にあたるとして、一定の精神的苦痛が生じたことを認めました。国は、判決内容を不服としながらも、控訴を断念する声明を出して、この判決は確定しました。婚姻をするについての権利が憲法 24 条に位置づけられることは、再婚禁止期間違憲訴訟や夫婦別姓訴訟で最高裁判所が認めています。

　ハンセン病は遺伝性もなく、感染力の弱い感染症であることが明らかになっていますが、国の政策が変更された今日でも、差別意識が完全に無くなったとは言い難いものがあります。この被害が家族にまで及ぶという深刻な状況を裁判所が認定したことは高く評価されています。

　本章では、憲法の理念である個人主義について触れてきましたが、理論的には家族といえども関係性の断絶により「個人」が形成されることについて言及しました。とはいえ、家族の関係性に法理論で割り切れない要素があることは確かです。人権問題は、基本的に個人単位で考えるべきものですが、時として、他人との関係性の視点を取り入れることが有益な場合もので

す。

◆考えてみよう！

・世界的には同性婚を法的に認める動きが活発になっていますが、日本において同性婚を認めない民法や戸籍法の規定は憲法違反であるといえるでしょうか。また、憲法が想定する「家族」とはどのようなものなのでしょうか。

参考文献

アマルティア・セン（池本幸生訳）『不平等の再検討―潜在能力と自由』（岩波書店、1999年）

ロバート・D・パットナム（柴内康文訳）『孤独なボウリング―米国コミュニティの崩壊と再生』（柏書房、2006 年）

岡田順太『関係性の憲法理論―現代市民社会と結社の自由』（丸善プラネット、2015 年）

関連判例

・性同一性障害父子関係確認訴訟（最 3 小決平成 25 年 12 月 10 日）
・再婚禁止期間違憲訴訟（最大判平成 27 年 12 月 16 日）
・夫婦別姓訴訟（最大判平成 27 年 12 月 16 日）
・ハンセン病家族訴訟（熊本地判令和 1 年 6 月 28 日）

執筆者紹介

編著者

岡田　順太　獨協大学法学部教授（憲法）
【第14章】

淡路　智典　東北文化学園大学経営法学部准教授（憲法）
【第12章】

杉山　有沙　帝京大学法学部講師（憲法・障害法）
【第1章（※コラム以外）、第3章、第6章ストーリー、第13章ストーリー】

執筆者

尾下　悠希　神戸大学大学院法学研究科博士後期課程（行政法・障害法）
【第1章コラム】

植木　淳　名城大学法学部教授（憲法）
【第2章】

根田　恵多　福井県立大学学術教養センター准教授（憲法）
【第4章】

藤木　和子　法律事務所シブリング　弁護士
【第5章】

金子　匡良　法政大学法学部教授（憲法・人権法）
【第6章（※ストーリー以外）】

小池　洋平　信州大学学術研究院（総合人間科学系）准教授（憲法）
【第7章、第10章 I 1・2】

吉岡　万季　中央大学経済学部兼任講師（憲法）
【第8章ストーリー・I、イラスト】

大胡田　誠　おおごだ法律事務所　弁護士
【第8章 II・III】

青木　亮祐　帝京大学法学部准教授（社会保障法・労働法・障害法）
【第9章】

今井健太郎　志學館大学法学部講師（憲法）
【第10章（※ I 1・2以外）】

織原　保尚　別府大学文学部教授（憲法・障害法）
【第11章】

川島　聡　放送大学教養学部教授（国際人権法・障害法）
【第13章（※ストーリー以外）】

（執筆順）

障害のある人が出会う人権問題

2023 年 9 月 30 日　初　版　第 1 刷発行

編　　者　　岡　田　順　太
　　　　　　淡　路　智　典
　　　　　　杉　山　有　沙

発 行 者　　阿　部　成　一

〒 162-0041　東京都新宿区早稲田鶴巻町514
発 行 所　　株式会社　成 文 堂
電話 03(3203)9201(代)　Fax 03(3203)9206
http://www.seibundoh.co.jp

製版・印刷　三報社印刷
☆落丁・乱丁はおとりかえいたします☆
ⓒ 2023　岡田・淡路・杉山
ISBN978-4-7923-0721-9 C3032
定価（本体 3,000 円＋税）　　検印省略